U1019190

国家出版基金项目
NATIONAL PUBLICATION FOUNDATION

中国语文教育研究丛书

顾之川　主编

任彦钧　刘　远　师国俊　编

新世纪语文名师教学智慧研究（小学卷）

XINSHIJI YUWEN MINGSHI
JIAOXUE ZHIHUI YANJIU

GEP 广西教育出版社
南宁

图书在版编目（CIP）数据

新世纪语文名师教学智慧研究. 小学卷／任彦钧，刘远，师国俊编. —南宁：广西教育出版社，2017.9（2019.7 重印）
（中国语文教育研究丛书／顾之川主编）
ISBN 978-7-5435-8345-0

Ⅰ. ①新… Ⅱ. ①任… ②刘… ③师… Ⅲ. ①小学语文课-教学研究 Ⅳ. ①H19

中国版本图书馆 CIP 数据核字（2017）第 190602 号

策　　划　张华斌　黄力平
组稿编辑　林春燕　黄力平
责任编辑　马宏兰
特约编辑　林春燕
装帧设计　刘相文
责任校对　覃肖滟
责任技编　蒋　媛
封面题字　李　雁

出 版 人：石立民
出版发行：广西教育出版社
地　　址：广西南宁市鲤湾路 8 号　　邮政编码：530022
电　　话：0771-5865797
本社网址：http://www.gxeph.com
电子信箱：gxeph@vip.163.com
印　　刷：广西壮族自治区地质印刷厂
开　　本：787mm×1092mm　1/16
印　　张：21.5
字　　数：320 千字
版　　次：2017 年 9 月第 1 版
印　　次：2019 年 7 月第 3 次印刷
书　　号：ISBN 978-7-5435-8345-0
定　　价：52.00 元
如发现印装质量问题，影响阅读，请与出版社联系调换。

序

中国教育正在加速推进现代化，立德树人成为教育改革总任务，完善中华优秀传统文化教育成为共识，新高考改革方案出台，语文教材将实行国家统编，语文教育的重要地位日益凸显。我国语文教育改革迎来新的发展机遇。我们必须清醒地看到，我国语文教育取得了举世公认的成就，同时也面临着诸多困难和问题。如何站在历史的高度，以严谨求实的科学态度，总结梳理中国语文教育教学改革所取得的成就，直面存在的困难和问题，深入剖析原因，为语文教育改革与发展献计献策，推进语文教育现代化，成为新一代语文教育工作者的神圣使命和义不容辞的责任。

2013 年 10 月，中国教育学会中学语文教学专业委员会召开第十届年会，选举产生了新一届理事会。新一届理事会成立后，我们研究制订了《中国教育学会中学语文教学专业委员会事业发展规划（2013—2018）》，其中有一项重要内容，就是要“策划一套图书”。具体设想是：这套图书应分理论与实践两部分，前者意在全面系统地总结改革开放 30 多年来我国语文教育的经验教训，作为今后发展的借鉴；后者意在归纳梳理我国当代语文名师的教育教学思想，推出一批当代语文名师，为新生代名师擂鼓助威。我们这一设想，与广西教育出版社副总编辑黄力平编审的想法不谋而合。他邀我们组织编撰“中国语文教育研究丛书”，纳入他们正在组织实施的“中国学科教育研究书系”的出版计划。

编辑这套“中国语文教育研究丛书”的基本思路是：

把握时代脉搏，聚焦立德树人。

这套丛书着眼于推进语文教育现代化，把握时代脉搏，聚焦立德树人。围绕语文教育改革创新，推出一批反映、代表乃至引领语文教育现代化的研究成果，具有鲜明的中国当代特色。从时间上说，以改革开放到新世纪的发展历程为主，尤其注重反映我国实行新课改以来的语文教育研究；从内容上说，则力求反映我国语文教育理论与实践研究成果。

树立整体观念，开展综合研究。

这套丛书力求树立整体观念，开展语文教育教学的综合研究，全面深入系统地研究总结我国语文教育改革成就和存在的问题。既有语文教育语用观、传统文化教育、语文工具论、语文教育民族化等理论层面的深入剖析，又有语文教材编制、语文教师专业发展、语文教学创新设计、语文考试评价改革等实践层面的研究。

拓展研究视野，实现互联互通。

这套丛书强调语文教育整体观念，整体观照中国语文教育各领域。纵向上，打通小学、中学与大学，努力挖掘语文教育的共同价值，避免过去那种“铁路警察，各管一段”的情况；横向上，涵盖中小学语文教育、汉语国际教育及华文教育等，并以宽广的国际视野，从中华文化圈的角度，审视我国语文教育教学改革的成就与问题。

理论联系实际，研究注重实效。

本丛书注重沟通语文教育理论研究与语文教育教学各组成要素的实践，包括教材编写实践、教学实践、考试命题实践以及教师培训与专业发展实践，努力克服过去学科理论研究与教育教学实践“两张皮”，教育理论研究“不接地气”等缺陷，既注意反映我国语文教育理论研究的新成果，也注重将一线语文教师的教学经验、教学智慧进行理论上的梳理与提升。研究尤重建设性，以建设性思维为统领，着眼于解决我国语文教学领域存在的实际问题。

坚持守正创新，注重原创研究。

这套丛书坚持守正创新，注重权威性与代表性，继承我国语文教育优良传统，借鉴国外先进的母语教育理念和方法，注重吸收各种语文教育理论和各个教学流派的研究成果，反映作者最新的原创性研究成果。弘扬改革创新主旋律，传递语文教育教学正能量，在保证科学性的基础上，注意可读性。内容新颖，资料翔实，数据齐全，为以后的语文教育研究留下可资参考借鉴的理论成果。

我们这一设想，得到我国语文教育界同仁专家的积极响应和大力支持，他们同意将其最新研究成果惠赐给我们，列入本丛书。

广西教育出版社是我国很有影响的教育出版社之一，在教育理论、教材教辅及文化艺术等方面，均出版了不少影响深远的系列图书。尤其是出版于20世纪90年代的“学科现代教育理论书系”，曾极大地推进了我国教育改革，实现了社会效益与经济效益的双丰收。进入新时期以来，该社审时度势，又策划出版学科教育研究书系，立足于中国本土，以独特敏锐的眼光，打造具有中国特色的学科教育理论体系。这不仅是教育创新的要求，也是新时代的呼唤。

目前，这套丛书已陆续进入编辑出版阶段，作为该丛书主编，我既有欣喜，也有不安，深恐由于自己的浅陋和粗疏而使各位作者的佳构留下缺憾，更期待着广大读者尤其是语文教育界同仁的批评、指教。令人欣喜的是，在广西教育出版社诸位同仁的努力下，经国家出版基金管理委员会批准，“中国语文教育研究丛书”（第一辑）被确定为2017年度国家出版基金项目，获得经费资助。这也是对我们这套丛书的学术价值与出版意义的肯定。在此，我不仅要对黄力平编审、林春燕编辑等同仁表达谢意，更要对北京大学中文系温儒敏、曹文轩两位教授的热情推荐表示感谢。

学术总是薪火相传，研究贵在创新发展。牛顿说他站在巨人肩膀上，杜甫说“转益多师是汝师”。我们进入一个大众创业、万众创新的时代，改革创新成为当今中国的时代主题。2012年莫言获得诺贝尔文学奖；2015年，屠呦呦获得诺贝尔生理学或医学奖，刘慈欣获雨果奖；2016年，曹文轩获国际安徒生奖，郝景芳获雨果奖……建设创新型国家，培养创新型人才，语文教育工作者肩负着神圣使命。语文百年，众多语文人默默耕耘，浇灌出语文学科生态园的参天大树；百年语文，无数语文人直面问题，探寻语文教育改革创新之路。我们策划、组织这套丛书，就是想为实现中华民族伟大复兴的中国梦略尽语文人的绵薄之力。我们的愿望如此，至于效果怎样，那就要由实践来检验了。

顾之川

于京东大运河畔两不厌居
2016 年 3 月 23 日初稿
2017 年 4 月 18 日修改

顾之川简介：浙江师范大学教授，人民教育出版社编审。兼任中国教育学会中学语文教学专业委员会理事长，国家社科基金评审专家，教育部考试中心特聘专家，教育部“国培计划”首批专家，国家统编义务教育语文（七至九年级）教科书主编。主要从事语文教育研究和语文教材编写工作，主编人教版多套初中、高中语文教材。著有《顾之川语文教育新论》《顾之川语文教育论》《语文论稿》《明代汉语词汇研究》等，并有古籍整理著作多种。

前　言

名师教学智慧是指名师在长期的教学实践中，基于自身对教学现象和教学理论的感悟，深刻洞察、敏锐把握并高效灵活地应对教学情境，从而形成的一种企及融通共生、自由和美的境界的综合能力。

新世纪以来，伴随着语文课改的纵深发展，全国各地涌现出了一大批具有新情怀、新理念、新思想的中小学语文名师，他们不仅在各自的个性化教学实践中进行了卓有成效的创造性探索，形成了丰富多元的教学智慧，而且自觉地以这种教学智慧引领着无数青年教师的专业成长，有的甚至已构建了一种协同共享的语文教育新生态。

为了系统发掘和大力推广这些名师的教学智慧，受“中国语文教育研究丛书”编委会委托，我们组织编写了《新世纪语文名师教学智慧研究》中学卷上下两册和小学卷一册。

《新世纪语文名师教学智慧研究》每篇包括以下6项内容：

1. 篇首语（名师档案）：旨在介绍名师的简历、个性化教学主张、主要荣誉和学术成果。

2. 名师教学智慧的探索历程：旨在介绍名师教学智慧形成、发展之路，特别是着力于对名师个性化教学主张提出的动因、背景、重要节点、教学成效以及业界影响等，予以系统梳理和理性总结。

3. 名师教学智慧的思想内核：旨在介绍名师教学智慧的基本内涵和主要特色。

4. 名师教学智慧的艺术呈现：旨在结合典型课例，介绍名师教学智慧在具体教学实践中运用的策略、方法、技巧等。

5. 名师教学智慧精品片段聚焦：旨在选取能充分体现名师教学智慧的教学片段，并予以适当品评。

6. 名师教学智慧经典课堂实录：旨在选取能充分体现名师个性化教学主张的课堂实录一则，尽量保持现场感。

入选的20位中学名师和10位小学名师，均为我国当代语文教学和科研第一线具有代表性和典型性的人物。他们多姿多彩的教学智慧，既是语文课改业已取得的重要成就，也是许多语文人求之若渴的重要财富。我们坚信，他们的智慧像一把把熊熊燃烧的火炬，可以照亮每一位语文教师的天空，让语文教育变得更具价值和魅力！

需要说明的是，《新世纪语文名师教学智慧研究》在体例设计、名师遴选等方面，都曾得到中国教育学会中学语文教学专业委员会理事长顾之川先生、小学语文教学专业委员会名誉理事长崔峦先生的指导和审订，撰稿工作则得到了所有入选名师和研究人员的鼎力支持，在此一并表示感谢。

由于三个分册体量有限、时间仓促，无法广泛容纳全国各地语文名师的教学智慧，也无法充分展示每位入选名师的教学智慧，其中错讹之处更是在所难免，还望读者鉴谅。

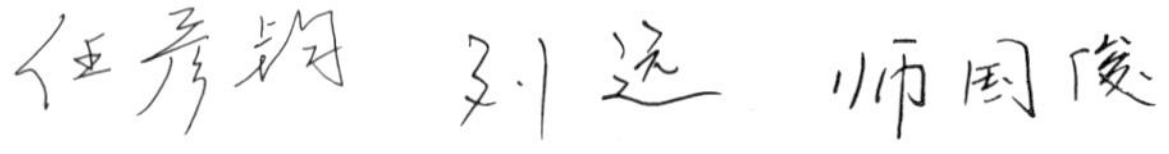

2017年6月

目　录

第一篇　何夏寿教学智慧研究 / 1
一、何夏寿教学智慧的探索历程 / 2
二、何夏寿教学智慧的思想内核 / 6
三、何夏寿教学智慧的艺术呈现 / 10
四、何夏寿教学智慧精品片段聚焦 / 18
五、何夏寿教学智慧经典课堂实录 / 24

第二篇　李明新教学智慧研究 / 33
一、李明新教学智慧的探索历程 / 34
二、李明新教学智慧的思想内核 / 38
三、李明新教学智慧的艺术呈现 / 40
四、李明新教学智慧精品片段聚焦 / 49
五、李明新教学智慧经典课堂实录 / 54

第三篇　商德远教学智慧研究 / 62
一、商德远教学智慧的探索历程 / 64
二、商德远教学智慧的思想内核 / 68
三、商德远教学智慧的艺术呈现 / 71
四、商德远教学智慧精品片段聚焦 / 78
五、商德远教学智慧经典课堂实录 / 84

第四篇 孙双金教学智慧研究 / 92
一、孙双金教学智慧的探索历程 / 93
二、孙双金教学智慧的思想内核 / 97
三、孙双金教学智慧的艺术呈现 / 99
四、孙双金教学智慧精品片段聚焦 / 104
五、孙双金教学智慧经典课堂实录 / 107
第五篇 王崧舟教学智慧研究 / 125
一、王崧舟教学智慧的探索历程 / 127
二、王崧舟教学智慧的思想内核 / 133
三、王崧舟教学智慧的艺术呈现 / 136
四、王崧舟教学智慧精品片段聚焦 / 142
五、王崧舟教学智慧经典课堂实录 / 152
第六篇 武宏钧教学智慧研究 / 172
一、武宏钧教学智慧的探索历程 / 174
二、武宏钧教学智慧的思想内核 / 181
三、武宏钧教学智慧的艺术呈现 / 186
四、武宏钧教学智慧精品片段聚焦 / 190
五、武宏钧教学智慧经典课堂实录 / 194
第七篇 熊生贵教学智慧研究 / 202
一、熊生贵教学智慧的探索历程 / 204
二、熊生贵教学智慧的思想内核 / 208
三、熊生贵教学智慧的艺术呈现 / 211
四、熊生贵教学智慧精品片段聚焦 / 218
五、熊生贵教学智慧经典课堂实录 / 220
第八篇 薛法根教学智慧研究 / 233
一、薛法根教学智慧的探索历程 / 234
二、薛法根教学智慧的思想内核 / 238
三、薛法根教学智慧的艺术呈现 / 241
四、薛法根教学智慧精品片段聚焦 / 246

五、薛法根教学智慧经典课堂实录 / 249

第九篇 张晨瑛教学智慧研究 / 265

一、张晨瑛教学智慧的探索历程 / 266

二、张晨瑛教学智慧的思想内核 / 273

三、张晨瑛教学智慧的艺术呈现 / 275

四、张晨瑛教学智慧精品片段聚焦 / 283

五、张晨瑛教学智慧经典课堂实录 / 288

第十篇 张云鹰教学智慧研究 / 297

一、张云鹰教学智慧的探索历程 / 299

二、张云鹰教学智慧的思想内核 / 305

三、张云鹰教学智慧的艺术呈现 / 308

四、张云鹰教学智慧精品片段聚焦 / 313

五、张云鹰教学智慧经典课堂实录 / 321

第一篇　何夏寿教学智慧研究

何夏寿，1963年出生，现任浙江省绍兴市上虞市金近小学校长。中学高级教师，浙江省作家协会会员，浙江省特级教师，浙江省首批名师导师，浙江省首批特级教师网络工作室导师，全国“儿童文学金近奖”常务副秘书长，江浙沪儿童文学教育联盟学校理事长，绍兴市上虞区儿童文学教育研究会会长。致力于童话教育实践30多年，其创立的“童话育人”是“浙江省十大育人模式”之一。何夏寿一贯倡导“童化语文”，自觉守护儿童文化和童年精神，以语文教学儿童文学化为研究方向，开发了童话、童谣、寓言、民间故事、民间戏曲等一系列儿童文学课程，发表了200余篇研究论文，多篇论文入选人大复印资料。多次成为《小学语文教师》《语文教学通讯》等刊物的封面人物，著有《一个小学老师的童话情愫》《爱满教育》《童话与儿童素质发展之研究》等教育（文学）专著8部。应邀赴全国各地上课（讲座）300余场次。教学之余，还潜心儿童文学创作，发表童话、故事、小说等文学作品50余篇，其中《铅笔头》等多篇作品入选《中国年度儿童文学佳作》。其事迹多次被中央电视台、《中国教育报》、《人民教育》等专题介绍。曾获全国“十佳文学教育名师”、全国“十佳教书育人楷模”提名奖、浙江省首批农村教师突出贡献奖、“最美浙江人”等荣誉。

一、何夏寿教学智慧的探索历程

（一）从“老鼠吃纸”想到用童话开展教学

说到自己是怎么走上“童化语文”之路的，何夏寿讲起这个真实的教学故事：

那是1984年，我教四年级语文。

那是又一堂令人头疼的写作课。我心里没底地走进了教室：“昨天布置的作文‘记一件有意义的事’，写好了吗？”

40个同学只举起两三只手。

“都没做。我的话还算不算话？！”我拍着讲台喝道。

正在气头上，看见捣蛋鬼王小波幸灾乐祸地用手指点着未完成作业的同学，我更来气了，一把拉起他，“你的作文呢？”

“我的本子丢了。”王小波低下了头。

“丢了？”我气不打一处来，“怎么丢的？”

“被老鼠弄丢的。”

“哈哈！”教室里一阵哄堂大笑。

王小波没笑，强调着说：“真的是让老鼠弄丢的。”

“还要耍赖！”我决定“严审”，以正视听。在我的追问下，王小波讲起了事情的原委。

“我听奶奶讲过田螺姑娘帮人烧饭的故事，想试试老鼠是不是会替我写作文。昨天晚上，我将几块饼干放在老鼠经常出没的地方，并在旁边放上了自己的作文本。后来，老鼠真的来了，而且来了一大群。可是它们没帮我写文章，而是将我的作文本撕下一页。”

“你就看着让老鼠撕？”我问。

王小波说：“嗯，好看！老鼠们越撕越来劲，撕到的，好像中了奖，又打滚，又唱歌。”

王小波讲得很投入，很具体；班上的孩子们听得很专注，很动情。教室里一点声音都没有，好像都沉浸在老鼠“中大奖”的喜悦里。我不禁脱口而问：“这纸，对老鼠有什么用呢？”

“嗵”一声，班上好多同学举起了手。有的说，当餐巾纸，因为老鼠想当卫生标兵；有的说，当信纸，给老鼠老师写信；有的说吃下去，当只有知识的老鼠……我忽然眼前一亮：这不正是一件有意义的事吗？于是，我顺势而为，提议如果大家愿意的话，可以写"老鼠撕本子后"的故事。孩子们很高兴，全班同学当堂完成了习作，而且好多孩子写出了情节曲折、想象丰富、童趣十足的好作文。连只会写"电报作文"的王小波也写出了 300 多字的童话故事。

这是何夏寿平生第一节童话课。

课后，何夏寿想，同样是写作文，为什么孩子们写不出生活作文，却能开开心心、快快乐乐地写童话故事？他查阅了好多资料，其中儿童文学作家金近的话给他留下的印象最深——"儿童思维与人类原始思维相近。最突出的一点是幻想，幻想贯穿着整个童年的生活"，"个体的心理发展，是种族进化史的复演"。他终于体会到：那次作文，正是对应了儿童的原始幻想、泛灵心理，打开了孩子们的话匣子，所以他们才觉得有话可说、有文可写。

可是，童话算不算作文？如果算，为什么单元作文、考试作文里一向都是"写一件有意义的事""记一个你最熟悉的人"，从来没有"写一个你喜欢的童话"之类的表述？如果不算，可写作的目的不就是让学生学会书面表达真情实感吗？即使从实用的角度上说，写作无非是让学生学会写作知识、掌握写作方法，那么，这些通过童话写作未尝不可以达成。主题确定、形象塑造、故事结构、语言组织，包括修辞手法、标点符号，童话里每一样都不缺。为了进一步激发学生写童话的兴趣，他还自己写了好多童话下水文。每写一个，就给孩子们念一个。孩子喜欢的，认为"跟书上写的一样的"，他就投给杂志社。几年下来，何夏寿发表了四五十篇童话下水文。

（二）从初尝"童话作文"甜头到提出"童话语文"教学主张

如何摆脱部分传统"小学生作文"的学科"作业"意识和偏重技法、崇尚形式、束缚思想、为他人立言的不足，如何校正在"新概念作文"下已经产生的某些"灰色作文""疯狂作文""新套话作文"的负面影响，关键在于必须确立作文应当是儿童的生命表达和自由交流。这种"童话作文"不是一项注重"实效"的作业，而是一种体现人生重要阶段的童年记忆的自我实现。何夏寿利用自己的童话写作特长，通过指导孩子写童话来守护并发展这种可贵的儿童文化、创新精神。

1997年春，何夏寿在全校学生中挑选出48个写作较好的孩子，成立了一个文学社，取名“小鲤鱼文学社”，由他担任文学社的指导教师。一年下来，文学社的社员们在省级以上报刊上发表了100多篇童话，这激发了何夏寿对“童话作文”的信心。1999年后，何夏寿提出了“童话语文”教学主张，将小学语文儿童文学化教学确立为自己的研究方向。

所谓儿童文学化教学，是指在语文教育中，通过适合儿童的语文阅读教学，将儿歌、儿童诗、童话、寓言、故事、小说、散文、古诗等文学样式所具有的教育价值转化为教育成果的一系列过程和行为。具体来说，包括以下三个方面的内容和指向。

1. 文学语言教育。文学教材的语言与其他教材（如议论文、说明文）的语言以及日常生活用语不同，它具有多义性，其含义因读者的生活体验和想象力的不同而变得十分丰富。文学语言教育着眼于文学教材的语言的这一特质，通过弹性的、多义的阐释，养成学生对语言的丰富的感受力和深入的理解力。文学语言教育是文学教育的重要支柱。

2. 想象力的培养。文学作品具有虚构性，它所构筑的世界是超越生活现实的第二现实，特别是幻想性文学教材，如童话，将学生带入一个解放心灵的幻想空间。指导学生以语言为媒介，将文学作品所表现的第二现实变成真实可感的形象的过程就是培养学生想象力的过程。学生在文学教材的阅读过程中得到培养的想象力将成为创造力的源泉。

3. 健全人性的养成。文学教育并不是仅止于外在语言形式的知识教育，而是在进行文学语言教育的同时，引导学生对文学教材的艺术形象所蕴含的思想、情感进行价值判断，从而使学生探索和思考人生的诸多问题，帮助学生实现心灵的成长。需要说明的是，文学教育对学生思想、情操方面的影响与学校的思想教育、道德教育具有不同的性质。文学教育让学生通过体味具有艺术魅力的文学作品，感受到美的事物或者体会到生活中的感动、悲伤、欢乐、痛苦等复杂的情感，从而自主地领悟生活的真义。

（三）退一步，“童话语文”天高地阔——民间文学教学

2010年以来，何夏寿将“童话语文”的研究重心“退后”至儿童文学的源头文学——民间文学的教学实践和研究上。他提出，儿童文学是一个属于现代文学的概念。早期民间口头文学传统中大量的神话、歌谣和童话故事，无疑是我们进行“童化语文”教学的重要的课程资源。何夏寿总结了民间文学教学的四大教学价值。

1. 娱乐价值。民间故事彰显着自由、欢乐的精神，带有十分浓郁的审美特性，是十分典型的口头文学样式。民间故事无处不充满快乐情调、浪漫色彩。在民间故事里，一个普通民众即使生活在十分贫穷甚至悲惨的世界里，依然积极乐观、豁达开朗，不会放弃对生活美好的追求。恩格斯说：“民间故事书的使命是让一个农民做完艰苦的日间劳动，在晚上拖着疲乏的身子回来的时候，得到快乐、振奋和慰藉，使他忘却自己的劳累。”

2. 社会价值。在学校教育之前，人们如何受教育？如何知道礼义廉耻、是非善恶、真假美丑？社会的秩序何以被改造成“这样”而不是“那样”？那些完全没有机会和能力接受正统教育的人，如何为人处世、待人接物，把日子过得和和美美、有滋有味？只要稍加留意，我们就不难体会：许多社会规范、做人道理都潜藏在民间故事的宝库里。

3. 语言价值。民间故事所使用的词汇，是通俗的日常口语。这些语言是人们生活中经常使用的，也是儿童易于熟悉和理解的，较多地使用名词和动词，较少用形容词。

4. 文化价值。民间文学是一座博大的文化矿藏，保存着最为淳朴和鲜活的民间文化。它们包括宗教文化、民俗文化、伦理文化、历史文化、民族文化等。

上述教学价值，并没有因为民间文学年岁的古老而成为消逝的历史，反而成为新常态语文教学，甚至新常态社会不可或缺的追求。在这一理念的引领下，何夏寿先后开发了一系列民间文学课程，如民间童话、民间童谣、民间故事、民间戏曲、民间谚语等。在此基础上，他总结民间文学教学的原则和方法，填补了目前语文教学中传统文学相对缺少的课程空白。

与此同时，何夏寿总结提炼了民间文学教学的五大原则：趣味性第一原则、感性化解读原则、故事类型教学原则、人文性本位原则、形式把握原则。还有四大教学法则：比较教学法、选择教学法、复述教学法、改写教学法。

二、何夏寿教学智慧的思想内核

何夏寿20多年如一日默默无闻地管理着一所偏僻的农村小学，近几年撰写的教育散文有10余篇连续发表在《人民教育》上。他的童谣教学课、童话教学课、民间文学教学课……也以独特的课程视角和朴实生动的教学艺术风格受人瞩目。成功的教学必定是智慧的教学。那么，又是怎样的理念成就了何夏寿的教学智慧呢？

华南师范大学郭思乐教授在分析生本教育的本质时，提出了“天纵之教”的观点，意思是教育应该以生为本，关键在于能否充分依托儿童的生命自然，让其自由生长，千万别误判了学习者个体的独特成长方式。其实，不仅学生的“学”要充分尊重其天性，教师的专业发展也一样要奉行“天纵之道”。纵观“优秀教师”，其之所以能成为“优秀”，尽管不可或缺“人助”这一外部条件，但更为重要的还是“天纵”之内在使然，即人的天性之自由放达、潜能的最佳发挥、“天与之”的最好释放、“天助之”的最佳借力、“天任之”的最优运用、“天成之”的最大辐射。何夏寿因自幼腿疾，成长之路特别崎岖。他是一个贫困农民的子弟，没有师范学历，因表现出色便由代课教师入职成为教师，由一般农村教师成为特级教师，由普通校长成为名校长，乃至省部级“最美教师”，全国“十佳教书育人楷模”候选人……这靠的主要不是“人助”的外因，而是“内力”的驱动。虽然上苍对他似乎格外吝啬，但却更显珍贵地“天赋潜能”，他扬其长而补其短，在盈亏之间代偿，穷则思变、发愤图强，才成就了他从丑小鸭蜕变为白天鹅的艰辛历程。显然，这正是他教学智慧的思想内核之所在。

（一）以“天纵之道”守护童年精神

纵观何夏寿对小学语文教学的建树，一个绕不开的话题是他对童年的情有独钟。那是因为童年时的那份快乐和幸福吗？对何夏寿来说，童年并不是很幸福。三岁时的一场高烧给他带来行走不便的终身残疾。这使他的童年不仅有大多数农村同龄孩子共有的那种艰辛，更有那些孩子所没有的那份令人苦恼的落寞和无奈。他不能跑跳，甚至是正常的行走，很少有小伙伴找他玩乐，他只能坐在一边羡慕。不甘寂寞的他就特别喜欢看图画书，听民间故事，骑在大人的脖子上看社戏。上帝给你关上了一扇门，就会帮你打开一扇窗。何夏寿最喜欢的童话故事、民间故事，让他爱上了那一方特别诱人的真善美的大地，进而弥补了他童年生活的光彩。也许是童年缺失的人会更加珍惜童年，会更义无反顾地捍卫童年精神，他爱上了代课教师的工作，全身心地投入，做得分外出彩。他喜欢孩子，结合自己的童年体验，用童话育人，把金近小学办成了一所“童话学校”。他用文学点亮了小学语文教学，开发了童话语文课程、民间故事语文课程、民间戏曲语文课程……给孩子们带来感动和欢乐。“无心插柳柳成荫”，在他营造的那片翠绿春光中，它的原色正是何夏寿对童年精神的守护，而这正是他的天性智慧使然。

（二）因特别喜欢童话形成的童话育人观

何夏寿爱童话，不只是因为残疾失伴的童年早早就与童话相交相知，还因为著名的童话作家金近就是从他村子里走出去的老乡。事实上，他从小就是金近的铁杆粉丝，以至于他在四埠小学当校长时硬是要求把学校更名为“金近小学”。从此，他的“童话事业”便一发不可收拾，从教好课本中的童话入手，开展了童话的校本阅读；学生从爱读童话到尝试写童话，并且作品能屡屡得奖或在报刊上发表；从读童话、写童话又逐步扩展到画童话（美术课程）、唱童话（音乐课程）、讲童话（德育课程）、演童话……直到“童话文化”全方位渗透：学校的楼、廊、厅、路，乃至一石、一木、一墙、一塘……都有童话故事相伴。泰戈尔说：“一切教育工作都是从我们对儿童天性的理解开始的。”何夏寿以其独具个性的教学智慧践行了这句话的深厚意蕴：童话是儿童天性的精灵，我们为什么就不能构建一个童话素质教育的体系？特别是许多中外经典的童话，更是经实践淘洗后留存的精品，它们是诗意人生浓缩的画像、人性向善的乐章。在穿越漫漫时空之后，这些童话就成了足以打败时间的文字、声音和表情。所以何夏寿的童话教学就不只局限于语文或文学的藩篱，不仅仅是将故事中美的语言对象化于小学生的语感和读写能力，而是将其中真的情感、善的人格和美的意境对象化于儿童，滋润他们一辈子健康发展、幸福成长。这便成了何夏寿完整的童话育人观，于是从童话课文到童话教学，又从童话教学到童话教育，再从童话教育到童话立校……他的论文见诸报刊，他的经验在全国各地交流，他以金近为名的“童话学校”源源不断地接待来自全国各地的参观考察者。童话成就了何夏寿和他的团队，以及他的学生们，究其始初的顽强动力，正是生发于他独特的童年，他未泯的天性。

（三）用民间文学的“乡土情”滋养生命

在何夏寿困苦且落寞的童年里有两位天使的眷顾，为他的生命洒下阳光。这两位天使，一位是童话，另一位叫民间文学。

由于身体落下的残疾，何夏寿的儿时生活不可避免地失去了许多活蹦乱跳的同龄伙伴，而他生活中的许多亲人，对他便更亲了。亲人们觉得能够为他做的，而且能引起他兴趣的也只有说说那些“老话”：念念老歌谣，讲讲老故事，说说老传说，带他去看看村里村外演的老戏……正是这些特别丰盈的民间文学的种子，深深植入了他的心间。

民间文学扎根的那一方热土，也称“乡土”。“乡土”一词最早出现在春秋战国时期的《列子·天瑞》里：“有人去乡土，离六亲。”乡土总是与生命的“根”、家族的“系”、血缘的“魂”紧紧地联系在一起，成为每个人割不断的情丝。这就难怪古今中外作家的文学创作中都会有着浓浓的乡土气息。乡土伴随着何夏寿虽属落寞但不缺温暖的记忆而成了他的生命底色。这就难怪他为什么要先后连续开民间歌谣语文课程、民间故事语文课程和民间戏曲语文课程。国际教育发展大格局的构建总离不开全球视野和本土情怀的结合，所以，越是民族的往往就越是世界的。正是由这样的视角观之，何夏寿的民间文学语文课程开发并不欠缺时代的亮色。在2013年年底召开的中央城镇化工作会议上，习近平总书记提出，要“让居民望得见山，看得见水，记得住乡愁”。“乡愁”是一个人对故乡的眷恋之情，一直以来，“乡愁”既是浪客游子心中难解的情结，也是文人墨客永恒的话题，就因为“民间”“乡土”都关乎童年。“人生旅途崎岖修远，起点站是童年。人第一眼看见的世界，就是生我育我的乡土。”（柯灵语）所以，何夏寿系列民间文学语文课程的开发，对小学语文的童年关照有着特别的时代意义，也是他基于天性的教学智慧的必然显示。

（四）让儿童文学点亮小学语文课程

语文课程应当是一门“学习语言文字运用的综合性、实践性课程”（《义务教育语文课程标准（2011 年版）》）。此话当然不错，语文不是文学。但万万不可忽略的是语文课程还事关吸收古今中外优秀文化、提高思想文化修养、促进自身的精神成长。一句话，语文更关乎人的精神建设和生命发展。而达成这样的目标，主要不是靠说理和训诫，而要凭借文学的力量，即以文学的形象感召和文学的冶情方法来实现。而小学语文教学存在过分迷信说教论理、忽略文学的熏陶感染的历史弊端。何夏寿的语文教学智慧正在于他能不离不弃地始终以儿童喜闻乐见的文学形象和教学手段点亮小学语文课程。20 余年来，他的语文课堂始终致力于开发童话语文课程、民间歌谣语文课程、民间故事语文课程、民间戏曲语文课程……步步为营，环环相扣，分点推进，遂成体系；既立足于教材又超越教材，重在语文核心素养的提升。应当说，这样的课程改革意识，其根基始终是顺应了“天纵之教”，即从婴幼儿最早接触的那些文学“恩物”自然地进入、逐步地放大并自然地形成真正属于儿童的语文课程。他不仅在金近小学这样做，而且广泛联络小语界志同道合者，成立了江浙沪儿童文学教育联盟。在十分生动丰富的研讨活动过程中，全国各地已有 100 多所小学加盟。

冰心说得好：“能‘表现自己’的文学，是创造的，个性的，自然的，是未经人道的，是充满了特别的感情和趣味的，是心灵里的笑语和泪珠。”正是那些童话，那些乡土的文学给何夏寿孤寂落寞的童年带来了无与伦比的温馨。于是，天性呼唤他也要以这样的内容和形式来改革小学语文课程，给当下孩子们的童年带来温馨和光明。这种似乎是冥冥之中的承衍，真是一位优秀教师极具个性的“天纵之道”。

（周一贯）

三、何夏寿教学智慧的艺术呈现

（一）质朴、自然、纯真的儿童课堂

何夏寿所主张的儿童课堂主要体现在两个方面：一是儿童本位的学生观；二是儿童文学化的教材观。在他看来，只有守护儿童本位的学生观，儿童文学教材才能真正变成儿童所喜欢的文学；只有真正的儿童文学教材（对非儿童文学教材，采用儿童文学化处理），才能实现儿童本位的教学观，滋养儿童精神。两者一如白纸的两面，互相依存。

杜威在《教育哲学》一文中说过这样一段话："（教育的）第一个应该注重之点，是儿童在没有教育以前，有一种天然生成的本能、性情和冲动。教育就应该以这些东西为根据，为基础，不然便没有教育可施。"杜威的话告诉我们，教育不可以与孩子的天性和本能作对，而要以此为资源。用儿童文学开展儿童教学，恰到好处，固本正源。

下面以《鲤鱼报恩》民间故事教学的开头为例，研究何夏寿是如何体现儿童本位的。

师：唱完了童谣说故事。有一类故事，不是作家写的，而是老百姓自己编的、口头讲的，这类故事叫作民间故事。大家一定听过民间故事吧？

生：是的，好多呢。

师（出示月饼盒图）：这是一个藏在包装盒里的民间故事，请问故事的名字叫——

生：《嫦娥奔月》。

师：是的，一个凄美的故事。我们再来看一段影片，看看这个故事叫什么——

生：《后羿射日》。

师：没错。一段英雄的传奇。下面这个故事，大家可要竖起耳朵，仔细听了——

师（唱）：正月里来是新春，家家户户点红灯。人家夫妻团圆聚，孟姜女丈夫造长城。

师：一起大声说——

生：《孟姜女》。

师：民间故事有趣好玩，我们来学习几个。先请大家拿出红色故事纸，这个民间故事的名字叫《叶限》。

师：预习过这个故事的同学请举手。

（学生举手）

师：习惯真好。有些故事，我们虽然第一次读到，但就觉得耳熟。你们觉得这个故事跟我们小时候读到过的哪个童话特别相似？

生：和《灰姑娘》相似。

师：能说说哪些地方相似吗？

生：两个故事里都有后母，都有妹妹。

师：而且两个后母都很坏，妹妹都很娇。你将关注的目光聚集到故事人物身上，真会读故事。这两个故事里，最主要讲谁，她们的命运相似吗？

生：两个主人公——叶限和灰姑娘，最后都嫁给了国王，过上了幸福的生活。

师：是啊，好人都有好报。除人物之外，还有别的相似吗？

生：都有一场集体聚会。

师：一场聚会，一次寻亲，改变了一个人的命运，你关注到了故事的主要情节。还有吗？

生：两个故事里都有一双鞋子，而且王子和国王都是“鞋粉”——鞋子的粉丝。

师：这个细节太重要了。这可不是一双普通的鞋子，而是一双幸运之鞋。

在这里，何夏寿通过月饼盒子、视频和唱民间小戏三种不同形式，调动多种感官，用儿童十分喜爱的艺术形式将三个家喻户晓的民间故事介绍给学生，着实给了听课的学生和老师一个意外的惊喜。我国的四大民间故事《牛郎织女》(《天仙配》)、《孟姜女哭长城》、《梁山伯与祝英台》和《白蛇传》，哪一个不是以戏曲、绘画、歌舞这些民间艺术形式走进千家万户、为人津津乐道的呢？何夏寿展一技之长，绝不是搞什么噱头，而是珠联璧合，妙不可言也。

众所周知，民间故事的主要创作者和受众是成人。将成人故事转化为儿童语文教学资源，显然需要老师对其进行“调频”，即将成人频道转换成儿童频道。还是以《鲤鱼报恩》民间故事教学为例，何夏寿所选的一组鲤鱼故事——《叶限》《张打鹌鹑李钓鱼》《追鱼》三个故事里虽然都充满着浪漫与快乐、活泼与自由、知恩与报答的儿童精神，但其中也不乏“儿童不宜”之处。比如《张打鹌鹑李钓鱼》讲的是某员外家的恶小子很坏，由于作恶多端，最后恶小子被大火活活烧死。何夏寿意识到这个环节太血腥，不适宜照搬原文。于是，他对文本进行改写，在实际教学中，故事的结尾改成：恶小子最后被一团会飞的大火吓得屁滚尿流、狼狈逃窜。

当然，作为“童话语文”的倡导者和践行者，何夏寿首先是把这一课放在文学教学的尺度上权衡的。他没有把这几个故事用来“教语文”，没有把它们当作语文学习的“例子”，像当下流行的做法那样，以此来分析其中蕴含的语法、修辞、逻辑等语文知识或布局、谋篇、造句等写作技巧。他将它们视为文学作品，他要保护好它们的“文学性”，所以就先带着孩子们好好地欣赏、理解、传承。

在这一课里，学生们几乎没有感受到功利的学习目标或知识压力，他们就是兴趣盎然地阅读故事、讲述故事、表演故事、评价故事、续编故事，在与故事的种种接触中，感受民间文化的意味、智慧与美丽。不知不觉中，他们了解了“鲤鱼报恩”型民间故事的基本结构，掌握了民间故事“反复性”“三叠式”的创作特点。这些结构与特点不恰恰是“鲤鱼报恩”这一类文本最大的奥妙吗？没有刻意“教语文”，却又何处不“语文”。何夏寿说，相依为命是文学与语言一种可能的关系，其实，文学与语言从来就不是两张皮，从来就不属两家人！

（二）追求儿童文学课堂的整体性

文学阅读文本的阅读过程，需要具有整体性，因为阅读的过程即建构意义的过程，而意义的建构具有整体性。这里强调的提出的问题具有整体性，不是指对阅读文本的各个层面进行面面俱到的分析和阐释，而是指抓准了文章的“关键地方”（与教学目的密切相关）之后，对完成这个阅读过程设计具有整体性的问题。所谓提问具有整体性，重点是指提出的问题之间具有内在联系，能够引发连续性思考。

我们来看何夏寿设计的《凡卡》一文的一组提问。

（1）这篇小说主要写了一件什么事?

（2）凡卡为什么要给乡下的爷爷写信?

（3）在整篇小说中，凡卡并不是一直在写信，而是写着写着就停下来，回忆起乡下的爷爷以及和爷爷在一起的生活。请你把写信的段落和回忆的段落标示出来。

（4）也许有人会说，一会儿写信，一会儿回忆，一会儿又写信，一会儿又回忆，这样写，使小说显得很零散。但是老师发现，凡卡的回忆与信中的内容是有密切关联的，你能把那些相互关联的语句找出来吗?

（5）你发现在《凡卡》这篇小说中，有一条贯穿始终的主线吗？你认为这条主线是什么？请在给出的答案中选择。如果你另有看法，请写在下面。

①写信　②爷爷　③圣诞节　④凡卡的心理活动　⑤__________

（6）小说的结尾写道，凡卡“怀着甜蜜的希望睡熟了。他在梦里看见一铺暖炕，炕上坐着他的爷爷，耷拉着两条腿，正在念他的信……泥鳅在炕边走来走去，摇着尾巴……”。读完整篇小说，你是为凡卡感到高兴，还是为凡卡难过？为什么?

（7）如果凡卡写了一封乡下爷爷能够收到的信（作为虚构的小说，作家完全可以这样写），你还会这样难过吗？你觉得这两种写法，哪一种更震撼人心?

在阅读教学过程中，上述提问按照现有顺序逐一提出。

这样的设计如同层层砌墙，在学生心里建构起一栋完整的儿童文学大楼。

第一个提问为的是引出凡卡给乡下爷爷写信这件事。这个问题没有什么难度，是一个铺垫性问题，但是不可或缺。

第二个提问为的是引出凡卡痛苦的学徒生活，引出凡卡想回到乡下的爷爷身边这一愿望。

第三个提问难度也不大，但是很重要，因为区分出写信的段落和回忆的段落，为的是弄清小说的叙述节奏和情节结构。在小学阶段，像小说的叙述节奏和情节结构这样的文学知识可以不讲明，但是，这样做了不同内容的段落区分，学生会对叙述节奏和情节结构有一种感性化的了解和体会。另外，这一提问也是给第四个提问做铺垫。

第四个提问是形式分析方面的问题。何夏寿首先虚拟了“也许有人会说”，引出一个不能成立的反面观点。“这样写，使小说显得很零散”，这一反面观点并非是凭空虚拟的。我们可以猜测，对于缺乏阅读插叙小说经验的小学生而言，也许就有一些学生把握不住《凡卡》这篇小说的整体性，而觉得有些零散。接下来，何夏寿明确提示“凡卡的回忆与信中的内容是有密切关联的”，要求学生“把那些相互关联的语句找出来”。这一要求（也是一种提问）促使学生回到课文中去做文本细读，仔细寻找乡下回忆与信中的内容之间微妙而具体的关联。这是一种实实在在的建构意义的阅读行为。

我们看看凡卡的回忆与信中的内容之间微妙而具体的关联。凡卡的信开头写的是“亲爱的爷爷康司坦丁·玛卡里奇……我没爹没娘，只有您一个亲人了”。而紧接着的凡卡的回忆一段，出现了“他想象着他爷爷康司坦丁·玛卡里奇，好像爷爷就在眼前……”这样的对乡下爷爷的回忆。这段回忆之后，凡卡继续写信，这一段信的最后是“亲爱的爷爷，老爷在圣诞树上挂上糖果的时候，请您摘一颗金胡桃，藏在我的绿匣子里头”，而接下来又是凡卡的回忆，凡卡的回忆承接着前面信中的内容——“他想起到树林里去砍圣诞树的总是爷爷，爷爷总是带着他去。多么快乐的日子啊！……爷爷把砍下来的树拖回老爷家里，大家就动手打扮那棵树”。到这里，回忆中断，凡卡继续写信，而他写的是什么呢？“快来吧，亲爱的爷爷……我求您看在基督的面上，带我离开这儿……”，由圣诞树联想到基督，凡卡的回忆与写信又紧密地连接在一起了。

我们相信学生是能够在课文中找出凡卡的回忆与信中的内容之间微妙而具体的关联的。进行了这样的阅读以后，在学生那里，何夏寿提出的“一会儿写信，一会儿回忆”“这样写，使小说显得很零散”这一反面观点已经不攻自破。

在第四个提问完成以后，就该第五个提问登场了。这里，何夏寿设计这个提问，是想涉及心理小说这一概念。何夏寿认为，《凡卡》是一篇心理小说。表面上看起来，《凡卡》写了很多具体的事情乃至细节，但是，

《凡卡》不是情节小说，而是心理小说，贯穿整篇小说的不是事件，而是心理——凡卡想回到乡下，回到爷爷身边的愿望。

第五个提问，因为考虑到小学六年级儿童缺少阅读心理小说的经验，所以，何夏寿在点出《凡卡》这篇小说“有一条贯穿始终的主线”之后，采用了选择法——列出一些回答，让学生去选择自己认为正确的答案。考虑到阅读中建构意义有着多种可能性，何夏寿还特别列出了“另有看法”，以期不限制学生的想法。

以给出若干答案进行选择这一回答提问的方式，看似容易，看似学生不用太动脑筋，其实，学生在做选择上的判断时，却要回味自己阅读整个作品的感受，迅速提取作品中的相关信息，对多种可能性的答案进行比较、分析，最后做出判断。整个过程是一个复杂的、综合性的、文学审美的智能活动，对于提高学生的阅读能力非常有效。

对于第五个提问，在学生做出选择之后，教师可以进一步追问：“你为什么这样选择？谈一谈你的理由。”也许会出现五花八门的看法和说法，而这正是阅读的有趣之处。

第六个提问，主要涉及《凡卡》这篇小说的思想内涵。何夏寿特别将小说的结尾一节完整地呈现出来，凡卡“怀着甜蜜的希望睡熟了”，而且还梦见爷爷收到了他的信。何夏寿强调这一信息，是想为学生的思考提供更多的可能性。

我们注意到，课堂上绝大多数学生表示“为凡卡难过”，因为他寄出了一封爷爷根本收不到的信（既没有收信地址，又没有贴邮票）。但也不排除有学生为凡卡感到高兴，因为凡卡“怀着甜蜜的希望睡熟了”，这些孩子认为凡卡的内心是快乐的，因为他怀揣着希望。

其实这两个问题的解题角度不同，后面的学生是从体会凡卡的心情这一角度来思考设计的问题，而何夏寿是从读者阅读小说的感受这一角度来设计问题的。从这里正可以看出文学教育的多元性和多义性。

第七个提问针对的是第六个问题的指向，涉及《凡卡》的悲剧性。《凡卡》是一篇悲剧小说。鲁迅认为，“悲剧将人生的有价值的东西毁灭给人看”（鲁迅《再论雷峰塔的倒掉》，收录于《鲁迅全集》第1卷，人民文学出版社1981年版）。在《凡卡》中我们看到，被毁灭的是凡卡想回到乡下爷爷身边的愿望。悲剧还有一个特征，那就是悲剧命运具有不可避免性。在《哈姆雷特》中，悲剧命运的不可避免是由哈姆雷特的性格造成的。在《凡卡》中，悲剧却不是由凡卡的性格造成的，而是凡卡的天真在现实的残酷面前的无能为力。凡卡有那么强烈的要回到爷爷身边的愿望，他（克服很多困难）写信就是为了实现这个愿望，可是他却不知道自己写的信，乡下的爷爷根本无法收到（甚至都不会被退回来），而是“怀着甜蜜的希望睡熟了”。契诃夫先让读者看到希望，然后又把这一希望彻底打碎，这就更让人为凡卡感到难过，更加同情他。这是小说非常精彩的地方。

关于《凡卡》的这七个提问，构成了整篇小说的阅读教学活动的先后顺序、完整结构。这一组提问，问题之间具有内在联系，能够引发连续性思考，因此是具有整体性的提问。整体性的提问，一定要为阅读教学的目的服务，何夏寿设计的这一组提问既涉及思想主题——残酷的现实生活对天真的凡卡的合理愿望的摧毁，也涉及小说的艺术表现形式——插叙手法、心理小说、悲剧小说，而这些都成为《凡卡》这篇小说的阅读教学的目的。

（三）宽广深邃的课程视野

近年来，何夏寿用他开阔的课程视野和扎实的教学功底，开发了一系列广受好评的民间文学课程，有民间童话、民间童谣、民间戏曲等。从课程资源开发的角度来看，民间故事内容源于生活、贴近生活、通俗易懂、情节夸张、充满幻想，大都表现了人们良好的愿望，非常适合小学生阅读。更重要的是，它是我们祖先留给我们的文化精神瑰宝，需要我们传承。但在现行的人教版小学语文课本中，民间故事已经不多了，最为典型的《神笔马良》也退居“二线”，成为选学课文。而何夏寿本着对民间文学的珍爱，肩负推广民间文学的担当，选择了这一类语文课程资源进行开发，欲把民间文学从被语文教学遗忘的角落里“营救”出来。每节民间文学的教学内容囊括了也许是30个，甚至是300个教学资源。何夏寿以其30多年来从事民间文学和童话教学研究的深厚积淀，从民间故事到民间戏曲，再到民间童谣课等，筑起自己的“民间文学系列”教学大厦。

值得一提的是，何夏寿还巧妙地将民间文学教学和群文阅读教学有机地结合起来。从阅读教学目的来看，当前提倡阅读教学提速提质，提倡群文阅读，改一篇一篇地教为一类一类地教，这是一种教学智慧。教学智慧是一种独特的教学认知和教育境界，同时又是一种独特的、与一定的教育境界高度协调一致的教育方式和教学方法。它表现为真正意义上的尊重学生、关注个性，追求人生的幸福境界。何夏寿是位有智慧的教师。他正视儿童世界，守护童年精神，站在儿童文学教育的高度，关注的是全人教育背景下对儿童的培养和熏陶。

他执教的“机智人物故事”便是其中一例。这堂课，他选取了民间故事中的机智人物故事，三个机智人物的故事选择得极具代表性。《拆我的那一层》中的机智人物阿凡提是维吾尔族传说中的一个典型人物，在人们的心目中，阿凡提是智慧的化身、欢乐的化身，他已经被列入“世界民间艺术形象”之列；《聪明的牧童》则来自欧洲，是德国的格林兄弟笔下的机智人物；《九斤姑娘》是一出传统越剧，取材于绍兴民间故事，讲述的是绍兴城里一个聪明的小姑娘的故事。通过这几个不同地域、不同形式的民间故事的学习，学生们不仅丰富了精神生活，而且在心田播下了智慧的种子。

民间故事丰富了我们的精神生活，是心灵河流的智慧源头。何夏寿立足于脚下的土地，创生课程资源，善于汲取民间智慧以丰富自己的教育教学生命、浇灌孩子的心灵花园，使之花团锦簇、姹紫嫣红。

（四）活泼幽默的儿童化教学语言

一些课程会让我们感到沉闷、死板、单调等，但听何夏寿的课，不但不会感到无聊，相反，你会发现课堂原来可以这么艺术、这么活泼。

师：初次见面，我先来自我介绍一下，我是来自浙江绍兴的何老师。同学们去过上虞吗？（学生摇头）没关系，我给大家带来一份上虞特产。想知道是什么吗？

（出示童谣，老师用绍兴方言念一遍）一箩麦，两箩麦，三箩开始搭荞麦。噼噼啪，噼噼啪，噼啪噼啪噼噼啪。

师：知道这份特产是什么吗？

生：上虞方言。

师：大家不要小看方言，其实方言是一个地方真正的特产。其他的东西，号称是特产，其实不一定。比如，我们那里有个地方说茶叶是特产，我想问大家，杭州有没有产茶叶的？（学生答：有）是啊，都有，不算是特产。但是我们那里老百姓讲上虞方言，你们这里也讲上虞方言吗？（学生摇头）所以，方言才是真正的当地特产。

喜欢老师带的这份特产吗？（学生点头）喜欢那就请收下吧！（学生跟老师一起念唱）

这首童谣还可以传递友情，作为我们的课间操呢。下面我们来表演一个上虞童谣版的课间操。（请一位学生上台，两人相对含笑，双手合十，然后互相伸手触摸各两下，先拍手，再去对接对方的右手、左手各两下）

好，下面我们一起念着童谣来做操。

常言道，一方水土一方人，一方人说一方话。咱们杭州也有好听的方言，也有好玩的童谣。老师从网上找到了这么一首，请大家用杭州方言念一念。

（出示，老师学念）一只鸡，二会飞，三个铜板买来滴。

我有自知之明，无论我多么努力，还是不够地道，要听正宗杭州方言，必须请出你们。请大家再念一遍，把好听的杭州方言种到我们耳朵里。

这样的开场白，无疑是极富童趣的。知道的人明白这是教学环节，是对学生进行方言教学，而不知道的人，还以为是老师跟学生在玩乐、聊天。

四、何夏寿教学智慧精品片段聚焦

片段一：

新龟兔赛跑

（一）颠覆故事，激发想象

师：兔子怎么会输给乌龟呢？请大家用一个词或一句话简单地说一说。

生：因为兔子骄傲瞧不起乌龟，乌龟虚心，所以兔子输了。

师：是的，兔子骄傲落后，乌龟虚心夺冠。但故事里的两位主角——乌龟和兔子根本不是这样讲的，你想知道吗？我们一起来听听。

（播放视频，激发想象）

视频大意为：

乌龟：真搞笑，谁说是你骄傲输了比赛，瞎说！

兔子：是的，人类就这么点想象力吗？其实，我根本不是因为骄傲……

乌龟：打住，打住，都说小朋友是想象的天才，这样吧，就让这个班的小朋友们来猜一猜，究竟发生了什么，让你输了比赛，而我成了赢家。

兔子：行啊！

（画面定格“乌龟：究竟发生了什么，让你输了比赛，而我成了赢家？”）

师：这条信息很有爆炸性吧！大家愿意猜想吗？（生：愿意）好，以四人小组为单位，开始讨论。

（二）交流点拨，拓展想象

师：怎么样，谁来“抢沙发”？

生：说不定乌龟是双胞胎来比赛的，一只在起点，一只在终点。

师：这只乌龟肯定是童话读得太少了，不知道善有善报，恶有恶报。我们能让它这样取胜吗？对，不能。我们请山羊评委念念咒语，乌龟就一下退到了起点。还是去做件好事吧，说不定魔法会相助，仙人会来帮忙。

生：比赛途中有条河，兔子不会游泳，乌龟一下就游到了终点。

师：是的，乌龟会水，你太会用人之长了。不过，乌龟一下就游到了对岸，故事味不够。怎么办呢？我们通过加一加、变一变的方法，比如增加一个人，添加一个有惊无险的情节，让成功来得慢一点，这样故事就生动曲折了。

还是请这位同学说，你有没有办法让你的故事变得具体生动呢？

生：小乌龟游啊游，一不小心游进了一个大黑洞，而且黑洞会摇晃，原来是大象的鼻孔，大象鼻子一痒，一个喷嚏就把乌龟“打”到了终点。

师：好有创意！大家注意到了没有，刚才的同学都在为乌龟动脑筋，有没有哪位同学从兔子的角度进行思考呢？

生：兔子很爱美，半路上被野花吸引了，因看花忘了比赛。

师：是啊，兔子就是喜欢花、迷恋花。嗯，任性，美好的任性！看着看着，可能也会发生一件有趣、好玩的事，比如——

生：兔子喜欢的那朵花活了，原来是个花仙子，花仙子邀请兔子跳舞去了。

师：有意思。还有别的说法吗?

生：兔子和乌龟是好朋友，兔子有意把胜利的机会让给乌龟，以鼓励乌龟的信心。

师：太好了！这只兔子肯定读了很多童话，我们为它的友善点赞！

师：是的，一场野外的跑步比赛，除了参赛者，还有好多因素会影响比赛的结果。比如天气、比赛的线路，还有别的意外。除了这些，我们还可以联系自己熟悉的童话故事来想象。比方说，兔子捡到了阿拉丁神灯，乌龟也可以获得——（生答：魔瓶、宝葫芦）兔子遇到了它的奶奶——那个带爱丽丝玩穿越的老兔子，乌龟碰到了它的爷爷——（生答：忍者神龟）。

【品评】

除去旧的，方能产生新的。旧戏可以新唱，老事可以新办。突破旧巢，方会有海阔天空的新世界。这是所有创新之举的不二法门。以“童话育人”开创办学新路的何夏寿，是著名童话作家金近家乡的金近小学的校长。正是从小喜爱童话的他，才能敏锐地意识到许多童话故事都有着可以新编的“童话”基因。于是，在小学生习作容易出现笔下无话可说的困惑面前，他在“鼓励写想象中的事物”（《义务教育语文课程标准（2011 年版）》）的感召之下，有了写“新龟兔赛跑”的创意课堂，并因此也有了可以写《新“狐狸和乌鸦”》《新“狼和小羊”》《新“小红帽”》《新“灰姑娘”》等的联想。显然，这不仅是一种习作题材的开发、一种童话育人的模式，更是一次事关创新人才培育的事业。因为新编故事的背后，是对儿童求异思维不断朝反向思维推进的过程。在本案中我们可喜地看到学生的思路大开、妙语连珠，对龟胜兔败这个竞赛结果，做了五花八门的想象，以活跃的思维印证了“一切皆有可能”的生活哲理。应当说，这也许正是长期受应试教育束缚的学生最需要受到激发的一种思维品质。

片段二：

续编《聪明的牧童》，掌握三段式故事基本形式

师：下面让我们骑着阿凡提的小毛驴，去往古老的欧洲，在格林兄弟的介绍下认识《聪明的牧童》。

（一）自读故事

师：请大家自读故事，想想这个牧童聪明在哪里。

（学生自主默读故事，老师巡视指导）

（二）感知故事

师：下面我们来交流一下这个牧童聪明在哪里。先来看第一个问题。

生：大海里的水是数不清的，这个国王很刁钻，而牧童要国王把所有的河流堵起来再数，而河流也是堵不完的，所以牧童就不用数了。以牙还牙，所以这个牧童很聪明。

师：是的，说得真棒，以不可能对不可能，好一个聪明的牧童！那么第二个故事呢？

生：天上的星星是数不清的，这个问题很刁钻，而牧童说天上的星星全画到纸上了，纸上密密麻麻的黑点就是，让国王数，用数不清对数不清，所以这个牧童很聪明。

师：以数不清对数不清，以不可能对不可能，以办不到对办不到。

（三）创编故事

师：你们觉得这个国王问完了没有？

生：没有。

师：是的，这位傲慢的国王当然不会就此罢休，他还会问什么呢？请你来设计一次问答，并写在老师发的作业纸上。

（学生自主创作，老师巡视指导）

（四）交流所写

（生 1 朗读自己创编的故事）

师：你的故事想象奇特，很有创意。而且用词造句特别生动传神，比如“步步紧逼”，写出了国王的狂妄自大。国王三问，他是三斗国王。

（生 2 朗读自己创编的故事）

师：你不但故事编得好，而且讲得特别投入。

师：读民间故事，我们往往会读到，在一个故事里，围绕某一个情节，一而再，再而三地重复，这种写作方法叫——

生：反复。

师：反复可以加深我们对故事人物和内容的了解。那么，反复是不是越多越好？不是的。一般以三次为宜。有个成语叫“事不过三”，你读到过哪些这样的故事？

生1：《三顾茅庐》。

生2：《三打白骨精》。

生3：《三过家门而不入》。

师：是的。这个故事里，原文也有第三个问题。在哪里呢？在这本书里。（课件出示《最佳儿童文学读本》）

【品评】

同样的四个环节，同样是从陌生到熟悉的过程，只是后两个环节从讲述故事变成续编故事，完成了强化感知“机智人物故事”模式的教学目标。当然，牧童的聪明之处，也恰是续编的合理之处，因此“感受理解故事”环节也必须做实。

片段三：

民间童谣教学

师：好些民间童谣可读可玩，还可以唱，有不少民间童谣经过加工，被选到民间戏曲里，比如我们绍兴的越剧——《梁山伯与祝英台》。

（师唱）

书房门前一枝梅，树上百鸟对打对，
喜鹊满树喳喳叫，向你梁兄报喜来；
弟兄两人出门来，门前喜鹊成双对，
从来喜鹊报喜信，恭喜贤弟一路平安把家归。

片段四：

民间戏曲剧本阅读《草桥结拜》

师：所有的故事都是用来表现人的。分别用一句话或一个词来说说你对梁山伯和祝英台的印象。这种印象主要从何而来？（生：唱词）是的，戏曲的唱词是戏曲的眼睛，戏曲中最主要的话、最主要的故事，不是说出来的，而是唱出来的。人们记住一出戏、喜欢一出戏、热爱一出戏，往往是深深地陶醉于其中的唱词。让我们一起来欣赏其中一段唱词。

（出示唱词）

唱：我家有个小九妹，聪明伶俐人钦佩。

描龙绣凤称能手，琴棋书画件件会。

我此番杭城求名师，九妹一心想同来，

我以为男儿固须经书读，女孩儿读书也应该，

只怪我爹爹太固执，终于留下小九妹。

梁山伯：妙哉高论，妙哉高论！

（读唱词）

师：请你们自己读读，发现唱词有什么特点？读了这段唱词，你们看到了谁？这个人有什么特点？（生：形象性，才女子，聪明伶俐）还听出了什么？这些句子有什么特点？（生：节奏感）是的，唱词大多选择五字句、七字句，或者十字句。读七字句时，往往采用四加三节奏。我们请哪个小九妹来读一读？祝英台是女扮男装，我们今天请所有的男生都做一回男扮女装的小九妹，读一读这段脍炙人口的唱词。假冒的读了，正宗的小九妹们，你们不打假吗？请读出祝英台那一种风趣幽默又不失机智的调侃味来。

（感受唱戏）

师：这个小九妹其实就是谁？就是祝英台。你觉得演唱这段戏的情感基调是欢快、愉悦的，还是沉重、忧伤的？你会唱戏吗？那你想参与演唱吗？想唱就好。越剧又称“的笃班”，演唱的时候用竹板敲击出“的笃的笃”的节奏。下面请大家在我唱完一句后，念一句“的笃”，再唱一句，念一句“的的笃”，如此反复，结束时念“的笃的笃的的笃”。会吗？下面，师生越剧表演正式开始。

【品评】

学生上这样的课，是一种享受。不仅享受文本，还享受自己读童谣、编童谣的乐趣。何夏寿博学广闻的文学才华，说念唱演的艺术表现，更给学生美的享受。何夏寿是研究童话、开发童话、传播童话的专家，课堂教学肯定非常精彩，但越剧《梁山伯与祝英台》唱得如此专业到位，

实在有些惊艳。民间文化遇到了多才多艺的他，可谓如虎添翼，锦上添花。一方水土养育一方人。何夏寿由代课老师成长为一位特级教师，因素很多，但笔者认为，醉心艺术，苦练才艺，在多才多艺上不断追求，应该是一个不可或缺的重要原因。

五、何夏寿教学智慧经典课堂实录

千年故事，再谱新篇

——《新龟兔赛跑》童话习作课

教学目标：

1. 借助已知传统故事，找到故事“空白”，结合生活和阅读经验，能从不同的角度展开想象，并保持想象的神奇和浪漫。

2. 学会从不同的角度开展想象，试着用三次反复的方法构思情节，编写童话。

3. 通过童话创编，让学生进一步感知童话的友善和温暖，提升审美素养，形成正确的价值观。

（一）感受童话，创设意境

有一类故事，我们小朋友十分喜欢。在这类故事里，猫能钓鱼，大灰狼扮外婆，拇指姑娘唱山歌，睡了千年的公主还跳芭蕾舞。这类故事叫什么呢？童话。喜欢童话吗？我们一起来回忆几个。

1. 出示葫芦娃的图片

师：这是一个藏在罐子里的童话，请问这个童话的名字叫什么？

生：《葫芦娃》。

没错，七个神通广大、团结一心的葫芦娃。

2. 熟悉的音乐响起来（播放《小红帽》主题曲，老师配唱）

师：这个童话叫什么？

生：《小红帽》

师：是的，美丽善良的小红帽。

接下来我们再来看一段视频，看看这个童话又叫什么。

（播放《龟兔赛跑》的视频）

（二）颠覆故事，激发想象

师：兔子怎么会输给乌龟的呢？请大家用一个词或一句话简单地说一说。

生：因为兔子骄傲瞧不起乌龟，乌龟虚心，所以兔子输了。

师：是的，兔子骄傲落后，乌龟虚心夺冠。但故事里的两位主角——乌龟和兔子根本不是这样讲的，你想知道吗？我们一起来听听。

（播放视频，激发想象）

视频大意为：

乌龟：真搞笑，谁说是你骄傲输了比赛，瞎说！

兔子：是的，人类就这么点想象力吗？其实，我根本不是因为骄傲……

乌龟：打住，打住，都说小朋友是想象的天才，这样吧，就让这个班的小朋友们来猜一猜，究竟发生了什么，让你输了比赛，而我成了赢家。

兔子：行啊！

（画面定格“乌龟：究竟发生了什么，让你输了比赛，而我成了赢家”）

师：这条信息很有爆炸性吧！大家愿意猜想吗？（生：愿意）好，以四人小组为单位，开始讨论。

（三）交流点拨，拓展想象

师：怎么样，谁来“抢沙发”？

生：说不定乌龟是双胞胎来比赛的，一只在起点，一只在终点。

师：这只乌龟肯定是童话读得太少了，不知道善有善报，恶有恶报。我们能让它这样取胜吗？对，不能。我们请山羊评委念念咒语，乌龟就一下退到了起点。还是去做件好事吧，说不定魔法会相助，仙人会来帮忙。

生：比赛途中有条河，兔子不会游泳，乌龟一下就游到了终点。

师：是的，乌龟会水，你太会用人之长了。不过，乌龟一下就游到了对岸，故事味不够。怎么办呢？我们通过加一加、变一变的方法，比如增加一个人，添加一个有惊无险的情节，让成功来得慢一点，这样故事就生动曲折了。

还是请这位同学说，你有没有办法让你的故事变得具体生动呢？

生：小乌龟游啊游，一不小心游进了一个大黑洞，而且黑洞会摇晃，原来是大象的鼻孔，大象鼻子一痒，一个喷嚏就把乌龟“打”到了终点。

师：好有创意！大家注意到了没有，刚才的同学都在为乌龟动脑筋，有没有哪位同学从兔子的角度进行思考呢？

生：兔子很爱美，半路上被野花吸引了，因看花忘了比赛。

师：是啊，兔子就是喜欢花、迷恋花。嗯，任性，美好的任性！看着看着，可能也会发生一件有趣、好玩的事，比如——

生：兔子喜欢的那朵花活了，原来是个花仙子，花仙子邀请兔子跳舞去了。

师：有意思。还有别的说法吗？

生：兔子和乌龟是好朋友，兔子有意把胜利的机会让给乌龟，以鼓励乌龟的信心。

师：太好了！这只兔子肯定读了很多童话，我们为它的友善点赞！

师：是的，一场野外的跑步比赛，除了参赛者，还有好多因素会影响比赛的结果。比如天气、比赛的线路，还有别的意外。除了这些，我们还可以联系自己熟悉的童话故事来想象。比方说，兔子捡到了阿拉丁神灯，乌龟也可以获得——（生答：魔瓶、宝葫芦）兔子遇到了它的奶奶——那个带爱丽丝玩穿越的老兔子，乌龟碰到了它的爷爷——（生答：忍者神龟）。

（四）开始第一次写作、巡视

师：刚才我们乘着想象的翅膀猜想了比赛途中发生的种种离奇好玩的事，下面请大家选择自己感兴趣的一个方面，把它写成具体的故事。注意，重点是要把故事的发生过程写清楚。

（五）交流点拨，落实用“反复”手法写故事

1. 师指定一名学生读自己的作品

学生习作：乌龟在半路上捡到阿拉丁神灯，心想，我对神灯许个愿吧。于是，他对神灯说：“神灯神灯，我要过这座山，你能帮助我实现愿望吗？”神灯笑了笑说：“可以啊，我就是来帮你的，因为你和兔子跑步，实在太不公平了。”于是，神灯念了句咒语，乌龟就飞起来了，它一下就飞到了山的那一边。等到兔子来到终点的时候，乌龟早就站在领奖台上了。

师：这个故事写得不错，但就是简单了点。怎样把故事写得一波三折、生动曲折呢？老师也写了一篇，愿意看看吗？

2. 师出示下水文《新龟兔赛跑》

跑着跑着，小兔子迎面撞上了大灰狼。这可怎么办呢？兔子望着大灰狼，镇静地说："老狼老狼别吃我，我来教你学美容。"

大灰狼一听，很开心地说："好啊好啊，请你教我学美容。"

就这样，小兔子教会了大灰狼美容。大灰狼高兴地说："我好漂亮啊！谢谢小兔子。"

小兔子继续往前跑，这回遇到了大老虎。这可怎么办呢？小兔子望着大老虎，镇静地说："老虎老虎别吃我，我来教你学歌舞。"

大老虎一听，很温和地说："好啊好啊，请你教我学歌舞。"

就这样，小兔子教会了大老虎唱歌、跳舞。大老虎激动地说："我会唱歌、跳舞了！谢谢小兔子。"

小兔子继续往前跑，这回碰到了大狮子。这可怎么办呢？小兔子望着大狮子，镇静地说："狮子狮子别吃我，我来教你走模特步。"

大狮子一听，高兴地说："好啊好啊，请你教我走模特步。"

就这样，小兔子教会大狮子走模特步、扭屁股。大狮子兴奋地说："我当模特了！谢谢小兔子。"

大灰狼、大老虎、大狮子见小兔子又聪明又有本领，都想跟它做朋友，就邀请它到各自的家玩去了。小兔子玩得很开心。

两天之后，小兔子才想起比赛的事。它赶快跑向终点，可是，小乌龟早就站在领奖台上等它了。

师：请大家自由读读老师写的故事。

3. 解读故事

师：你觉得这个故事怎样？

生 1：想象得真好！

生 2：你的故事很具体。写了兔子和三个动物之间的故事。

师：是的，我在写兔子和大灰狼、大老虎、大狮子的时候，写法有相同之处吗？（生：结构是一样的）是啊，同样的情节，一而再，再而三地多次出现，这种编故事的方法叫反复。反复一般用几次为好？大家读过三次反复的故事吗？（生：小蝌蚪三找妈妈，小壁虎三借尾巴等）对，三次反复下来，故事就具体、生动了。

4. 改写故事

师：下面我们请这位同学自己说说他这个故事打算怎样改。

生：我可以再增加两个困难，一个是让神灯帮乌龟过沼泽地，还有一个是请神灯把乌龟送过大河。

师：你马上就学会了三次反复。大家听一听，这样一来，故事便会曲折多了。其实，好文章都是改出来的，下面再花几分钟时间，用红笔对自己的文章进行再次调整。注意这些调整要求——

（课件出示调整要求：

1. 想象是否奇特、好玩。

2. 是否用上反复的写法。

3. 语句是否流畅通顺。）

（六）第二次写作

师：请大家根据这个要求进行修改。五分钟后我们再交流。

（七）交流故事

将生 1 编的故事投影到屏幕上：

跑着跑着，乌龟看到了一个魔瓶，乌龟想："这是什么瓶子，模样那么奇怪？"乌龟用嘴咬开了瓶子，只见瓶子里冒出一团紫气，接着出现了一个人。小乌龟惊讶地问："你……你是谁？"那紫气说："我是阿拉丁神灯，我能帮你实现一个愿望。"乌龟听到这句话，从刚才的惊吓中缓过来，变得很开心，立刻说道："你能帮助我赢得比赛吗？""当然可以。你想让我怎么做？""我希望你能让我跑得更快。""没问题。"只见乌龟的脚下多了几个轮子，乌龟按了一下按钮，马上就蹿了出去。可能是心太急，它搞反了方向。乌龟急出了一身冷汗，它又对神灯说："你能再帮我调整方向吗？""当然可以。你想让我怎么做？""我想往反方向跑。""没问题。"只见乌龟的脚下多了几个轮子，乌龟按了一下按钮，马上就蹿了出去。可是它还是太心急了，撞在一棵大树上。乌龟吓得大哭起来。神灯安慰道："别哭别哭，我再帮你一次就行了。"乌龟说："真的吗？""当然可以。你想让我怎么做？""我希望你让我跑得更快。""没问题。"只见乌龟的脚下多了几个轮子。这一次，乌龟轻轻地按了一下按钮，终于稳稳地来到了终点。

师：怎么样？表扬是一门艺术，谁来做表扬艺术家？

生2：很有想象力，把阿拉丁神灯带到故事里，很搞笑。

生3：他用了三次反复，语言也很通顺。

师：大家都是表扬艺术家了。不过，也有人说，批评也是一门艺术（生笑），我暂时要学做批评艺术家，给这位同学的故事提个意见。那就是这个同学的故事长得太胖了，像个油桶。为什么呢？因为他没分段，就这么一大截到底。那怎么分段好呢？我们还是请这位同学自己来说。

生1：我可以把三次反复分成三个自然段。

师：是的。还可以将开头和结尾再各分一段，这样故事就有模有样了。好，我们再请一位同学读一下自己写的故事。

生3：跑着跑着，兔子发现前面有一块亮晶晶的东西。兔子心里想，这草地上有什么东西会发光呢，难道是金子吗？兔子停下脚步，弯腰捡起了那块东西，啊呀，还真是金子。兔子太高兴了，它又继续往前跑。跑着跑着，兔子又捡到了一块金子，它更高兴了。它把金子往口袋里一放，又向前跑。跑着跑着，它又捡到了一块金子。兔子乐坏了，也忘了比赛。过了几天，它才想起比赛的事，可是人家乌龟早就跑到终点了。

师：这好事怎么没轮到我？（全场大笑）不过，我想问，兔子要这么多金子干吗？

生2：分给穷苦人家。

生3：建希望小学。

师：还蛮会做善事的，为兔子点赞。大家发现没有，刚才这位同学的故事，确实也用了反复的写法，而且也用了三次，分别是捡到一块金子，再捡到一块金子，又捡到一块金子。大家读读，用了这三句话，你们觉得故事具体了吗？曲折了吗？（学生摇头）是的，童话中的反复一般指的是故事情节的反复。所谓情节必须要有事情的发生、发展、结果。比如这位同学每写一次捡金子，可以分成怎样发现金子，捡金子时的心情，捡到金子后怎样为别人做好事。这样一来，故事就具体、生动了。

师：还有谁也在故事里写了三次反复？（学生纷纷举手示意）你们学得真快。

（八）结课

师：这节课，我们读了老故事，通过我们的想象，写了一个新童话。下面让我们每位同学，在龟兔赛跑的题目上添上一个“新”字。这种编童话的方法叫作“推陈出新”（板书），我们可以利用这种方法创编童话，比如《新“狐狸和乌鸦”》《新“狼和小羊”》《新“小红帽”》《新“灰姑娘”》，等等（可将开头的幻灯片再次回放）。

参考文献

［1］何夏寿．童话与儿童素质发展之研究［M］．北京：中国少年儿童出版社，2005.

［2］何夏寿．我们续写童话［M］．北京：中国少年儿童出版社，2005.

［3］何夏寿．爱满教育［M］．上海：上海教育出版社，2015.

［4］何夏寿．童话化德育：增强小学德育趣味性［J］．中小学管理，2004（2）.

［5］何夏寿．童话式主题校园：让学校文化走进儿童心灵［J］．中小学管理，2007（7）.

［6］何夏寿．校园标语：想说爱你不容易［J］．中小学管理，2005（10）.

［7］何夏寿．让校训走进儿童心灵［J］．中小学管理，2009（3）.

［8］李立军，何夏寿．童话化少先队的思考与实践［J］．少年儿童研究，2010（10）.

［9］苏婷．用童话滋养童心［N］．中国教育报，2006-01-23.

［10］何夏寿．童话，陪孩子一起成长——上虞市金近小学素质教育童话化纪实［J］．辅导员，2005（5）.

［11］何夏寿．在金近的童话里徜徉［J］．辅导员，2008（Z1）.

［12］何夏寿．构建富有儿童气息的校园文化［J］．中小学德育，2007（14）.

［13］何夏寿．让童话滋养童心——浅谈童话在品德与生活教学中的运用［J］．中小学德育，2005（9）.

［14］何夏寿．童话在品德与生活课中的运用［J］．中小学教学研究，2005（5）.

[15] 何夏寿. 校歌：让我欢喜让我忧 [J]. 教育文汇，2009 (10).

[16] 何夏寿. 素质教育童话化的实施策略 [J]. 中小学教学研究，2002 (5).

[17] 何夏寿. 童话体作文训练方法浅探 [J]. 教学月刊（小学版)，2002 (4).

[18] 何夏寿. 作文教学要关注学生的价值取向 [J]. 中小学教学研究，2003 (5).

[19] 何夏寿. 童话：儿童乐于接受的作文样式 [J]. 中小学教学研究，2003 (3).

[20] 何夏寿. 相信童话——从"童话是假的"谈童话教学的真实性 [J]. 教学月刊（小学版)，2011 (9).

[21] 何夏寿. 以童话为载体提高小学德育的实效 [J]. 教学月刊（小学版)，2011 (3).

[22] 何夏寿. 童话是打开小学德育闸门的金钥匙 [J]. 中国德育，2011 (8).

[23] 何夏寿. 请童话发言 [J]. 人民教育，2011 (12).

[24] 何夏寿. 写童话，学"三招" [J]. 作文世界，2016 (5).

[25] 何夏寿. 老师，请再爱一次童话吧——听人教版三年级下册《七颗钻石》观摩课有感 [J]. 教学月刊（小学版)，2012 (6).

[26] 何夏寿. 写个"童话"给自己 [J]. 人民教育，2012 (9).

[27] 何夏寿. 用童话的逻辑教童话 [J]. 人民教育，2012 (21).

[28] 杨丽，董颖. 书写中国最美童话学校——记浙江省上虞市崧厦镇金近小学校长何夏寿 [J]. 未来教育家，2013 (2).

[29] 何夏寿. 从语文教材看儿童精神建设之变 [J]. 中小学德育，2013 (4).

[30] 何夏寿. 相依为命：语言教育和文学教育的逻辑可能 [J]. 语文教学通讯，2013 (33).

[31] 何夏寿. 让学校建筑讲述最真的自己 [J]. 中小学德育，2013 (8).

[32] 何夏寿. 且把"问题"当话题 [J]. 教学月刊（小学版)，2014 (4).

[33] 何夏寿，周一贯. 月亮婆婆侬有几个囡——《唱玩民间童谣》课堂观察

[J]. 语文教学通讯，2014（9）.

[34] 何夏寿. 童话教育：亦诗亦歌亦逍遥 [J]. 小学语文教师，2014（2）.

[35] 何夏寿. 童话体写作：聆听生命最初的歌唱 [J]. 小学语文教师，2014（Z1）.

[36] 何夏寿. 我的童话人生 [J]. 小学语文教师，2014（10）.

[37] 何夏寿. 让所有的童心都开花——何夏寿儿童文学教学工作室 [J]. 语文教学通讯，2015（3）.

[38] 何夏寿. 嬉笑怒骂皆智慧——“机智人物故事”教学[J]. 小学教学设计，2015（34）.

[39] 何夏寿，莫国夫，王铁青. 穿越泥土的芬芳温暖童年的心灵——《民间机智故事》教学实录与评析 [J]. 教学月刊（小学版），2015（Z1）.

[40] 何夏寿，郑国民. “求好运”民间故事教学 [J]. 小学语文教学，2015（7）.

[41] 何夏寿. 穿针引线：让孩子尽享游戏之乐 [J]. 小学语文教师，2016（2）.

[42] 何夏寿. 永远的拔河比赛 [J]. 福建教育，2015（Z5）.

[43] 何夏寿. 爱之圣地祝家庄 [N]. 中国教育报，2015-08-08.

[44] 何夏寿，周一贯. 《新龟兔赛跑》童话习作课录评 [J]. 语文教学通讯，2015（Z3）.

[45] 何夏寿. 文学理论指领下的童话教学 [J]. 小学教学设计，2015（9）.

[46] 何夏寿. 黄鳝黄了 [J]. 未来教育家，2015（Z2）.

[47] 何夏寿. 儿童文学怎么教 [N]. 中国教育报，2015-10-12.

[48] 何夏寿. 小学语文教育是语言教育也是文学教育——与朱自强先生商榷 [J]. 语文教学通讯，2013（18）.

第二篇　李明新教学智慧研究

李明新，北京小学校长。北京市首批中小学教授，特级教师，享受国务院特殊津贴，兼任中国教育学会理事、中小学整体改革专业委员会副理事长、全国小学语文特级教师研究中心副秘书长、北京教育学会副会长、北京教育学会中青年理论工作者研究会副理事长，教育部基础教育课程教材专家委员会委员，国家教育行政学院、北京师范大学、北京教育学院兼职教授，北京市语文名师班实践导师。

李明新主张“让基础教育回归本真”，在借鉴语文前辈的教学思想的基础上，结合自身多年的探索，明确提出小学语文追求“实与活”的教学思想，构建“实与活”的学科教学。他曾获首届全国小学语文青年教师教学比赛一等奖，在国家级、省部级刊物上发表专业学术论文十几万字，出版《追求实与活的语文教学》《构建主体性课堂教学》《语文教学活力说——实践篇》《语文教学活力说——研究篇》等专著。课改专著《追求实与活的语文教学》获教育部中国教育学会“首届中国教育学会科研成果奖”。他在海峡两岸暨香港、澳门中国语文教学交流活动中执教的语文课受到专家称赞。他受邀到全国各地讲学，交流科研成果与改革经验，多次担任全国语文大赛现场总评课专家，其语文教学思想得到广大教师、专家的赞同。2009年，北京教科院教师研究中心系统地研究了李明新的成长以及教学过程，出版了专著《李明新：追求实与活的语文教育思想》。

一、李明新教学智慧的探索历程

（一）对语文教学“高耗低效”现象的忧思

语文教学的“高耗低效”现象不是一个新问题。早在20世纪70年代末，语文教育家吕叔湘就感慨：“语文课课时最长，耗时最多，收效却甚微，岂非咄咄怪事。”时至今日，语文教学的有效性问题依然是一个“历史遗留问题”。长期以来，人们相信，教育至少是解决各类社会问题的途径和工具。一方面，这种观点反映了人们对教育的关注和信任；另一方面，教育却常常成为众矢之的，对教育、对教师的批判之声不绝于耳。当社会上许多人不能够正确地书写祖国的语言文字，不能够正确地表达和沟通，有的人认为教育需要为这些社会问题“买单”，人们把批判之箭指向了中国的语文教育，因此兴起了20世纪末的语文教学大批判。

可以说，李明新教育思想的形成正是始于这些困惑。语文教学遭受非议早已是不争的事实。20世纪90年代，一篇《误尽苍生是语文》的文章引发了全国对语文教育的大批判，文章虽有些偏激，却也道出了语文教育存在的种种弊端。1998年3月10日，洪禹平在《中国青年报》上撰文，批评中国的语文教育“是一件误尽天下苍生的大事”。这让身为语文教师的李明新陷入困惑之中，他不断检视自己的教学实践，思考为什么语文教学会成为“众矢之的”。后来他认识到，“低效”和“僵化”是当前语文教学非常突出的急需解决的两个问题。社会各界都在追问：语文耗了那么多时间，语文教师们似乎没有把该干的活干好，学生听说读写的能力没有得到同步的、更好的发展，这究竟是为什么？

李明新带着这些困惑开始进行语文教学研究。虽然这个问题不是他个人的独特发现，但是他并没有停留于这个困惑，而是试图去解决这个困惑，这是他和一般教师的重要区别之一。

语文教学的“高耗低效”还体现在全社会的“大补课”上。李明新注意到有这样的现象：社会上各类作文班、阅读班名目繁多，生意兴隆；书店里各类试卷花样百出，家长争相购买。他不禁追问：既然语文课时最多，语文教师总是强调自己很重要，为什么家长还要没完没了地给孩子报班补课呢？这不正是从一定程度上说明目前的教学存在低效的问题吗？

作为一个教育工作者，李明新不断地思考这样的问题：语文基础教育应该为学生的未来、社会的未来做些什么？任何一个有责任感的教育工作者，都会思考这样的问题：当孩子们走出校园的时候，他会不会写书信？能读懂产品的说明书吗？会写工作总结吗？能很好地欣赏文学作品吗？如果语文教学不能够实现这些目的，语文学科的存在价值是否大打折扣？小学阶段语文教学的定位如何？语文教育如何走出“高耗低效”的泥沼？

可以说，从1994年开始，是李明新对语文“高耗低效”问题的深刻反思阶段。他一边反思，一边学习和实践，在语文教学的实践中细心体会与发现。

（二）在反思与探索中提出“实与活”的教学主张

从2001年开始，新课程改革所倡导的新理念和新方法为教师的课堂教学带来了生机与活力。但是由于部分教师片面、表面地理解这些理念和方法，在推进新课改的过程中容易陷入误区，出现了教育教学的僵化模式和“形而上学”现象。这不但影响了课程改革目标的实现，而且背离了语文教学的价值定位，也就是没有在真正意义上促进学生的学习和发展。

有一次李明新到某地讲学，有一位女教师领着她的儿子（一个读小学二年级的小男孩）找到李明新，请他给评个理。事情的经过是这样的：本地的教研员出了一张试卷，其中有一道判断题，这个句子是“月亮是圆的”。这个孩子打了一个叉，于是就被扣了分。他认为自己做对了，但老师说他做错了，说教研员给的标准答案就是这个。孩子不服气，说科学课上老师给他们讲过月亮不是像球一样圆，所以孩子认为月亮不是圆的。另外，孩子也认为生活当中月亮有的时候是圆的，有的时候不是圆的，所以他认为这道判断题是错的。孩子问老师为什么这道题是对的，老师也不知道，说教研员给的标准答案就是这个，那就得这么答。李明新开始思考，这样僵化的考试、僵化的评卷，难道不是在扼杀学生的创造力吗？所以他认为语文教学需要“实”，需要“活”。

在新课改面前，李明新发现，教学中存在一些严重的“形而上学”现象。一些教师把课改中的许多概念和理念直接拿到课堂上，追求那种“时髦式”的教育，语文课堂实践被各种新颖的概念束缚，以至于形成了“千人一面”的课堂。有一次李明新接待了一位来自新加坡的校长，他提出的一个问题把李明新问得愣住了。他问：“李校长，你们老师让孩子讨论为什么要那么大声，那么热闹呢？”李明新从来没想过这个问题，就请教这位校长是什么意思。这位校长回答说：“如果在新加坡，老师就会说，小声点不要干扰到别人。我们坐在教室里，耳朵会受到强烈的刺激。”这句话提醒了李明新，他更加意识到，我们的一些教学正陷入“形而上学”和“概念游戏”的状态之中。

另外，李明新也发现教学中不乏“热闹”的“假主体”。所谓的“假主体”，就是“学生主体”幌子下的“教师中心”，不管内容是否需要、条件是否具备，统统让学生进行“自主、探究、合作”的学习等。结果往往是学生发言多了，真正的思考少了；学生的活动多了，有意义的学习少了；教师放手多了，师生真正的互动少了……这些都是对新课程理念的简单套用和对新概念的简单移植。李明新主张，从国外引进的新概念、新方法一定要与我国的本土经验相结合，否则势必会把教学引向误区。

围绕这一系列问题，李明新以全新的思维方式思考着、探索着、实践着。他认识到课改不能形式重于内容，课改的成效必须落实在学生发展上。于是，通过深入的学习、研究与思考，在刘国正关于中学语文教学训练方法观点的启发下，从 2001 年开始，李明新抓住语文教学的“专务”，明确地提出小学语文教学的基本思想——“实与活”。“实”就是让语文教学教风朴实，学风扎实，追求实效，使学生在语文能力上真的有所提高，培养学生良好的语文素养。“活”就是要讲求教学的艺术性，使课堂生动起来，让学生在语文学习中如沐春风、其乐融融。在 2003 年春天举办的全国课程改革实验区的研讨会上，李明新应邀上示范课。北京师范大学张美妮教授说：“各位老师，这是三天以来唯一成功的一堂课改课。他的成功之处就在于很好地处理了继承与发展的关系，很好地把握了课改的理念和课堂实践相结合的‘度’。”实践表明李明新所坚持的语文教学的改革方向是正确的。

（三）系统构建“实与活”的语文教学实施体系

2004 年，《追求实与活的语文教学》出版。2005 年李明新被评为北京市特级教师，之后李明新继续在追求“实与活”教学思想的道路上进行系统的、整体性的探索。经过与北京教育学院杨文荣教授多次沟通，李明新开始把“实与活”的语文教学思想进一步完善、深化，从理论到实践、从课程到教学、从实施到评价进行系统的构建，以期切实地给一线教师以参考。由此，李明新的“实与活”的教育教学思想的系统研究开始实施。

通过研究，李明新认为“实与活”的语文教学必须摆脱“知识中心”，关注全人发展。这说明李明新提升了语文教学的价值层位。“实”体现了基础教育基础性的根本要求，使语文课程目标落到实处；“活”则体现基础教育发展性的时代趋势，目中有“人”，以学定教，顺学而导，从而使语文教学充满生命的活力。同时他指出，“实与活”是辩证的统一，既不能孤立地追求“实”，也不能片面地追求“活”。他认为，语文教学是掌握“语文”这一工具的过程，也是人的思想和精神丰富、提升、完善的过程，这两个过程是统一的。工具性与人文性对于语文来讲是浑然一体的，既不能无视人的存在，抽象地进行语言训练，也不能泛化对人文性的认识，搞与工具性对立的语文教学。在坚持“工具性与人文性统一”的前提下，李明新结合小学语文教学的特点，从北京小学的培养目标与学生实际出发，围绕“实与活”的教学思想，从学科目标、教学方式、教学实践到教学评价，进行了较为深入的、整体性的探索，形成“实在基础，活在生成”的认识和“做实学段，务实课堂，落实主体；用活资源，激活方法，盘活评价”的实施框架。2008年，《中国教育报》全文刊发李明新的《构建“实”与“活”的学科教学》，引起了各界的关注。

在这一阶段的研究中，李明新显然已经不是停留在教学方法的研究上，而是进行系统化的研究；不是只站在语文知识和能力的高度，而是站在儿童的生命发展高度进行研究。转换研究视角，提升研究层位，凸显了一个语文名师的为师境界。可见，李明新既追求语文教学的深度和厚度，又追求教学的生动和灵动，而二者又统一于学生的发展。教学的深度和厚度体现为“实”，而教学的生动和灵动就体现为“活”。

二、李明新教学智慧的思想内核

（一）“实与活”教学思想的教育哲学基础

1.“实”在基础：教育本质

“实”体现基础教育的本质特点。李明新认为，基础教育是大众教育，是面向全体学生的教育，最直接的任务就是为一个人的一生打下基础，包括习惯、兴趣、知识、能力、情感等。因此，基础教育应该首先抓住核心价值，抓住基本价值，那就是“基础”二字。他提到的“基础”的内涵已经有所拓展。它已经不再是过去站在知识教学论的角度谈到的“基础知识”和“基础技能”，而是站在以学生的发展为本的教学论角度，也就是站在人的全面健康、可持续发展的角度来阐释的“基础”。

2.“活”在生成：生本理念

当代著名教育理论家鲁洁说过，我们的教育对象是人，教育的世界是人的世界。李明新也反复强调，教师面对的被教育者不是任意被老师、学校所塑造的泥偶，而是活生生的，具有情感、意识、思想、知识和能力的生命体。因此，教师所施行的一切行为，能否作用于被教育者，取决于被教育者的主观能动性。教育一定要“目中有人”。知识的传递不再是一个简单的、线性的传递过程，能力的培养也不是像人驯化动物那样去“驯化”学生。人的情感和价值观的变化，更不是教师发号施令所能达到的。所以，育人要讲求科学的方法和艺术的手段。在教学时求“活”，不能用固定的“程式”和“路子”来教学，必须因材施教，即根据我们教学的内容和学生的实际情况来变换我们的方法。

可见，“活”是紧紧围绕着“实”展开的，“活”是为了更好地达到“实”，二者是辩证统一的关系。如果“一实就死，一放就乱”，李明新认为，这恰恰是因为没有处理好“实”与“活”的辩证关系。

（二）“实与活”教学思想的主要内容

1. 语文学科观：工具性和人文性的统一

李明新认为，只有以语文学科性质为起点，在解决了“是什么”的问题之后，才能解决“为什么”和“怎么样”的问题。“实与活”语文教学的思想就是以思考语文学科的性质为起点的。《义务教育语文课程标准

（2011 年版）》明确了语文课程的性质，明确了语文学科工具性与人文性之间的关系，代表了这一时期大家对这一问题的看法。但是，有些理论专家仍然对此争论不休。李明新认为应该换一个思考问题的角度，那就是从课程价值的角度来思考学科的性质，在以语文能力为核心的价值教育中培养学生的语文兴趣、语文习惯、语文思维和语文知识。李明新非常反对那种“矫情”的人文性，他并不走那种煽情的道路。他认为正确的语文教学是人文性和工具性的完美统一，二者的结合点就是既有“实”又有“活”。

2. 教学价值观：培育学习者

李明新“实与活”教学思想的重要价值在于教学价值观的重建，即由重视书本知识传授的价值观转向重视学生个性健康发展的价值观。李明新认为学生不只是“认知体”，也是重要的“生命体”。教学目的不能过于强调对知识的认知，而忽视人的多种需要与整体人格的发展；教学过程不能忽略人的丰富多样的生命内涵，以致缺乏情感与灵性的自然流露；教学内容不能太忠于教材，而缺少创生性、情境性、灵活性；教学形式不能太讲究规范与模式而约束了个体生命表达的多样性；教学方法上不能有太多居高临下的灌输与说教，而缺少让学生通过自身的体验达到自我完善、自我发展。而要实现这些转变，首先要做的是转变教学只注重知识传递的价值取向，建立新的教学价值观。他曾指出：“在技术理性或工具理性的支配下，大多数教学在进行教学设计时往往首先关注的是‘流程’‘方法’和‘技巧’这些外在的形式，而非‘价值’‘目标’等这些更内在的实质。”

3. 课程观：结束一本书的时代

李明新提倡教师要有课程意识。因此，“实与活”的教学在教育观、学生观、教材观、课程观上都要有一个清楚的认识，然后再解决教学方法问题。李明新就是这样反复对教师强调的。比如他积极鼓励教师创造性地使用教材，在课程实施过程中要整体优化——活用教材。李明新的教材观非常明确，即从“教教材”转向“用教材教”。在“实”与“活”教学思想的指导下，李明新在“盘活资源”上有了许多新的举措。他说：“我们认识到教科书是教师进行教学的重要凭借，但并不是唯一凭借。学生发展的空间也并非只是几十平方米的教室，教室以外还有着更广阔的学习空间。因此，学校提出要‘走出一本书的时代’。”

4. 评价观：引导方向、调动积极性、开发潜能

“实与活”的教学思想强调要“盘活评价”。李明新把“实与活”的教学理念渗透在评价实践当中，扎实而又灵活地把评价变成促进学生发展的一种途径和手段。他说，评价是为学生发展服务的，不能本末倒置或喧宾夺主。因此，“实与活”的学生评价特别提倡评价的形成性功能，覆盖学生发展全过程。这也是李明新多次提到的增值性评价。他指出：“增值性评价是发展性评价的重要组成部分，它在具体的学科教学上关注每一个学生在原有基础上的发展幅度。我们在学习评价上采取的是‘从横比转为纵比’，即自己的发展水平与自己原有的水平比；从比‘高线’转为比‘标准’，即不是以全班最优秀、最高的标准来评价，而是以学科教学的课程标准、要求来评价……比如语文学科方面上，学生的书写、朗读、作文等能力，以及学生的兴趣、习惯等，都实现了可目视的进步。”

三、李明新教学智慧的艺术呈现

北京教育学院杨文荣教授在评价“实与活”的教学时指出：“李明新的语文教学是求真、求实、求新。求真，就是尊重语文的本来面目，坚守语文本真。追求真理、探索真理，循着语文教学规律和特点进行教学。求实，就是在语文教学中尊重事实，实事求是，讲求实效。求新，就是在语文教学中，不墨守成规，强调在继承中创新。这是语文教学的生命力所在。”李明新的教学实践闪烁着一名语文教师智慧的火花。

（一）把握专务

语文教学的“专务”体现了语文教学存在的个性。用一句话说，语文教学的“专务”即培育以语文能力为核心的语文素养。语文教学最核心的任务通俗地讲就是：从会说（听）到能说（听）、善说（听）；从不会读到会读、能读、善读；从不会写到会写、能写、善写。把握专务，就要把语文教学放在教育的大系统中来定位它的作用。这是语文的“个性”，语文的“根”。李明新提醒各位语文教师：语文教学非常重要，但是，语文教学不“包打天下”。李明新认为，语文的价值的确是一个复杂的问题。

李明新很重视语文教学中的“人文性”，他的课声情并茂，给人启迪，感染力强。但是他认为，“人文性”并不局限于语文教学。语文学科有自己的符号系统，进行人文教育一定是立足于“语文”这个符号系统的。所以，李明新的教学实践中，无论是阅读教学，还是作文教学，无论是口语交际教学，还是字词教学，都紧紧围绕语文教学的专务。我们看看他在执教《趵突泉》时的引导过程。

师：对于老舍先生描写大泉的这两句话，同学们有不理解的地方吗？

生1：我不明白，为什么说“使觉得自然的伟大，使你再不敢正眼去看”？

生2：老师，我不太明白为什么用三个“冒”字。

师：这两个问题提得都很好，我们一起来讨论。先讨论第一个问题。

生：我觉得，大泉一年四季老那么翻滚，生命力旺盛，可以说有使不完的劲儿，大自然太伟大了。面对这样有无穷力量的大泉，老舍先生肯定感到，与自然比起来人类太渺小了，所以有“再不敢正眼去看”的感觉。

师：对，这是从人的感受上写，越这样写越能说明什么？

生：自然的伟大。

师：有谈第二个问题的吗？

生：我觉得，用一个“冒”字没有气势，写不出趵突泉的特点。用三个“冒”字写得很有气势，好像有无穷的力量。

师：体会得多好啊！你给大家读一读这句，好吗？

（学生有感情地朗读）

生：老师，我也来谈这三个“冒”字。如果用一个“冒”字就不能使人感到泉水是翻滚不息的了，而且读着不好听。有了三个“冒”字，读着特别好听，特别带劲。

师：你体会得很好。三个“冒”字不但写出了大泉的特点，而且使人读起来朗朗上口，老舍先生的语言推敲得多好啊！

生：老师，我还有一种理解。我觉得三个“冒”字，就好像是代表三个大泉，你看它们都在不停地冒。

师：啊，这种理解很有创意，同样能感受大泉宏伟的气势。同学们谈得太好了。那就请同学们有感情地读一读这几句话，把老舍先生对大自然的赞美之情表达出来。

（全体同学投入地、很有感情地朗读课文）

这样的教学是存在于李明新每一节课之中的。他的语文课之所以不会跑偏，就是因为他牢牢把握了语文教学的符号系统，把握了语文教学的专务，所以他强调要从语文课程的功能与价值上反观语文教学的性质问题。在教学实践中，他指出："你要知道电影和话剧，它们是用什么样的符号系统去打动你，而语文又是用什么样的符号系统去打动你的。所以我们必须非常清楚地认识到，语文课的动情完全是在语文的教育当中，是在语言的教学当中来实现的，不是架空的。"

（二）追求实效

追求"实与活"的语文教学是非常强调教学设计与实施的有效性的。高耗低效的反义就是高效实效。所以，李明新提出要关注"有效教学"问题，让每一节课都有落点、有重点、有生长。李明新认为，有效的语文教学必须实现设计与生成的"生本化"。他指出：首先，教学要促进学生的语文学习，必须摆脱知识中心，追求课程改革三维目标的实现，也就是关注全人发展。有效教学是一整套为促进学生学习，实现教学目标而采用的教学理念与策略，而没有标准的教学谈不上教学是否有效。他一直在思考如何评价有效教学的标准问题。他认为，必须围绕目标来谈有效教学的标准，教学要具有生长意义。所谓"生长意义"，就是让学生真正有所得，真正有所进步。学生的发展是衡量教学有效性的根本标准。只有课堂上学生得到了发展，才能判断这种教学是有效的。

再者，"实与活"的教学很重要的实效性策略是"抓住重点，一课一得"。李明新说："教学要突出重点：一册书要有重点，一个单元要有重点，一课书要有重点，一节课要有重点。"他多次论述突出教学重点问题，如《紧扣重点，突出实效》《紧扣重点，自读自悟》。我们看看他执教的《董存瑞舍身炸暗堡》第二课时的一个片段：

（一）整体回顾，把握重点

师：昨天的语文课，我请同学们自己初步学习了课文，知道了在敌人的暗堡封锁我军前进的道路后，董存瑞坚决请战，冲到桥下，舍身炸暗堡（说时，手指板书，整体上把握文章思路）。今天这节课要继续深入读书，我还没想好问哪些问题。谁能提出一两个值得思考的问题吗？（学生看书，略做思考）

生1：我提出的问题是董存瑞为什么要坚决要求炸暗堡？（教师在相应的板书下板书：？）

生2：我提的问题是他是怎样冲到桥下的？他为什么舍身？他是怎样舍身的？

师：一下子提出了三个问题。（板书：？？？）

生：我提的问题是董存瑞可不可以不舍身？

师：这一问题仍是让大家思考为什么舍身。提得好！

（二）指导自读自悟，感悟英雄形象

师：同学们，你们很会提思考的问题。今天这节课只剩30分钟了，不可能解决所有的问题。这样，既然大家都很关注“舍身”的问题，我们就先来研究这个问题，在研究这个问题的过程中看能不能解决别的问题。（学生点头赞同）下面，就请同学们默读第7自然段，思考：董存瑞为什么要“舍身”？注意联系前文，看你们能发现几点原因。

（学生认真思考，动笔标注）

师：好，谁先来谈谈自己的看法？

生：我认为有两点原因。首先（这时教师发现一些同学没有注意倾听）——

师：请先等一下。（用期待的目光望向其他同学）其他同学要注意听他的发言，看看和你们想的是否一样。（此时，学生的注意力都集中到发言人身上）请你继续说。

生：我认为首先是桥下没地方放炸药包。课文中写着“这座桥有一人多高，两边是光滑的斜坡”，“光滑的斜坡”说明不好放东西。的确，后边写他两次把炸药包放在桥沿上，两次都滑了下来，“要是把炸药包放在河床上，又炸不毁暗堡”。所以，他要炸这个暗堡，只能自己当支架。

师：这是第一点原因，是吗？那还有其他的原因吗？

生：有。其次，最重要的原因是这时冲锋号吹响了，情况太紧急了。所以，他要舍身炸暗堡。

师：同学们看，他谈了几点原因？

生：两点。

师：两点原因说得很清楚，而且用了“首先”和“其次”这两个副词，说得有条理。同学们还有其他看法吗？

生：我来补充一下。当时冲锋号吹响了，惊天动地的喊杀声由远及近，说明部队开始冲锋了。前边写到暗堡中喷出六条火舌，部队被压在小土坡下面，而且冲在最前面的战士倒下了。可想而知，要是不炸毁暗堡，将有更多的战士牺牲。

师：谈得好。情况危急，炸不炸暗堡关系到战友的生命安危。

生：我也同意他的意见，而且我知道董存瑞很恨敌人。前边写董存瑞“瞪着”敌人、“迸射”仇恨的火花，可见他多么恨敌人，他一定会舍身炸暗堡。

师：是啊！对敌人是那样的恨，对战友是——

生：那样的爱。

师：战友的牺牲怎能不激起他的怒火，他怎能不舍身炸掉暗堡呢？

生：我还觉得，情况太紧急了，因为冲锋号吹响了。前边写到这是解放隆化的战斗，不炸掉暗堡，隆化不可能顺利解放。

师：看来，还关系到战斗的胜利。同学们谈得很深入，特别是许多同学都紧密地联系前文的内容来谈。我们深刻地认识到，当时的情况真是“万分紧急的关头”啊！就是在这万分紧急的关头，一位革命战士做出了一个生死抉择，那就是——

生：舍身炸暗堡。

师：那么，他是怎样舍身炸暗堡的呢？请放声再读第7自然段，边读边想象，看看英雄的哪些表现给你留下了深刻的印象？为什么？（后边教学略）

从这个片段可见，李明新的教学抓住重点，讲求实效，不面面俱到、琐碎分析。这一教学启示我们如何扣住重点，统筹兼顾地开展教学活动。在追求教学实效方面，李明新有着系统的思考。他认为教学目标、教学内容、教学方法、教学手段，乃至作业的设计都应该考虑学生水平、学生生活，没有生本意识的教学不可能有实效性。比如他曾举例，有教师教授《海上日出》后，在没有让学生提前观察的情况下，马上要求学生当堂写出《北京日落》。这样的教学设计看起来是读写结合，是在运用在阅读教学中所传授的写作知识，其实这是没有实效性的，因为学生没有相关的生活体验，只能编造作文。

（三）精于创新

李明新曾在《北京教育》上发表文章谈教师专业发展过程中的三个转变，即从消费型向创生型转变，从技术型向人格型转变，从他主型向自主型转变。李明新认为，现在有好多年轻教师之所以成长得慢，其中一个很重要的原因是不会举一反三，今天备的课会上，明天换一节就不会了，基本上停留在技术型教师阶段。他倡导做创生型的语文教师。他曾在《培养创新型人才必须变革教学观念》中深入论述了相关思想。“当我们面对信息革命的挑战，倾听对人的创造精神的呼唤之声，站在育人的高度审视我们的语文课堂教学时，我们深切感到，我们必须加快课堂教学改革的步伐，因为我们的许多教学实践正在阻滞对学生创新精神与能力的培养。一句话：变革我们的教学，我们别无选择。”李明新的每一节课在教学设计和方法创新上总能给人一定的启迪。

其一，李明新在阅读教学设计上给学生发现的时间和空间。新课标强调阅读是教师、学生与文本对话的过程，是个性化的学习过程。在这个“个性化”的学习过程中，学生会有许多独特的发现。拿《猫》一课来讲，它是老舍的一篇散文，教师能教给学生的东西不少。但是，我们能不能不“给”，而是启发学生去“发现”呢？李明新请学生仔细阅读课文，然后谈谈自己的发现。结果如下：

生 1：我发现老舍先生笔下的猫不像猫，像人。有脾气，有性格。

生 2：我发现老舍先生没写猫的外貌，写的是猫的性格。

生 3：我发现老舍先生爱猫，既养大猫，又养小猫。

生 4：我发现这篇课文跟《趵突泉》在写作方法上有类似的地方。

师（很惊异）：你说说看。

生 4：我发现《趵突泉》是先写大泉，再写小泉，这篇文章是先写大猫，再写小猫。还有，写大泉和小泉都是先总写“泉太好了”“池边还有小泉呢”，《猫》也是先总写“猫的性格实在有些古怪”“小猫满月的时候更可爱”，再具体写。所以，我认为老舍先生在写法上爱用这种方法。

第四个学生有很独到的见解，他是在新旧知识的联系中发现了“新大陆”。老舍在写作时不一定是这样想的，但学生却给予了评价和鉴赏。

其二，李明新善于抓住文章的内在联系进行变序教学。这确实需要教师深入地钻研教材，在发现教材的内在联系后，确定教学结构与环节。他曾执教的《白杨》一课就说明了这一点。这是一篇借物喻人的散义，凭借它可训练的内容很多，单从篇章的角度就有借物喻人的写法，揣摩人物的心理，概括课文的段意，等等。但是，根据课标与教材的要求，它主要是对学生进行体会文章思想感情的训练。于是，李明新把全文的重点（也是难点）确定在第14自然段。以这段为重点段，先让学生前后联系，反复体会。其中的重点教学环节设计如下：

（1）体会白杨的特点，感悟白杨的品格

①让学生朗读“爸爸”介绍白杨的话，思考从中可以感受到白杨的什么特点。

②学生谈对白杨的认识，然后体会茫茫戈壁中白杨高大挺秀的特点。

③通过朗读加深理解。

小结：这几句话不但说出了白杨的特点，更说出了白杨的品格。

（2）理解“爸爸”的心意，感悟建设者的精神

①“爸爸”在表白什么心迹呢？孩子们年龄小，还不能理解。他们只知道些什么呢？让学生来读一读第14自然段。

②组织讨论：从三个“只知道”推想文字背后的三个“不知道”。

③结合学生获得的资料或教师提供的丰富的背景资料，解答三个“不知道”；其间点拨学生注意针对文章的特点使用背景资料理解课文的方法。

④再读“爸爸”的话，理解表白的心迹；有感情地朗读“爸爸”的话。

通过这样的设计，环环相扣，层层递进，边疆建设者扎根边疆的远大志向与无私奉献的精神便会清晰地显示出来。

其三，李明新主张精心创设学生的学习情境。李明新认为学习情境的创设关系到学生主体性的发挥。他在主持学校语文教学管理工作中，通过《北京小学变革学习方式课堂教学评价表》把学习情境的创设作为

重要的评价指标。他认为这里所谈的学习情境，不是简单地做一个课件、挂一张图等，而是与生活相联系，着力创设引发思维或情感的学习情境，让学生在不知不觉中，在和谐互动的氛围中，进入到重要的学习内容，启迪学生的思维和情感，让学生积极参与、自主建构。比如，有一次李明新看到学生对写作文没兴趣，就创设了一个作文情境：他先让学生以词赞春，再以诗赞春，最后赞美亲眼看到的春天。接着，在学生情绪高涨，希望学校马上组织春游时，李明新则以为了安全不允许学生春游为背景，激励学生给校长（老师）写一封呼吁春游的信。学生情绪激昂，写出一篇篇富有个性的信交到老师手里。许多学生旁征博引，文笔流畅，情真意切，其中有对春景的生动描写（意在触动教师之情），有对教师的错误决定产生的后果的分析（意在提醒教师之过），有对教师的真切恳求（意在打动教师之心）。如此精心的学习情境的创设常常体现在李明新“实与活”的教学实践中。

（四）注重生成

教学过程中，教师、学生、文本三者之间在进行一种心灵与思想的沟通。在这种沟通与交流的过程中，三者都会实现一种新的意义上的构建。李明新认为，教师可能在学生的发言的启迪下，超越自己在上课之前对文章的理解；学生更是在与同学、教师、文本的对话与沟通中重新构建起新的认知；而文本自身的意义也可能在教师、学生的个性化的解读与思想碰撞中得到一种新的提升。这就是一种生成性的语文教学。“对话”不是一种简单的教师问、学生答，也不是简单地看书吸纳，而是一种教学理念，一种教师、学生、文本之间多维的、平等的、互动式的思想碰撞、心灵沟通、见解交流、认识启迪的教学形式。这种对话式教学具有真实的生成性。

如教授说明文《太阳》一课时，李明新就发现，按以往的教学，要让学生了解说明的方法，无非是让学生自读思考：太阳有什么特点？从哪里可以看出？然后进行讨论。这样的教学，学生毫无兴趣，与教师、与文本、与同学之间的对话实效差。后来，他改变了以往的教学方法。首先讲述了自己的亲身经历：小时候从报纸上得知美国的宇航员登上了月球，于是立志长大了要登上太阳。这时，学生哄堂大笑，教师趁机问学生为什么笑。学生饶有兴趣地与文本对话，深刻地了解了太阳的特点，并在与老师互动的口语交际中掌握了通过列数据、作比较来说明问题的方法。

李明新指出，由于教师的介入，课堂教学组合形式的介入，对话、沟通以一种网状结构呈现。而建立这种结构关系的行为就是围绕文本提供的话题所展开的广泛的对话。学生的个性化理解是自然的、正常的，我们往往说有一千个读者就有一千个哈姆雷特，这正是个性化阅读行为的形象阐述。

李明新善于抓住学生的发言，创设引发学生争论的对话情境，使课堂实现生成。他说，我们许多教师，很怕学生在学习中出现问题，那样会打乱自己的原定教案。而新课程的教学中，我们应该很好地把握学习互动中生成的问题，把一个人的问题（当然是关键的、重要的问题）转化成全体学生的学习资源。有一次教授《江姐》时，他请同学朗读课文中的一段文字，其中有这样一段话：

"说不说？说不说？"特务疯狂地吼叫着。

江姐回答说："上级的姓名住址，我知道；下级的姓名住址，我也知道。但是，这些都是我们党的秘密，不能告诉你们。"

有一名同学非常投入，他慷慨激昂地朗读了这段话，看得出，对敌人是那样的狠，对江姐是那样的敬佩。有一名同学马上举手表示反对这种读法。他说："我认为，江姐的语言不能读得铿锵有力，因为面对疯狂的敌人，江姐一定是镇定自若的，语言不可能这样激动。她越平静越能反衬出敌人的疯狂，表现出敌人拿江姐没办法。所以，我不同意他那样读。"后来同学们在他的启发下再读，效果果然更好，学生对江姐的认识更准确了。

正是因为主张生成性教学，李明新反对教学设计过于烦琐，反对教学环节"密不透风"，更反对教师"牵着学生走"。为了实现生成，李明新指出："教师应以实际的教学行动，让学生建立起正确的学习概念。一是应该允许学生回答问题时说错；二是应该鼓励学生对别人的发言、观点提出疑问，鼓励有理有据地挑战教师、同学、作者的观点；三是提倡有创意地阅读；四是教师在课堂上应多送给学生一些微笑，多提供一些善意的帮助，使学生畅所欲言。"

四、李明新教学智慧精品片段聚焦

片段一：

太阳
（第二课时）

（一）板书课题，故事引入新课

师：今天我们这节课继续学习第21课——

生：《太阳》。

师：上节语文课，同学们已初步学习了课文，如果我要问一些有关太阳的知识，你们能回答吗？（学生回答“能”）除去课文中写的这些知识，有谁还从课外了解了一些有关太阳的知识？（有些学生举手）你看，你们还没深入学习课文，就已经知道了不少有关太阳的知识。这可比老师小时候强。我每次讲《太阳》，总想起小时候的一件事。想听吗？

生：想。（一下子来了精神，都很急切）

师：好，那我讲一讲。小时候我不怎么了解太阳的相关知识。有一天，老师告诉我们说，美国的宇航员乘着阿波罗号飞船登上了月球。我一听，心想：啊！我一定要好好学习，长大了当个科学家。你们美国人登上月球，我将来要登上太阳！

（学生大笑）

师：你们笑什么？

生：您那时候太无知了，您根本登不上太阳。

师：是说我小时候无知，是吗？（学生点头）那么，为什么我不能登上太阳呢？打开书，你们能不能结合课文的内容说一说？

（学生迅速地打开书，从书中找理由）

师：看看你们能找出多少个理由。

（二）创设言语交际情境，体会说明方法

生：您是登不上太阳的，因为太阳表面的温度有6000℃，就是钢铁碰到它也会变成汽。太阳的中心温度估计是表面温度的2500倍。这么热，您哪到得了太阳啊！

师：说得对啊！钢铁都成了汽，那我呢？

生：连灰都找不到了（笑），成了一股烟。

师：这说明太阳的温度真是太高了。（板书：热）

生：另外，太阳离我们地球非常远，所以您也登不上太阳。书上说，步行要走3500年，坐飞机日夜不停地飞，也要飞二十几年。您想，人的寿命平均不到100岁，步行3500年，您哪活得了3500年啊！要是坐飞机，现在也没有那样一种不停地飞上二十多年的飞机。

师：就算有那样的飞机，能飞到吗？

生：就算有那样的飞机，您也飞不到，因为温度太高，早就化了。（笑）

师：对，如此遥远的距离，我是难以在有生之年到达的啊！（板书：远）

师：同学们想一想，你们刚才是怎么给我讲道理的？3500年，6000℃，2500倍……（启发）

生：是列了数字。

师：不错。用列数据的方法可以具体地说明一个事物的特点。还有别的方法吗？文中还说如果步行、乘飞机、钢铁碰到太阳……（再启发）

生：是进行了假设。

师：对，假设一种情况来进一步说明特点。同学们在刚才的发言中，就运用了列数据、作假设的说明方法。书上也用了这种方法。不过，你们想过这样一个问题吗？按理说，越远的事物看起来越小，太阳离我们那么远，应该看不见啊！怎么还能看见呢？

生：因为太阳很大，要130万个地球才抵得上一个太阳。

师：啊！文中又一次运用了列数据的方法。那，这“抵得上”是什么意思？

生：就是“相当于”“大约”的意思。

师：（板书：远）好。如果太阳是这么大（边说边画个大圆圈），那谁来画地球？

（学生都积极举手，老师指定一名学生来画，学生画成樱桃大小）

生：哎呀，太大了。

师：看来有的同学认为你画得大了。（指向另一名学生）那你说怎么画？（生：画个点就行了，130 万个地球才抵得上一个太阳，只能画个点）同学们看，为了突出太阳的大，你们就把太阳和地球进行了——

生：比较。

师：对，作比较，这又是一种说明方法。（指板画）真是不比不知道，一比真奇妙！太阳有那么大啊！同学们，刚才大家用列数据、作假设、作比较等方法说明了老师小时候的愿望是实现不了的。

【品评】

这一教学片段反映了李明新在“实与活”的语文教学中的一个重要策略，就是创设引发学生思维和情感的学习情境，激起学生的阅读期待。这节课是新课程改革刚刚开始时，李明新在阅读教学上的新探索——如何更生动地实现用教材教。用教材教什么？教语言知识，教阅读方法。语文的学习怎样把课程的三维目标进行整合呢？怎样使学生不知不觉地进入最佳的阅读状态呢？李明新的教学智慧指向“学习情境的创设”。这种情境的创设旨在调动学生学习的主动性、积极性和创造性。从这个片段可见，李明新密切联系生活，看似聊天，实际上是在有意义的学习情境中把学生的思维激活了。学生又一次情趣盎然地对课文进行了深入的阅读，有效地利用了课文中提供的信息，师生之间、生生之间展开了对话。像这样的学习情境的创设在李明新的教学中经常看到。正因为这样，他的课堂才既实在，又活泼。

片段二：

语言的魅力

（第二课时）

（一）深入体会“语言的魅力”所在

师：好，我们先来看看，你从哪发现“我什么也看不见”这句话没有魅力？

生：我是从第 1 自然段中的这几句话发现这句话没有魅力的。课文中写“街上过往的行人很多，那些穿着华丽的绅士、贵妇人，那些打扮漂亮的少男少女们，看了木牌上的字都无动于衷，有的还淡淡一笑，便姗姗而去了”。从这里就可以知道，这句话没起一点作用。

师：能具体谈谈吗？

生（一时语塞）：嗯……

师：有感悟了，很好。就是一时说不出来，是吗？（生点头）没关系，听听别人怎么说。对于她的发现，谁有同感？说一说。（一些学生争着表达自己的理解）

生：我也来说这句。课文中写“街上过往的行人很多”，而过往的这么多人中，有穿着华丽的绅士、贵妇人，有打扮漂亮的少男少女，他们应该是有钱的，但却没有人去给这位盲老人钱。有的还淡淡一笑，便姗姗而去了。“姗姗而去”的意思是走路缓慢而从容的样子。这说明他们根本没被感动。

师：“姗姗而去”在这里是走路缓慢呢，还是从容？从容地走是什么样子呢？结合课文想一想。

生：从容地走就是大大方方地走。

师：对，大大方方，原来该怎么走，现在——

生：还怎么走。

师：那你们说，“姗姗而去”在这里是走路缓慢呢，还是从容？

生：是从容。因为内心没有被打动。

师：对！在这句描写中，从哪里还可看出这句话没有魅力？

生：从“无动于衷”这个词语可以看出。因为“无动于衷”就是说内心没动一点感情。

师（板书：无动于衷）：对。“衷”这个字在这里是什么意思？

生：内心。

师：内心一点没被感动。看了木牌上的字，有的还淡淡一笑，哎（装出轻蔑一笑的样子），一个盲人，肯定什么都看不见了，于是便——

生：姗姗而去了。

师：谁能给大家读一读这段话？（学生朗读，进一步体会这句话蕴含的意思）

师：谁接着谈？还有发现这句话中别的没有魅力的地方吗？

生：有。书中写老人神情悲伤，“叹息着回答，‘我，我什么也没有得到’”。从叹息的话和神情可见，他一无所获。

师：讲得好。你能给大家读一读吗？（学生非常投入地读这句话）

师：那么，你们又从哪里发现，改后的这句话具有魅力，且产生了巨大的作用呢？（许多同学举手要求谈自己的发现）

生：我是从“晚上，让·彼浩勒又经过这里，问那个盲老人下午的收入情况，那盲人笑着对诗人说：‘先生，不知为什么，下午给钱的人多极了！’让·彼浩勒听了，也摸着胡子满意地笑了”这几句话看出，这句话起到了很大的作用，因为给盲老人钱的人“多极了”。（板书：多极了）

生：我也谈这句话。因为改后的话具有魅力，所以许多人给盲老人钱。因此，盲老人笑了，不再是叹息着回答。

师：前后联系着说，很好。你能把前后两处对比着读一读，让我们听听其中的变化吗？

（学生有感情地朗读前后照应的两句话）

师：同学们谈得很好，有理有据。大家看，还是那条繁华的巴黎大街，还是那位——

生（接）：衣衫褴褛、头发斑白的老人。

师：然而，随着木牌上的字发生了变化，人们的表现也发生了变化。从给钱的人“多极了”可以推测，人们不再是——

生：无动于衷。

（二）启发思考，感悟“魅力”的原因

师：路人内心的情感发生了极大的变化。学到这里，你们会深入思考什么问题？（学生略做思考）

生1：我会想为什么这句话会产生如此大的作用。

生2：我在想，语言的魅力究竟是什么？

师：这的确是值得深思、讨论的问题。让我们都来读一读这句话，感悟感悟，为什么它会产生如此大的作用。

【品评】

牢牢把握语文教学的专务是李明新一贯的教学主张。他认为阅读教学一定要在“语文符号系统”上做文章，一定要抓住语言进行教学，引导学生逐步深入地理解文章的重点，尤其要读出文章内容之间的内在联系。在这个教学片段中，李明新抓住老人木牌上的话一层层地展开教学，把重点词语的教学、阅读方法的指导、课文情感的体会、语文思维的训练有机地整合在一起，始终在“语文符号系统”上做文章，干“语文的活儿”。李明新精于引导和启发，他没有进行琐碎的内容分析，而是把学生的阅读由全文引向重点，由表面引向深入，由感性引向理性，可谓“线清点明，重点突出”。

五、李明新教学智慧经典课堂实录

让情感与认知共同生成

——《趵突泉》课堂实录

（第一课时）

（一）扣住课题，导入新课

师（板书“泉”字）：同学们，你们当中有谁见过泉？是什么样子？

生1：我见过泉，是在一座寺庙中看到的，泉水很清澈，在一口不深的井中。

生2：我见过喷泉，水喷得很高。咱们学校就有音乐喷泉。

师：你说的是人造喷泉。谁还见过自然形成的泉？

生：我在香山樱桃沟见过。泉眼很小，水从小孔里一点一点地冒出来。

师：静静地、一点一点地冒。观察得很细，这是那眼泉水的特点。有首古诗就写到这样的泉水：泉眼无声惜细流。

生：老师，我还在电视中见过泉水，就是从泉眼里喷冰块。（同学们都很惊讶）

师：啊！这太神奇了，这真是与众不同。这是冰泉的特点。好了，同学们，恐怕还有别的同学见过其他样子的泉。今天咱们要学习的课文叫《趵突泉》。（板书：趵突）谁去过趵突泉？（只有一人举手）

师：你去过？

生：对。是去年去的。可是没有什么泉水了。

师：是啊。过度开采地下水使趵突泉有时断流。课文写的是老舍先生70多年前所见的情景。

师：同学们看到这个题目，想知道什么？

生1：我想知道“趵突”是什么意思？

生 2：我想知道趵突泉是什么样子的？有什么特点？

（指导自学，初步解疑）

师：好，下面我们就随老舍先生去看一看。请同学们自己先读课文，完成以下目标：（1）朗读课文，做到字音正确。遇到生字或不懂的词语对照课后生字表、查字典或联系课文内容解决。（2）请你向同学提示一个容易读错音的字。（3）想想刚才同学们提出的问题，有多少你能解决。

师：自学要专心，给你们 10 分钟。（学生自学，教师巡视、指导，个别答疑）下面请一组同学分别把自己要提示读音的字写在黑板上。

（学生站在黑板前同时写，如“吐”“蹿”，然后教师组织学生辨析字的读音，让书写这个字的学生提示大家为什么这个字音容易读错）

师：下面更重要的是能不能把课文读好。那么我们来读一读。（逐段指名朗读，学生认真看书，纠正错误之处，然后有重点、反复地练习朗读，熟悉课文的语言、内容）

（二）引导初读，整体把握

师：同学们，现在国庆节快到了，我经常收到旅行社路线宣传册。我发现一个现象，（学生马上来了兴趣，都认真地听）什么现象呢？凡是去山东旅游，必去济南；凡去济南游览，必去趵突泉。

这是为什么呢？正好，我读了这篇课文，对这个问题有了深入的认识。同学们，你们知道为什么吗？看课文，你们能发现哪些原因？

（学生再次默读课文，然后纷纷举手）

生：我发现课文中写“千佛山、大明湖和趵突泉，是济南的三大名胜”。你想，趵突泉是三大名胜之一，去济南当然要去看趵突泉啦。它有代表性。

师：说得好。这是从趵突泉在济南的地位来谈原因。（板书：地位）

生：我发现课文中写道：“假如没有这泉，济南定会丢失一半的美。”“定会丢失”就是一定会失去，非常肯定。我想，这趵突泉也太美了，太不一般了，要不怎么会没有它，济南定会丢失一半的美呢？

师：你也很了不起。看来，这趵突泉在济南发挥的作用还真大啊！你这是从它的作用来谈。（板书：作用）尤其你刚才抓住了一个“定”字，谈得非常好。

生：老师，我还发现趵突泉很有趣。小泉有各种样子，有的像这，有的像那，非常多，非常有趣。这么有趣的泉，去济南当然要看一看啦！

师：是啊，这是小泉的特点。只这小泉就够吸引人的了。讲得有道理。（板书：小泉）

生：我发现大泉特别不一般，特别美。三个大泉，一年四季，昼夜不停，老那么翻滚，真值得去看一看。

师：对啊！趵突泉，主要就是指这三个大泉，实在令人神往。（板书：大泉）老舍先生真了不起，短短的一篇文章，从不同方面展现了趵突泉的不一般。的确，去济南应该去欣赏趵突泉。刚才我们是从课文中找到理由。我这两天还上网查了资料，谁也查了资料？（有些同学举手）请运用相关的资料谈一下，你觉得趵突泉值得去看吗？

生：我昨天查资料，知道济南是个泉城，有上千个大大小小的泉，而最有名的有72泉，趵突泉是72泉之首。你想啊，它是最好的泉了，那当然值得去看了。（同学们投去钦佩的目光）

师：你认识得对啊！

生：我还知道趵突泉被称为“天下第一泉”，所以应该去看。

师：同学们，看来这趵突泉非同一般啊！学到这里，有没有同学已通过自学知道“趵突”二字是什么意思呢？

生：我查了字典，是“跳跃”的意思。

师：不错。趵突泉是跳跃的泉，多么生动有趣又令人神往啊！读了课文，你有什么新的问题吗？

生：我在想趵突泉真有那么大的作用吗？

师：这个问题看来要好好读文思考。

生：老师，我读课文，课文中写“你立定呆呆地看三分钟，便觉得自然的伟大，使你再不敢正眼去看”。我不明白，为什么不敢正眼去看呢？

师：谁和他一样，对这句不大理解？（许多同学举手）这个问题提得好，我希望大家深入读课文时提出来研究。

好，这节课我们就上到这里，下课休息。

（第二课时）

（一）直扑重点之一——理解“大泉”部分的内容

师：上节课，我们通过读课文了解到，趵突泉在济南风景名胜中的地位很高，作用很大，看来这泉实在是不同寻常。我和许多同学都没能亲眼去饱览这美景。不过，有老舍先生这篇美文，让我们在老舍先生的引领下，先来看这大泉。请同学们自由、轻声读“大泉”部分内容，边读边想象，看你们的脑海中浮现的趵突泉是什么样子的。

（学生轻声、认真地读书，边读边想象，有的还用手做些泉水翻滚的动作）

师：好，谁来说一说？

生 1：我想象到大泉特别伟大，总在不停地往外冒。

生 2：我想象大泉到了冬天，泉上飘荡着一层热气，就像雾一样，特别轻软，很美，很神秘。

（教师在上述环节中相继板书：翻滚不息、热气飘荡）

师：是啊！读着优美的语言，让人浮想联翩。刚才我看到有的同学用手势做动作，体会翻滚的样子。（老师用手示范同学的手势，动作很小）我原来也曾这样想过。后来，我读了一份资料，它介绍了趵突泉的大小，有哪位同学知道吗？（学生摇头，都把目光集中在老师这里，期待着听下文）那我告诉大家，我从资料上知道，水充足的时候，每个大泉的直径约有 1 米，高出水面有半米多。（学生惊叹）现在，你再用手势表示它翻滚的样子。

生：哗，哗，哗。（用手臂表示动态，动作很大，很有气势的样子）

师：站在泉边，望着这样的大泉，你有什么感受？

生 1：太有气势啦！

生 2：自然太伟大！人类真渺小啊！

生 3：我感到它充满了生命力！

师：不错，的确充满了生命力，显示了自然的伟大力量。你们看，有的人看景是走马观花，没什么感受；有的人却仔细欣赏，有所感受。刚才许多同学谈了自己的感受。同样，老舍先生站在泉边，他感受到了什么？从哪些话中可以知道？

生：他感受到了自然的伟大。从“你立定呆呆地看三分钟，便觉得自然的伟大，使你再不敢正眼去看。永远那么纯洁，永远那么活泼，永远那么鲜明，冒，冒，冒，好像永远不感到疲乏，只有自然有这样的力量”这些话中可以看出。

师：对于老舍先生描写大泉的这两句话，同学们有不理解的地方吗？

生1：我不明白，为什么说“便觉得自然的伟大，使你再不敢正眼去看”？

生2：老师，我不太明白为什么用三个“冒”字。

师：好，这两个问题提得都很好，我们一起来讨论。先讨论第一个问题。

生：我觉得，大泉一年四季老那么翻滚，生命力旺盛，可以说有使不完的劲儿，大自然太伟大了。面对这样有无穷力量的大泉，老舍先生肯定感到，与自然比起来人类太渺小了，所以有“再不敢正眼去看”的感觉。

师：对，这是从人的感受上写，越这样写越能说明什么？

生：自然的伟大。

师：有谈第二个问题的吗？

生：我觉得，用一个“冒”字没有气势，写不出趵突泉的特点。用三个“冒”字写得很有气势，好像有无穷的力量。

师：体会得多好啊！你给大家读一读这句，好吗？

（学生有感情地朗读）

生：老师，我也来谈谈这三个“冒”字。如果用一个“冒”字就不能使人感到泉水是翻滚不息的了，而且读着不好听。有了三个“冒”字，读着特别好听，特别带劲。

师：你体会得很好。三个“冒”字不但写出了大泉的特点，而且使人读起来朗朗上口，老舍先生的语言推敲得多好啊！

生：老师，我还有一种理解。我觉得三个“冒”字，就好像是代表三个大泉，你看它们都在不停地冒。

师：啊，这种理解很有创意，同样能感受大泉宏伟的气势。同学们谈得太好了。那就请同学们有感情地读一读这几句话，把老舍先生对大自然的赞美之情表达出来。

（全体同学很投入地、很有感情地朗读课文）

师：这么好的大泉，到了冬天，更增加了神秘的色彩。真是别有一番景象啊！难怪老舍先生说“泉太好了”。下面，谁来给大家读一读这个自然段，让同学们感受大泉那宏伟的气势和冬天的神秘境界。

（老师先指定一名学生朗读，其他同学闭眼想象。这名同学读得很好，同学们自发地鼓起掌来。另一名学生非常积极地举手，要求再读。这名同学采用另一种读法，且读出了自己独特的感受）

（二）自然过渡，抓住重点之二——理解“小泉”部分的内容

师：读得真美。大泉的美在于它的气势，在于它的神秘，而小泉呢？

生：比大泉更有趣！

师：更有趣。这就是老舍先生的感受。大家都来读一读，先数一数，有多少个小泉？

（学生默读，思考）

生1：四个。（有的点头，但大多数学生摇头）

生2：五个。（大多数学生还是不同意）

生3：我以为小泉非常多。（大多数学生点头表示同意）因为课文中写了“有的……”，这里用的是省略号，说明小泉还很多，数也数不清。

师：其他同学也是这么想的吗？（学生点头）那刚才的同学还认为是四个或五个吗？

生：老师，我知道了，小泉非常多，而老舍先生只写了四五种，没有都写，就用省略号省略不写了。

师：说得对。小泉非常多，选几种老舍先生特别感兴趣的写出来做个代表，其他的就用省略号省略，这就是一种表达方法。下面请同学们自己边读边想象，加上手势来体会小泉的有趣。

（学生在教师的指导下，配上手势体会小泉的有趣姿态。然后，教师指定一名学生读课文，大家一起表演体会，课堂气氛的热烈程度达到了高潮）

师：哎呀，真是太有趣了。读到最后“有的……”，为什么有的同学还在表演？

生：因为小泉很多，可以想象。

师：体会了小泉，谁能用四个字的词语形容小泉带给你的感受？

生1：姿态各异。

生2：姿态万千。

生3：各式各样。

生4：趣味无穷。

生5：妙趣横生。

师：对。（相继板书一两个词语）那么老舍先生用什么方法展现了小泉呢？

生1：用了排比句。

生2：还用了比喻。

师：所以生动、有趣。课文读到这里，你有什么新的感受、想法？

生1：我感到自然太神奇、太伟大了，创造了这么美的景色。

生2：我更感到“假如没有这泉，济南定会丢失一半的美”。

生3：我感到趵突泉真是济南的三大名胜之一。

（三）联系实际，引导拓展语文实践活动

师：是啊，这么神奇的趵突泉怎么不令人称赞？可是，由于过度开采地下水，趵突泉近几年经常断流。不过，上个星期，看报纸报道说济南下了几场大雨，趵突泉又喷涌泉水了。（同学们也很惊喜）假如济南市政府要搞个万人免费游园活动，向人们宣传保护趵突泉，你能从语文的角度出点主意，以便更有利于号召大家吗？注意要与语文有关。先想一想，互相启发一下。

（学生顿时来了兴趣，纷纷进行小组讨论）

生：我们组想的办法是写一个大横幅，挂在趵突泉公园里，上面写着：保护趵突泉，人人有责！

（学生大笑）

师：啊，这是个主意，说话很直白，直接教育大家。能不能给语言增加点魅力呢？

生1：我们组想写“不要让泉城失去昔日的光彩”。（学生称赞）

生2：我们组想的是在宣传册上印上介绍趵突泉的文章，然后写上“不要开采地下水，让趵突泉永驻人间”。

生3：我们组想搞个万人签名活动，号召大家加入保护趵突泉的行列。

师：同学们出的点子很好，可见你们对趵突泉的爱。今天我们就学习到这里。留什么作业呢？既然小泉很多，老舍先生没写尽，那就请同学们模仿第4自然段的写法，展开想象，写一写你心中的小泉吧！

下课。

（韩淑萍　郝保伟）

参考文献

［1］韩淑萍，郝保伟．李明新：追求实与活的语文教育思想［M］．北京：教育科学出版社，2009.

［2］李明新．追求实与活的语文教学［M］．北京：方志出版社，2004.

［3］李明新．没有终点的追求［J］．人民教育，2007（17）.

［4］付江泓．李明新：追求教育的幸福［J］．北京教育（普教版），2006（1）.

［5］李明新．语文课堂教学有效性的再思考［J］．小学语文教学，2006（11）.

［6］李明新．追求“实”与“活”的语文教学［J］．语文教学通讯，2007（7）.

［7］杨文荣．“实”与“活”：语文教学改革的方向——李明新语文教育思想述评［J］．语文教学通讯，2007（7）.

［8］李明新．培养创新型人才必须变革教学观念［J］．基础教育参考，2008（1）.

［9］李明新．改造我们的课堂——对小语创新教育的思考与实践［J］．小学语文教学，2002（4）.

［10］李明新．语文教学创新别丢了“语文”［J］．小学青年教师（语文版），2006（1）.

第三篇 商德远教学智慧研究

商德远，1965年出生，正高级教师，青岛太平路小学副校长。全国语文名师、全国优秀教研员、齐鲁名师、山东省特级教师、青岛拔尖人才。教育部首批种子名师培训班学员，“优课”评审专家。山东省教育科学研究所兼职研究员，山东省远程研修课程专家，山东省小小说协会理事、作家。青岛大学客座教授、硕士研究生导师。全国中文核心期刊《语文教学通讯》封面人物、特约研究员。《小学语文教学》签约作者。青岛市首批名师工作室主持人，青岛市学术指导委员会委员，青岛市高级专家协会会员。

商德远从事小学语文教学研究与实践探索30年，一直致力于“个性化教学”研究，提出“构建个性化课堂”的理念，取得了丰硕的研究成果。其“个性化教学”特色鲜明、研究成果突出，教学质量高。围绕“个性化教学”出版专著《个性化课堂教学艺术：小学语文》（获山东省科研成果一等奖）、《让生命之花自主绽放——语文个性化教学建构策略》。主编《小学新生入学指南——给爸爸妈妈的建议》等多部著作。参编教材、教师教学参考用书等近20部。有200多篇教育教学论文在《中国教育报》《语文教学通讯》《小学语文教学》等20余种国家级、省级报刊上发表，其中40余篇获奖。主持实验多个国家级、省级、市级课题并结题，研究成果均已发表。他曾获得全国青年教师阅读教学大赛“指导一等奖”，指导青年教师4人5次在全国教学比赛中获得一等奖，5人获得省语文优质课比赛一等奖。指导学生发表作文200余篇，1人曾荣获“全国作文大王”称号，1人获“世界华人作文大赛”一等奖。商德远也曾获得全国作文大赛“指导一等奖”，指导1人获“全国宋庆龄奖学金”、6人获“全国好少年”称号。

一、商德远教学智慧的探索历程

商德远三十年如一日坚守在小学语文教育这片热土上，通过不断学习、实践、研究、创新和超越，围绕“个性化教学”专题，提出“构建个性化课堂”的理念，站在了语文教育的前沿，在教育教学与科研上取得突出成绩，让生命之花自主地绽放在教育的百花园里，最终形成了“个性化教学思想”。其形成历程可概括为三个阶段。

（一）1986年至2003年，作为语文教师在学习和实践中积淀教学思想

商德远认为，不懈地学习是形成教学思想的前提，而且学习应达到“三个层次”：第一个是感知、了解层次；第二个是理解、应用层次；第三个是融合、创新层次。学到第三个层次，才能学出深度，学出内涵，才能为形成教学思想打下坚实的基础。

刚入职时，商德远总感觉不会教课，缺少教的方法。教师到底该学习什么呢？经过钻研，他发现教师要想教好学生必须具有四类知识：广博的文化知识、系统的本体知识、精深的条件性知识和丰富的实践知识。不同教师所欠缺的知识类型各不相同，即使是同一教师在不同阶段所需要的知识也不一样。他发现自己最欠缺的是“条件性知识”，即“怎么教的知识”。据此，他确定了系统的自主学习内容。

首先，确定“学什么”。商德远开始优先阅读条件性知识的书，如教育教学类书刊等，有计划地甄选出最急需的国内外先进教育理念、教育理论、教学经验和教学策略方法等进行学习，努力提高理论知识水平。他还科学地确定了要学习的心理学系列和教学法系列书籍。通过学习，他逐渐掌握了探究体验、问题解决等几十种教法，解决了“不会教”和“教不好”的问题。

其次，找到“如何学”的方法。明确要学什么以后，教师要找到适合自己特点的学习法，这是丰富内涵、积淀教学思想的重要一环。最适合自己的学习方法才是最有效的，像毛泽东、爱迪生等都酷爱学习，且都有适合自己的高效学习法。商德远向名人学习，也探索出了自己的“圆晕式学习法”。石子投入湖水中会很快下沉，同时水面会向四周荡漾起圈圈涟漪。商德远用这一现象来描述最适合自己的学习法，并称之为“圆

晕式学习法”。下沉的石子表示阅读所教学科或某一个专题的书籍，这类学习决定着学的深度；水面向周围荡漾开去的圈圈涟漪表示学习与本学科或专题密切相关的其他学科和专题领域的书籍，这类学习决定着学的广度。用这种学习法，既能读出深度，又能读出广度，还能解决教学实际问题，很容易将某一专题的知识“读全、读精、读深、读透”。就这样，他围绕“个性化专题”学习了“差异教学”“多元智能”“自主学习”等几十个专题，记读书笔记40余本。其知识水平不断提高，能力也日渐提升，教学水平更是突飞猛进。

再次，要学到“第三层次”。当学习达到一定水平时，如果再有一些外力助推，就很容易达到第三个层次。像教育部种子名师培训班、国培班、山东省远程研修、专题教研、访学学习等，都是帮助商德远快速达到第三层次的助推器。他多次到哈佛、北大、清华、浙大等20余所国际、国内知名大学进行培训或访学。通过学习，他不断将在工作中学到的个性化教学经验、教学理论等与教学实践融合，并加以创新，逐渐形成了自己的个性化教学法，很好地积淀了个性化教学思想。他常说，如果能将不懈学习内化成生命的自觉，并让学习达到第三层次，独特的教学思想自然就会萌芽！

（二）2003年至2008年，作为教研员在进行教学研究中孕育教学思想

不学习就不会有发展，不研究就不会有创新，不创新就难以形成独特的教学风格和教学思想。教师要想形成自己的教学思想，仅靠读书学习是绝对不行的，还必须加强教学研究，通过研究逐渐形成教学特色，孕育教学思想。像李吉林老师有了教学经验的长期积累和实践感悟以后，先后确立了情境教学、情境教育等系列研究课题，并进行了长时间的系统研究，把教学不断推向新境界，最终形成了自己的“情境教学思想”，成为当代教育家。商德远想，作为教师要想形成自己的教学思想，就要像李吉林老师那样确立研究课题，开展系统研究。在教学实践中，他不断发现问题，并以发现的问题作为研究专题进行研究，这对提升研究能力、积聚教学智慧特别实用、有效。以“自主学习”专题为例，他的研究步骤如下。

第一步，发现问题。商德远常从课标和教学实践中发现问题。如，《义务教育语文课程标准（2011 年版）》倡导运用“自主、合作、探究”的学习方式。他就想：什么是自主学习？小学生应怎样自主学习？自主学习的教学模式又是怎样的？

第二步，专题研究。围绕“自主学习”专题，商德远认真阅读了美国的齐莫曼、中国的庞维国等许多专家学者的自主学习理论，研究了诸多自主学习的成功案例，形成了对自主学习的独特认识和思考。

第三步，实践探索。商德远结合自身的独特见解，组织骨干教师在课堂教学中进行实践和课例展示，研究课例的哪些环节体现了自主学习，哪些地方需要改进，集思广益，直至形成科学的自主学习研究成果。

第四步，总结提炼。结合研讨，对专题进行再实践、再思考、再完善，直至总结形成自主学习研究成果。

第五步，交流推广。商德远率先将研究成果在区域进行交流和推广，有效地推动了区域课程改革进程。《“自主学习”的模式》等 5 篇论文在国家级刊物上发表，其中 1 篇还获得全国优秀科研成果一等奖，其研究成果在更大范围内得到推广。

由此，商德远总结了基于问题的专题研究模式：发现问题—专题研究—实践探索—总结提炼—交流推广。阅读可以学习和借鉴他人的经验，研究才能真正形成独特的教学研究成果。围绕课题或基于问题进行研究，逐渐产生研究兴趣，形成研究习惯，提升了研究能力，加深了文化底蕴，提高了理论水平，真正让课堂绽放出精彩，孕育了个性化教学思想。

（三）2008年至2015年，作为副校长在实践创新中逐渐形成教学思想

新理念下的课堂到底是怎样的呢？通过多年的思考与研究，商德远认为新理念下的课堂应当是“个性化课堂”：应该是以学生为本、尊重差异、满足不同学生的需求、合作探究、以学定教、智慧对话、学会学习、养成习惯、张扬师生个性的个性化课堂。

有了对个性化课堂的初步认识，结合《义务教育语文课程标准（2011 年版）》理念，商德远和老师们进行了课堂教学的改革与创新。

以往一般想象作文指导课的基本模式为：教师命题—方法指导—范文引领—学生习作—教师讲评。从教学思想上看，此模式体现的是“教师中心”。从指导过程看，是从形式指导入手，体现的是从目的到动机的指导规律，不符合写作心理学的写作指导规律，极易造成作文的模式化，乃至千篇一律，难以写出个性化作文。

于是商德远进行了改革实验。改革后的基本模式为：走进生活—放飞想象—畅所欲言—妙笔生花。以想象作文《未来的公交车》为例，我们看看他是如何运用新模式实现个性化教学的。

第一步，自主“走进生活”——自主乘坐并观察现有公交车的问题和不足，有了不同的体验，选材自然、富有个性。

第二步，自由“放飞想象”——为解决问题展开大胆合理的想象。问题不同，解决问题的内容自然迥异，想象出的新公交车形象必然各具特色。

第三步，互相“畅所欲言”——在师生互动对话中进行个性化的提示与指导。教师运用恰当的指导策略及时给予恰如其分的点拨、引导，直至学生能将内容想清楚、说具体。

第四步，进行“妙笔生花”——学生结合自己选出的个性化的想象内容，自由表达，写出个性鲜明、想象合理、内容具体的想象作文。

新模式真正体现了“以生为本、培养个性”的理念。从指导过程看，学生从体验生活入手自由体验，体现了由动机到目的的写作指导规律，符合写作心理学的教学指导原则，实现了体验的个性化；针对发现的问题展开想象，进而解决问题，实现了想象内容的个性化；通过个性化体验产生独特的写作情感、引发写作动机，结合独特的体验和想象写作，实现了写作的个性化。新模式充分调动了学生的写作积极性，激发了学生的兴趣，挖掘了学生的潜能，满足了不同学生的写作需要，写出了个性化作文，实现了课堂教学的新突破，真正构建了个性化课堂。

商德远从发表的200多篇论文中经过筛选、整理，出版了体现“个性化教学思想”的《个性化课堂教学艺术：小学语文》《让生命之花自主绽放——语文个性化教学建构策略》等专著，形成了“以生为本，构建个性化课堂，实施个性教育，培养学生个性”的教学思想，并在不断实践创新中让这一思想走向成熟。他多次在山东省及青岛市教学年会上进行课堂教学展示，并指导多位青年教师参与了全国、省级大赛，均获得一等奖。

商德远就是通过“学习—研究—创新—反思—写作”这一路径，提炼出了自己的“个性化教学思想”。在2014年第二届“中国未来教育家成长论坛”上，作为全国邀请的仅有的四位特级教师发言者之一，商德远进行了“如何提炼教学思想”的发言，反响热烈。

二、商德远教学智慧的思想内核

商德远认为，要实施个性化教学、培养学生个性，首要任务应是构建个性化课堂。那么，个性化课堂的思想内核是什么？他在《个性化课堂教学艺术：小学语文》和《让生命之花自主绽放——语文个性化教学建构策略》两本专著中有过详细的论述。

（一）个性化课堂的思想内涵

个性化课堂除具有一般课堂的基本特征之外，还具有自身的独特性。

本着以生为本，人人在不同方面都能成才的理念，落实学生的主体地位，尊重学生的个性差异（前提），激发学生的内在学习兴趣，充分调动并发挥每一个学生的主动性、积极性和创造性，引导自主、探究、合作学习等，创造适合学生的个性化教育（手段），真正发挥学生的主体作用，形成自主学习的能力，实现每一个学生的全面发展与个性发展（目标）。最终使学生不仅获得社会性和文化性，而且获得自身的独特性和自我确认性，实现学生的个性化发展，即全面育人，发展个性。

一是做到全面发展与个性发展相得益彰，共同发展与差异发展均衡协调。学生在具有社会性和文化性的基础上，形成独特的生命价值。对于学生群体而言，个性化课堂是学生共同发展和差异发展的统一。共同发展是指教学要创设平等育人的环境，让每一个学生都有自己的美好愿景和努力方向，都能向着自己的发展目标迈进；差异发展是指在不同的学生身上不搞整齐划一，充分尊重每一个人在发展目标、发展潜力、发展能力、发展速度和发展水平等方面的差异，希望他们将来能在不同行业成为社会的合格人才和有个性特长的独特人才。对个体而言，个性化课堂是全面发展和个性发展的统一。它使每个学生都能尽量达到《义务教育语文课程标准（实验稿）》的基本要求（共同性）。同时，又能允许每个学生各自发展速度快慢有别，质量高低有异，潜力大小不同，课程自主选择，学法因人而异，有特色地形成和完善个性（独特性）。

二是指课堂的课型多种、课程内容多元、课时多样、模式多类等（如下图）。

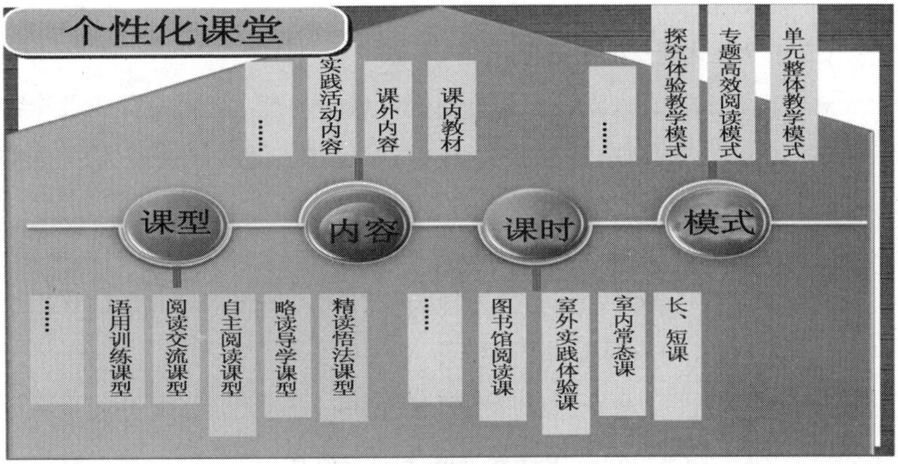

图 3–1

每一位老师都有自己独特的风格和特色，但每一节课都应是个性化的：新授课和复习课不同；同是新授课，起始课和延续课又不一样；同是起始课，不同体裁的课文不相同；同是记叙文，由于教学目标、学习课程、学生学情等差异，课堂也应各异。

课程多元：课程既有国家课程、地方课程和校本课程，又有室内课程、课外实践活动课程，还可以整合多种课程形成适合本班学生的班级课程等，以满足不同差异学生的学习需求。

课时多样：根据课程内容，可以设长课时、短课时、室内课时、室外实践体验课时等多种长短不同的课时。根据不同的课程开设课时，灵活多样，更利于每一个学生的发展。

模式多类：模式应有很多类，要形成不同类型的模式群，如新授课模式群、复习课模式群等。新授课模式群中有单元整体教学模式、专题高效阅读教学模式、探究体验教学模式、自主批注教学模式、问题解决教学模式、语感训练教学模式、朗读指导教学模式、自主学习教学模式等多种模式。

评价多元：本着人人在不同方面都能成才的理念，设计多元评价标准，从不同方面多元评价不同学生的表现和发展。其目的是促进不同学生的差异发展和个性发展。

一言以蔽之，个性化课堂一定是多样化的、个性化的，而不是模式化的。

（二）个性化课堂的主要特点

个性化课堂本着人人在不同方面都能成才的理念，具有以下几个特点，即主体性、差异性、情趣性、体验性、启发式等，最终形成个人的自主性、独特性。

一是主体性。主体性是学生形成个性的前提。学生是学习的主体，课堂上要落实学生的外部地位，重视内部自然天性和个性潜能的作用发挥（主体）；面向全体，尊重、关注、平等对待每一个学生（全体）；一切都为了每一个学生的全面发展、差异发展、个性发展、充分发展和终身发展（发展）。主体性集中体现为学生的全体性、参与性、自主性、发展性、主动性和创造性等。

二是差异性。差异性指学生之间和学生个体内的差异，也指在面向全体的基础上，能关注差异、体现差异。差异性实际体现的是在不同方面人人能成才的理念，让每个孩子都有自己的目标定位，挖掘不同的优势，差异发展，彰显每个人不同的生命价值。

三是情趣性。情趣性是情感与兴趣的结合，指学生对学习产生真正源于内在的兴趣、热情和乐学。追求的是内在的情与趣相融的本心之乐。重视关注学生的兴趣培养与情感体验，引导学生愿学语文、乐学语文、勤学语文、自主学语文。

四是体验性。体验性是指学生在思维中学、在经历中学、在互动对话中学、在行动中学。在教学中，每一个学生能全方位、全过程地主动参与学习体验过程，并在体验中掌握方法，学会学习，养成习惯，产生情趣，形成能力，受到美好情感的熏陶，获得真、善、美的情感体验。

五是启发式。要多运用自主、合作和探究等富有启发性的学习方式，使学生不仅要学知识，还要学会思维、学会学习，实现主动发展、自主发展，这样有利于学生更好地形成健康的个性。

六是自主性。个性化课堂的前提，就是学生能做到自主学习、主动学习、个性学习，最终逐渐形成自主学习能力。可以说，没有学生的自主，就不可能有个性的形成。

七是独特性。个性化课堂的终极目标就是面向全体，依据个性差异创造适合每一个学生的教育，最终让每个学生在具有社会性和文化性的基础上，形成独特的个性，成为最好的自己，具有独特的生命价值。

三、商德远教学智慧的艺术呈现

（一）主张实施个性化教育，培养学生个性

教育的终极目的应当是培养人、发展人和造就人。学生具有差异性，但每个学生都有自己的优势。每个学生就像一种花，每一种花都有不同的生长过程、花期、特点和作用。教育必须依据学生的差异，顺应天性，满足不同学生发展的差异性、多样化和规律性需求，关心每个学生，促进每个学生主动地、富有个性地发展，尊重教育规律和学生身心发展规律，为每个学生提供适合的个性化教育。最终，激发和引导每一个学生走向个性化的自我成长之路，直到发展成为具有独特生命价值的最好的自己——既全面发展又具有个性的自己。

要想让每个学生都能成为富有智慧且具有独特生命价值的人，我们必须科学地架构一个顺应学生生命本性、利于学生个性化发展的教学组织系统或者生态体系。这需要从教育理念、教育目标、课程设置、课堂教学、评价体系、学校文化、师资建设等方面进行整体设计和系统推进。在建设一支能满足不同学生学习需要的高素质教师队伍的基础上，营造有利于学生个性化发展的学校文化，如环境文化、物质文化和精神文化（教师文化、学生文化、管理文化等）；研发或整合能满足不同学生的学习需求的个性化生本课程；构建适合每一个学生个性发展的个性化课堂；形成一套能促进每一个学生个性发展的多元评价体系等。在以上系统中，构建适合每一个学生发展的“个性化课堂”是特别重要的一个子系统：个性化课堂是凸显差异教学特色的智慧课堂；个性化课堂是绽放学生个性之花的创新课堂；个性化课堂是彰显教师个性魅力的智慧课堂；个性化课堂是达到高效教学水平的优质课堂。

（二）主张构建个性化课堂教学模式群，培养学生个性

商德远主张构建个性化课堂，并构建利于学生发展的课堂教学模式

群。教学模式是教学理论的具体化，包含教学思想、教学目标、教学过程诸要素、教学操作程序、教学策略和评价反馈等，是连接教学理论与教学实践之间的桥梁，具有操作性、稳定性、实效性等功能特点。运用富有针对性的个性化课堂教学模式，能改变课堂教学方式，满足不同学生的学习需求，培养学生学习兴趣，提高学生学习能力，构建以生为本的个性化课堂。具有代表性的教学模式有以下几种。

一是自主探究学习模式，一般教学流程为：创设情境，引发兴趣—确定问题，自主学习—合作探究，解决问题—方法迁移，形成个性。

二是探究体验教学模式，一般教学流程为：创设情境，引发兴趣—初读感知，整体浅悟（体验的第一个层次）—精读品析，探究体验（体验的第二个层次）—升华情感，领悟方法（体验的第三个层次）—尝试运用，拓展迁移（体验的第四个层次）。

三是五步导学教学模式，一般教学流程为：自主学习—合作探究—展示交流—导学提升—学习运用。

四是问题解决教学模式，一般教学流程为：自主学习，发现问题，课堂交流—筛选问题，批注阅读，合作探究—交流分享，点拨引导，解决问题—领悟方法，迁移运用，拓展学习。

五是范例引领教学模式，一般教学流程为：确定目标，激发兴趣—精选范例，引领方法—方法迁移，自主学习—自我评价，形成个性。

此外，还有自主批注阅读教学模式，信息技术手段辅助下的各种学习模式——微课使用模式，翻转课堂模式，电子书包、iPad 课堂模式，朗读指导教学模式，以及指导复述教学模式等多种有利于学生个性化学习、能有效培养学生个性的课堂教学模式群。

（三）主张依据学生差异以学定教，培养学生个性

教师要想教学有效，必须研究差异，特别是研究学情差异：一要致力于研究学生的心理要素——智力因素和非智力因素。二要致力于研究学生的学习状况、学习规律——知识水平、能力水平、方法策略等，如要了解学生的已知内容、未知内容、想知内容、应知内容等知识内容体系的掌握情况；要了解学生的能力倾向，如接受能力、感受能力、理解能力、倾听能力、表达能力、评价能力等各种基本的学习能力；还应了解学生的认知规律、认知水平，以及学习策略和个人独特的学习偏好（知觉偏好、物理环境偏好、社会环境偏好、最佳时间偏好等），研究学习的目标、教学策略的选择与运用，采用自主、合作、探究的学习方式等。三要积极研究学生已有的生活经验，了解生活基础、学习环境等。

通过研究学情做到以学定教。一是确定学生“最近发展区”，以学定教。在教学前，首先应分析了解学生的心理特点，已有的生活经验和学习状况，结合学生的年龄特点、认知水平、思维水平，以及《义务教育语文课程标准（实验稿）》所确定的学段目标和内容等，确定学生的最近发展区，并将教学放置于该区域。如在指导第二学段的学生学习默读时，应结合学生的学习状况，依据《义务教育语文课程标准（实验稿）》第二学段的要求等因素来确定放在最近发展区的目标，即“初步学会默读，做到不出声，不指读”，这样才符合第二学段学生的学习要求，才能提高阅读和学习阅读的实效。否则，如果在制订目标时用第四学段的目标来要求学生“默读有一定速度，每分钟不少于 500 字”，对于刚学习默读的学生来说，这大大超出了其可接受范围。而如果用第一学段的“初步学习默读”来要求又会低于学生的学习能力。将教学放在学生的第一水平和第二水平区域，就不能最大限度地促进学生更好地发展，而只有放在最近发展区，才能提高课堂教学效率，收到较为理想的学习效果。

二是找准学生“学习的起点”，以学定教。确定了最近发展区之后，再找准教学起点，是提高课堂教学效率的关键环节。美国著名的认知派教育心理学家奥苏伯尔在他的《教育心理学——认知观点》（*Educational Psychology:A Cognitive View*）的扉页上写道：“假如让我把全部教育心理学仅仅归结为一条原理的话，那么，我将一言以蔽之曰：影响学习的唯一最重要的因素就是学生已经知道了什么。要探明这一点，并应据此进行教学。”了解学情特别是应重点掌握学生的已知与未知，即“了解他们对一定学科的知识、技能掌握的范围和质量；了解他们的兴趣和学习态度；了解他们的思维特点、自学能力和学习习惯等。在了解学生的基础上，预测他们在学习新教材中可能遇到的问题……”，“要确定学生的学习起点，关键是找到学习的困难所在，即找到在核心教学内容中，哪些是学生难以理解的内容。这样才有望生成一条循序渐进的教学路径”。

一定要分析学生所要学习的新内容，了解学生已经掌握了哪些知识和技能，哪些还没掌握；已经掌握这些知识和技能的有哪些同学，没掌握的有哪些；新的知识和技能哪些是学生自己或通过合作就能够学会的，哪些是需要教师点拨指导才能学会的；哪些是学生最感兴趣的；哪些是需要针对个别学生进行有针对性的指导的；等等。了解学情之后，教师可结合最近发展区，科学恰当地确定适合学情和符合教材体式特点的教学目标，精心选择教学内容，找准学习疑惑点，科学设计教学过程，依据疑惑点确定教学起点，并进行有效教学。那么，用何种方法能找准教学起点？

运用观察分析法了解学情差异。真正的学情是在教师的理论假设指导下通过观察而获得的。教师可以凭借教学经验，依据课标对学段目标与内容的要求，结合学生的年龄特点、认知水平以及心理特点、生活经验和学习状况等，对年段学生所应具备的知识和技能等，进行大概的估量、观察和分析。特别是可以通过观察平日课堂上学生的表现，对该年级、该年龄段学生的学情有一个大概的判断，这样就能从整体上了解这一个年级、这一年龄段学生的基本学习情况和已经达到的相应学习水准，在此基础上再以学定教。

通过前测实验法了解学情差异。通过设计课前前测或设计学生课前自主学习单，教师能有效地了解学情，找准教学起点。其中，以课前设计并运用自主学习单来了解学情，较为科学实用。课前自主学习单可设计多类自主预习内容来了解学情（如下表）。

表3–1　自主学习单

我的预习内容	
最难读的字、词	最难写的字、词
我读懂的内容	我学不会的内容和我的疑问
我最感兴趣的内容	我查阅的资料

“根据研究，学生理解不了、感受不到、欣赏不着的地方往往恰好又是课文中最要紧的地方，即某一特定文本的特质所在之处。”（王荣生语）抓住学生的质疑点，引导学生结合教学目标、重难点进行质疑、筛疑、定疑之后，教师从大多数学生不会的内容入手，展开教学，就能有效地

找准教学的起点。

当然，了解学情、找准教学起点的途径有很多，除了以上两种方法，教师还可采用问卷调查法、谈话交流法等。

三是捕捉“有效生成点”，以学定教。课堂教学不是忠实地传递和接受的过程，而是课程创设与开发的过程，是预设与生成、封闭与开放的矛盾统一体。“生成”是新课标倡导的一个重要的教学理念。学生作为一个个鲜活的生命，每个人都带着自己的知识、经验、情感、灵性在课堂中共享、碰撞与对话。随着教学活动的展开，教师、学生的思想和文本不断进行对话，师生创造的火花不断迸发，在师生交往、积极互动、共同对话和发展过程中，课堂上会不断生成一些新信息、新问题等学习资源，而这些新生成的问题，有的又会成为学生学习过程中新的教学增长点。

四是利用生成的错误资源，以学定教。课堂资源丰富多彩，而学生本身就是最重要的课堂教学资源。“学生的全部既有经验、智慧、知识和学习的内在积极性，都应当为教师的教学所用，应当成为动力之源、能量之库。而且，它不仅是教育的一般性资源，更是基础性资源，其他的资源，最终必须与学生资源相结合或相化合，才能发挥效益。形象地说，生本教育体系的重要思想，就是‘借力’，‘好风凭借力，送我上青云’，依托学生资源来进行教育，而获得事半功倍之效。”在课堂教学中学生难免会出现一些理解上的偏差，甚至错误，这是学生学习过程中正常的情况。课堂上，教师如果能抓住生成的错误资源，依据学情并有效利用进行对比分析，以学定教，辨别正误，就能收到理想的教学效果。当代初等教育专家斯霞在引导学生学习“祖国”一词时，就是利用错误以学定教的典型范例。

师：“祖国”是什么意思呢？

生：祖国就是南京。（好多学生笑了，知道祖国不是南京）

师：不要笑，祖国是南京吗？不对！南京是我们祖国的一个城市，像北京、上海一样。大家再想想，什么叫“祖国”？

生：祖国就是一个国家的意思。

师：噢！祖国就是一个国家的意思，对吗？

生：不对。（也有学生答“对”）

师：美国是一个国家，日本也是一个国家，我们能说美国、日本是我们的祖国吗？

生：不能！

师：那么，什么是“祖国”呢？谁再说一说。

生：祖国就是我们自己的国家。

师：说得对，祖国就是我们自己的国家。我们的爷爷、奶奶、爸爸、妈妈，祖祖辈辈生长的这个国家叫祖国。那么，我们的祖国叫什么呢？

生：中华人民共和国。

师：对了，我们的祖国叫中华人民共和国。我们大家都热爱我们的祖国。

从具体到抽象是儿童认识的正常过程。对于一年级的小学生来说，理解“祖国”这一抽象词语，确实不易，出现理解偏差或错误在所难免。当学生出现“祖国是南京”“祖国就是一个国家的意思”等错误理解时，斯霞没有视而不见、置之不理，而是立即捕捉到这一错误资源，依据学情，顺学而导。她联系学生已有的生活经验，结合具体实例，化抽象为具体，以北京、上海等城市为例，引导学生明白南京和北京、上海一样都是城市，从而排除了“祖国是南京”的错误认识，还让学生明白了城市和国家的区别。当有的学生认为“祖国就是一个国家”时，斯霞又立即拿美国、日本同祖国进行比较，使学生认识到祖国和国家的异同，以此明白“祖国就是我们自己的国家”，最终获取了“祖国”一词的准确概念。课堂上斯霞巧妙地依据学情，敏锐地抓住生成的错误资源，运用联系、比较等方法，将学习词语与认识事物相联系，使学生既理解了“城市”“国家”“祖国”三个抽象的词语，明白了城市、国家与祖国之间的异同，获取了“祖国”一词的准确概念，又学会了发现，认识了不同的事物，丰富了知识，开拓了思维，激发了学生的爱国之情，渗透了情感教育，可谓一举多得。

课堂上，如果能有效利用生成的有价值的错误学情资源，与学生已有的资源结合，适时进行以学定教，引导学生运用灵活多样的学习方法，将错误的学情资源与正确传授的本体知识进行结合，就能使学生获得正确的知识，收获正能量的审美体验。这是依据学情、以学定教、顺学而导、提高教学实效、构建生本高效课堂的重要环节。

五是利用生成的疑难问题，以学定教。课堂上学生在与文本、其他学生、教师、作者和教科书编者对话的过程中，除了会出现一些错误，还会不断生成一些新问题。如果新生成的问题又是学习过程中的新障碍，且与重难点以及本体性知识的学习有着密切联系，应属于“正效生成点”。教师应充分利用新的“正效生成点”，在课堂上进行及时探究，以学定教，顺学而导，这同样能收到理想的课堂学习效果。

教师指导学生学习《跳水》一文，在学习“父亲开枪逼孩子跳水”这一部分时，有学生突然在课堂上提出了“我认为船长救孩子的这个办法不是很好，万一孩子在海里淹死了怎么办”这一问题。问题一提出，可谓一石激起千层浪，学生们议论纷纷，有赞同的也有反对的。新的问题恰恰体现了学生的学情和学习现状。此时，教师该如何处理，才能顺应学情呢？商德远是这样以学定教的。

师：既然有同学说船长救孩子的这一方法不是很好，那么请同学们思考一下，还能有哪些救孩子的方法呢？

生1：可以拿出棉被或找一些棉垫子铺在船上或气垫船上，让孩子跳在上面。

生2：还可以在下面拉一个巨型网，让孩子跳到上面。

生3：让水手爬上去救他或接应他。

生4：让水手围成圈，当孩子掉下时接住他。

……

师：同学们动脑筋想了这么多方法，很有想象力。请同学们再读读全文，想想船长为什么不用这些方法，而用让孩子跳水这个方法呢？联系全文思考，到底哪一种方法更好，从文中找出依据。

（学生再次读书，小组合作交流）

（全班交流）

最后，通过比较、分析、辩论，学生一致认为还是船长的办法更好些。学生们想的办法不合适：（1）从孩子的处境看，这是千钧一发的关键时刻，用学生们想的办法，时间已经来不及了。从“摇摇晃晃”“只要孩子一失足，他就会跌到甲板上，摔个粉碎。即使他不失足，拿到了帽子也难以转身走回来”“脚底下就摇晃起来”“最高的横木与甲板的距离”“横木的宽度”

等词句我们可看出情况危急，已到了千钧一发的危急时刻。（2）船长的办法好，从下列内容可以看出：海上“风平浪静”——海面上的危险不大。“水手们都在甲板上”——便于及时下海救人。“四十秒钟以后，——大家已经觉得时间太长了，孩子的身体浮上来了。水手们把他抓住，拉到甲板上。”——从结果可以看出此法有效。

在比较中，学生能进一步体会到船长经验丰富、沉着冷静、机智勇敢、处事果断，是一位出色的船长。商德远抓住有价值的疑难生成点，引导学生通过比较理解，使学生既真正读懂了文本，读出了文字背后的人物品质，又学到了阅读理解的方法，培养了其发散的和聚合的思维，这样的教学收到了比预设好许多的效果。

总之，重视研究学生的不同学情差异，依据学情差异以学定教，并运用适合学生的教学策略，是提高课堂教学实效，引导学生学会学习，促进学生快速发展，全面提高学生的语文素养，构建个性化课堂的前提与关键。

四、商德远教学智慧精品片段聚焦

片段一：

鸟的天堂

（第一课时）

（片段呈现：进行个性化品悟，体会文章情感）

师：自主默读第 7、第 8 自然段，思考大榕树是因为有怎样的特点才被称为鸟的天堂呢？请在阅读时自主批注描写榕树的段落，有喜欢的句子就画出来多读一读，在不理解的地方标上记号。

（学生自主批注学习。全班交流个性化感悟）

生 1：我觉得这株榕树特别大。因为作者远望时以为是几株榕树，逼近一看，发现竟是一株大树。

生 2：从“真是一株大树，枝干的数目不可计数”中“不可计数”这个词可以知道，枝干数量太多，多得都数不过来了，也可看出树特别大。

生 3：我从“一部分树枝垂到水面，从远处看，就像一株大树卧在水面上”也能看出树很大。一部分树枝远看都像一株大树了，说明树太大了。

师：抓住重点句子，结合关键词，能品出树之大，这个方法很好，你们很会品词析句。

生：我补充一点，这株榕树长在一座小岛上，一株树就占据了整座小岛，“独木成林”更能看出树大。

师：你结合查阅的信息来体会，这个方法也很好。还有其他感悟吗？

生1：我能读出树很美。从“那么多的绿叶……都有一个新的生命在颤动”这几句话中，我体会到了榕树的绿叶很多、很密，也很茂盛，这从“一簇”“堆”“不留一点儿缝隙”等可以看出来。

生2：我也能看出榕树特别美。从树叶的颜色鲜艳欲滴，十分繁茂，生命力很旺盛，充满了生机等可以看出。

生3：我认为榕树美还可以从它的根看出来。“枝上又生根”，这株榕树显得与众不同。

生4：课文中还有一句话，“榕树正在茂盛的时期，好像把它的全部生命力展示给我们看”。从这句话我体会到了榕树富有活力，是生命力旺盛的美。

师：你们很会感悟。不仅感悟到了榕树的大，还读出了它的美。还有其他新的感悟吗？

生：我还读出了榕树的奇。榕树枝上生根，是因为榕树枝上长着许多气根，气根吸收空气中的水分，越长越长，一触到地面，就钻进泥土里，长成新的根。

师：你读出了奇，而且连气根的知识你都了解，知识真丰富啊。还有补充吗？

生：榕树之所以“独木成林”，这么奇，就是因为长着这些气根。所以课文中说“真是一株大树，枝干的数目不可计数”，从这儿还可以体会到榕树的壮美！

师：这句话从生长特点上写出了榕树静止不动的样子，这是什么描写方法？

生：静态描写方法。

师：你理解得更深刻了！还读出了写作方法。那请你来读读这句话，体会一下它的美。（生读）

师：还有谁想读？读出榕树的大、美、奇。（生再读）

【品评】

阅读教学要培养学生个性化阅读的能力。真正的阅读就是学生能在自主批注的阅读过程中，经过反复阅读、涵泳文字、圈画批注、自主思考，读出个性化的见解，逐渐养成不动笔墨不读书的阅读习惯，习得个性化的阅读方法。课上，商德远先给了学生充分的批注阅读时间和空间，学生自主地边默读、边思考、边批注、边探究，从不同角度，把自己独特的思考、疑问和感悟等读出来，真正实现了学生对文章理解的个性化。再通过课堂交流，每个人又谈了自己独特的感悟，实现了学生表达的个性化。这有效地提升了学生的个性化阅读和表达的能力。此外，留在书上的批注，对学生日后的复习大有裨益。这种批注式阅读，真正实现了以生为本，落实了学生的主体地位，是有思考的阅读、有深度的阅读，更是快乐、富有个性的阅读。这样的课堂教学，学生在与文本、编者、其他学生和教师对话过程中，发展了阅读能力，真正实现了学生的个性化阅读，习得了阅读方法，培养了个性，最终就能达到“自能读书，不待老师教”的目的。

片段二：

夹竹桃

（第一课时）

（片段呈现：领悟表达方法，尝试个性运用）

（出示学习要求：自主学习第 4 自然段，在你认为写得好的地方进行批注阅读，注意咬文嚼字。想一想，好在哪儿？）

（学生自主批注学习，教师巡视）

师：一起交流交流好吗？

生 1：我认为第一句“一朵花败了……又长出一嘟噜”写得好。从这里的“一”和“又”，我品出了夹竹桃有韧性，花开得多，开得快。这句话可以更好地让读者明白，作者为什么喜欢夹竹桃。

生 2：我能品出花是连续不断地开放的，可以看出它的韧性。我感受到夹竹桃的持之以恒、生生不息。

生 3：我还能感受到夹竹桃的默默无闻。

师：透过词语，同学们品出了花的特点，很会咬文嚼字。

生："在和煦的春风里……无日不迎风弄姿。"我认为这一句写得好，写出了三季开花的夹竹桃开的时间长，有韧性的特点。我发现这句话运用了排比手法，写得很生动。

师：你认为写得生动，非常好。其他同学也关注到这句话了吗？除了排比，还有哪一点写得好？

生：我发现"无"和"不"都是否定词，强调了夹竹桃韧性的可贵。

师：你发现用了两个否定词，真是火眼金睛。这样写有好处吗？

生：它表示"每天都"的意思。

师：如果把它换成"每天都"好吗？

生：如果把这个句子里的"无日不"换成"每天都"，那么这个句子的强调作用就没有那么突出了。用上"无""不"两个否定词能起到强调的作用。

师：真不简单。你透过词语品出了其表达效果的好。连用两个否定强调的是肯定之意。怎样才能把对夹竹桃的喜爱之情通过朗读强烈地表达出来呢？自己先试着读一读。

（学生自主朗读句子）

师：我们再来联系前文，合作读一读。春天，院子里的花都开了，繁花似锦，此时的夹竹桃，请你读——

（生接读）

师：夏天，夜来香熏透了整个院落，花开得五彩缤纷，美不胜收，此时的夹竹桃，请你读——

（生接读）

师：秋天来了，当大部分花禁不住秋的凄冷，纷纷凋零之时，夹竹桃却依然——

（生接读）

师：同学们，这是3个季节，9个多月，270多天啊，夹竹桃无日不迎风吐艳。此时你有什么感受？

生：夹竹桃的花期长，有韧性，它是院子里其他花没法比的，值得学习，很喜欢它。

师：看来你也喜欢上了夹竹桃。能读出你的喜爱之情吗？

（生有感情地朗读这句话）

师：不管怎样的环境，不论怎样的天气，夹竹桃无日不迎风吐艳，你又有怎样的感受？

生1：夹竹桃在春天、夏天、秋天都开放，韧性很可贵。

生2：我感受到了作者对它的韧性的喜爱。

师：因为太可贵，太了不起，作者太喜欢它了，所以就用了“无日不”这样的表达方式，将这种感情很好地表达出来。我们一起来读一读吧。

（全班学生齐读）

师：这一段中有一个句子也用了这种表达方式，能找到吗？你来读。

（生读句子）

师：这也是表达强烈的情感啊！让我们都来读读这句话。

（全班齐读）

师：作者太喜欢夹竹桃了，连用了两个“无不”。我们如果在生活中想表达这种强烈的情感，也可以试着用“无不”来造句子。请同学们也尝试着用“无……不……”写一句话。

（全班学生写句子）

师：我们一起来交流一下同学们写的句子。

（出示学生句子：从春天一直到秋天，270多个日日夜夜，夹竹桃无日不没有美丽的姿态）

师：仔细读一读，看这个句子写得如何？

生：我认为这句话里有三个否定词，好像不太通顺。

师：对，有三个否定词意思就不一样了。所以我们应该怎么改？

生：改成“从春天一直到秋天，270多个日日夜夜，夹竹桃无日不拥有美丽的姿态”。

师：“拥有”这个词用得真不错，还有不同的改法吗？

生：我想改成“从春天一直到秋天，270多个日日夜夜，夹竹桃无日不展现出美丽迷人的姿态”。

师：是啊，我们可以帮他把句子改正确，还能改得更有文采，真好。

再来看看这个句子。

生（读）：这学期，我们班在各方面都取得了很大的进步，这些成绩的取得无不浸透着班主任老师的汗水和心血。

师：我们可以联系生活来表达自己的情感，这样写出来的句子更有意义，思路更开阔。请大家修改自己写的句子，不仅要写正确、写通顺，还要把字写漂亮。开始吧。

（全班学生修改句子，教师巡视）

师：我刚刚在巡视过程中发现有的同学写的句子与众不同，我们也来听一听。

生 1：她虽然腿不好，但每次都能站在学校运动会的领奖台上，看着台下热烈鼓掌的同学们，无不流下幸福激动的泪水。

生 2：全班同学听了王小萌在联欢会上演唱的《歌唱二小放牛郎》，无不啧啧称赞。

师：这两个同学写的句子没有局限于写夹竹桃或者其他植物，他们能联系生活，写自己的生活，思路开阔，这是很好的方法。

【品评】

在这个片段实录中，商德远的个性化教学思想很好地得到了体现。它突出了学习语用，既体现了个性化阅读，又体现了个性化表达。

《义务教育语文课程标准（实验稿）》指出："阅读是学生的个性化行为，不应以教师的分析来代替学生的阅读实践。"这一环节的设计，商德远重在引导学生进行个性化的自主阅读，如"在你认为写得好的地方进行批注阅读，注意咬文嚼字。想一想，好在哪儿"。这一设计尊重了学生的自主学习需求，调动了学生的阅读主动性，完全由学生自主进行个性化批注阅读，每个学生品析时抓住的关键点不一样，感悟的内容也各不一样，从不同角度、不同词句中品出夹竹桃的韧性，真正实现了学生的个性化阅读。在学习阅读的同时，学生还学习了作者的表达方法。学生在学习运用作者的语言时，不仅学习了平实、质朴的语言，体悟了借物抒情写法的独到与精妙，还很好地进行了个性化的学习和运用，实现了语言表达的个性化。例如，每个人在联系生活运用"无不"等词语进行表达时，各自联系自己的生活学习了作者的表达方法，进行了个性化的表达，凸显了书面表达别样的精彩。

五、商德远教学智慧经典课堂实录

草原

课前：

师：同学们，请你们听一首歌，想象一下：你们仿佛看到了什么？

（播放《美丽的草原我的家》，学生想象）

（简介草原，了解作者）

师：听完歌，你仿佛看到了什么？

生1：我仿佛看到了美丽辽阔的大草原，我真想去看一看。

生2：我仿佛看到了草原上的羊群和马儿。

生3：我仿佛看到骑着马在草原上奔跑的牧民们。

生4：我仿佛看到了许多人在草原上边走边唱歌。

生5：我仿佛看见草原上有许多大大小小的蒙古包。

……

师：同学们，你们的想象力可真丰富啊。今天，我们就一起跟随着老舍先生走进草原，和草原来一次亲密接触。（板书：草原）

（学生齐读）

师：老舍是一名大作家，结合你的预习单，请谈谈你对他的了解。

（学生简介老舍。教师出示课件介绍老舍的成就）

（一）整体感知，了解大意

1. 交流预习，点拨重点

师：结合预习单，小组交流你认为难读难写的字词。

（学生小组交流，教师巡视）

师：我发现大家认为“襟”字容易写错。你有什么要提醒大家的？

生：衣字旁“左窄右宽”才美观。

师：对。老师还想提醒大家注意“涩”字，来，跟着老师书写，注意这几个部件的位置及写法。

（学生小组交流）

师：有个“蒙”字，不少同学读错了。“蒙”字在字典中有三个读音，

（出示三个调号）谁来给大家举个例子？（板书：蒙）

生 1："蒙骗""蒙人"读一声。

生 2："蒙冤""蒙受"读二声。

生 3："内蒙古""蒙古包""蒙古族"这类与内蒙古有关系的词都要读三声。

师：请这三位同学带领大家读一遍，好吗？字词掌握得很扎实了，那么课文读得怎样呢？请同学们读一读。

（学生读）

师：刚才同学们结合预习单提醒了重点，生字都记住了吗？请拿出预习单，在预习单上听写几个难写易错的生字，"襟飘带舞""彩虹""羞涩"等。

（对照着课本，同桌互相批改，教师巡视）

2. 整体感知，了解大意

师：同学们对难写的字词掌握得不错。请自主阅读课文，要注意读准字音，难记的字要记准字形，读通句子，思考文章都写了什么内容，在不懂的地方做上标注。

（学生自主批注阅读，全班交流）

生：文章写了一碧千里的绮丽的草原美景，描写了盛大热情的欢迎场面，最后写的是草原联欢、把酒话别的情形。

师：非常好，你能把主要内容用简明扼要的语言说清楚了。提高一点难度，你能否用几个四字词来说一说呢？

生：草原景美，欢迎客人，热情接待。

师：不错，很有思考力。可以概括得更准确、更全面些吗？

生 1：草原美景，欢迎远客，握手谈话，敬酒联欢。

生 2：我认为还应补充一下，最后还应加个"蒙汉话别"。

师：其他同学同意吗？

（学生纷纷点头表示同意）

师：同学们，你们真不简单，提炼得既准确又全面，非常好。看来大家对文章的意思已经有了基本的了解。

（二）细读品赏，体验感悟

1. 感悟景美，积累美段

师：请同学们自主批注阅读第 1 自然段。边读边想象，你们最喜欢哪句话描绘的景色？画下来，美美地读一读。（指名读）

生："在天底下，一碧千里，而并不茫茫。"

师：你理解"一碧千里"吗？

生：碧是绿的意思。草原到处都是绿色的，很美。

师：你可以联系上下文谈谈对这个词语的理解吗？

生：一望无际的草原全都是绿色的，有一种绿色、辽阔之美。

师：能不能通过你的朗读，让我们感受到那里的一碧千里？

（学生朗读）

师：通过你的朗读，我们感受到了草原的一碧千里，绿得辽阔，绿得可爱，绿得动人。比较句子"在天底下，一碧千里"和"在天底下，一碧千里，而并不茫茫"，想一下哪个句子更好？

（学生谈理解）

师：理解"茫茫"这个词语有些难度。我们先来交流一下有什么帮助理解的好方法呢？（教师出示"茫茫"的解释：A. 看不清楚，模糊；B. 空旷）

（学生选择）

师：请静心读一读这一写景的语段，你认为"茫茫"是什么意思？从文中找出依据。

生：我认为是"空旷"。文中说"羊群一会儿上了小丘，一会儿又下来，走在哪里都像给无边的绿毯绣上了白色的大花"，连远处的羊群都能看到，它为绿色增添了色彩之美。所以到处都是绿色，一点也不空旷。

师：你关注到了羊群，看到了色彩美，所以说美得不空旷。

生："在这境界里，连骏马与大牛……无限乐趣。"一碧千里的草原上有骏马和大牛，所以不空旷，有一种生机之美。

师：你关注到了骏马和大牛，体会到了动态美。

生："四面都有小丘，平地是绿的，小丘也是绿的。"有小丘，就不空旷，就像一望无际的"绿色大海"，有一种起伏之美。

师：你关注到了小丘。看来，草原的确不空旷。如果把同学们喜爱的景物按照由上到下的顺序连起来，不正是作者笔下的草原美景吗？能用你的朗读让大家感受到草原的美丽吗？这么美丽的景色，同学们也一定想把它记在心中，尝试着按照文章顺序，边读边想象画面，背诵一下，老师和大家一起背。

（学生背）

师：同学们的诵读，带我们领略了草原美景。这美，不仅美得有层次、有生机，还美得广阔、美得令人心旷神怡。那生活在美丽草原上的人又给你留下了怎样的印象呢？

【品评】

一点突破，感悟美景。抓住一个关键句子，通过前后联系，理解了关键词，体会出草原的景色之美。又通过诵读，积累好句美段，符合课标提出的“注重积累”的要求。

2. 学习语用，感悟深情（学习第二部分）

师：书读了一遍，我们也随作者经历了一次草原之旅。作者在文章最后发出这样的感慨——蒙汉情深何忍别，天涯碧草话斜阳！谁来读一读？

生：蒙汉情深何忍别，天涯碧草话斜阳！（平淡的）

师：作者以这句诗总结全文，表达自己内心的感受，谁还想读一读？

生：蒙汉情深何忍别，天涯碧草话斜阳！（声情并茂）

（学生齐读）

师：这句话是什么意思？

生：蒙汉人民感情很深，一直谈到夕阳西下。

师：请同学们快速浏览课文，想想哪几个自然段重点写了蒙汉情深呢？

生：第 4、第 5 自然段。

师：还有补充吗？

生：第 2、第 3 自然段也是。

师：对，文章第 2 自然段至第 5 自然段都写了“蒙汉情深”。请自主默读第2自然段至第5自然段，进行批注阅读，画出打动你的语句，把你的感悟写在旁边。

（生读，批注）

（1）欢迎远客

生：相迎时，“忽然，像被一阵风吹来似的……像一条彩虹向我们飞过来”，从这句话体现出蒙古族人民很热情。

师：从哪个词最能看出来？

生1：从“群马疾驰”能看出来。说明来的人多，马跑得快，心情急切，说明蒙汉情深。

生2：从“襟飘带舞”也能看出来，连衣襟和飘带都飞起来了，说明来的速度太快了，心情太急切，蒙汉情深。

师（“飞”字未看出来）：从“飞”字能不能看出来？如果把它换成“走”或“跑”好不好呢？

生：不好，“飞”字说明速度很快。

师：通过这个字，你还品出了什么？

生1：感受到急切的心情，来的速度之快。

生2：感受到他们的热情好客。

师：通过一个“飞”字，我们仿佛看到了当时的欢迎场面，体会到了内蒙古人民想要早一点见到“我们”的那份急切与热情，这个动词用得多么准确啊！

师：学习“车跟着马飞过小丘，看见了几座蒙古包”。这里的“飞”字，说明车跟着马“飞”起来了，联系前文，开始车是怎样的，你又感受到了什么？

生1：开始车是在草原上“走”的，见到内蒙古人民之后，车“飞”起来了。从中感受到“我们”也很期待去蒙古包，心情很焦急。

生2：开始车是“走”，最后是“飞”了，从这个变化可以看出不仅车在飞，更重要的是“我们”的心也“飞”了起来，想快速到达蒙古包。

师：是啊，从一个“飞”字不仅体会到了内蒙古人民的热情好客，更感受到了“我们”的热切期待，蒙汉人民的心第一次连起来了。所以动作是能够传达情感的（板书：动作传情）。我们阅读文章时，也要关注能表达情感的动作。还有哪句话中也用了“飞”这个字呢？

（学生找出使用“飞”字的句子）

师：请用你的朗读，感受这份浓浓的蒙汉情谊吧！车跟着马飞过小丘，看见了几座蒙古包。真是以动作传情啊！

【品评】

教师在引导学生学习课文语言时，引领学生结合文章的意脉和作者情脉，着力理解感悟动词“飞”字，学生可以体会出文章的情感。通过多次重复使用的动词“飞”字，学生可以体会恰当反复运用动词表情达意的语言表达方法，领悟到动词运用的方法和奥秘。

（2）握手谈话

师：欢迎时的一个“飞”字准确地传递出蒙汉间的情谊，那么相见时，宴会时，又有哪个动词格外打动你呢？

生：相见时我发现作者几次用了“握”字。“也不知道是谁的手，总是热乎乎地握着，握住不散。大家语言不同，心可是一样。握手再握手，笑了再笑。”

师：我能和你握握手吗？你有什么感受？我们初次相见，却因为“握”这个动作，变得熟悉起来，让我心里暖暖的，这就是动作背后的温度啊。再看看原文，和我刚刚的动作，还有什么不同？“握”“握住不散”“握手再握手”有什么不同？

生1：“握”字说明大家彼此十分热情。“握住不散”，说明握的时间很久，不想放下，更说明非常热情。还说明大家都很真诚、很友好、很热情，情谊很深。

生2：“握手再握手”，说明大家和每个人都想握手交流，都很友好。

师：看，动作真的有温度啊。就这样，“我们”被紧握的手迎进了蒙古包，开始了载歌载舞的宴会。

（3）敬酒联欢

师：你又看到了哪些感人的动作？

生：宴会时，用了4个“敬”字。“干部向我们敬酒，七十岁的老翁向我们敬酒。我们回敬，主人再举杯，我们再回敬。”

师：说说“敬”的意思。

生：表示礼遇，尊敬对方，大家很友好。

师：谁向“我们”敬酒？

生：干部和老百姓都敬酒。

师：那“我们”是怎么做的？

生：“我们”回敬，再回敬。

师：你读出了什么？

生：蒙古族人民对“我们”很友好，很尊敬“我们”。“我们”汉族人民也很尊敬他们。

师：短短的两句话中，出现4个“敬”，这份相互的尊重与平等，大家都急于把对彼此的感谢与敬意表达出来。

师：大家自己练习一下，读一读，要把这种蒙汉情深读出来。

（学生练习朗读。教师指明要读出感情）

师：美好的时光总是过得特别快。要分别了，作者舍得离开吗？

（三）读写结合，拓展延伸

师：离别时，“蒙汉情深何忍别，天涯碧草话斜阳”。说说这句话的意思。我们都知道，蒙汉之间语言并不相同，可是这里却说是“话”斜阳，交谈到夕阳西下都不肯离去，这份舍不得的情感，是怎样传递的呢？（动作）

师：相迎时的飞奔而来，相见时的握住不散，宴会时的互相敬酒，似乎作者就在离别时为我们留下了想象的空白。最后，在离开时，作者是略写的。你们能不能展开想象反复用一个动词写一写分别时难舍难分的场景，从而表达蒙汉情深。

（生写）

师：下面一起交流一下。

生：我们将头探出车窗，看见蒙古族人民将手高高举起，一边不停地挥着，一边高喊着与我们告别。我们的汽车在慢慢地走着，走着。他们的手一直在不停地挥着，挥了又挥，胳臂挥疼了，他们仍舍不得放下，直到看不见为止……

师：一个“挥”字写出了蒙古族人民和我们汉族人民的难舍难分，不忍离去。从中可以看出蒙汉双方的热情好客和深情厚义。谁再分享一下？

生：我们坐在车里，望着渐渐远去的蒙古族人民，将头伸出车窗使劲地望着，望着，望着他们的身影越来越小，直到看不见了。我们仍然舍不得移走目光，就这样望着，望着，脑海里还不时地浮现出刚才相见、握手和敬酒的那一幕幕场景……

……

师：一个“望”字用得非常自然恰当。透过“望”字，既写出了“我们”对蒙古族人民的热情和不忍分别之情，又表达出了蒙汉情深，运用得很好。感谢同学们，让我们感受到了那浓浓的蒙汉深情。下课！

参考文献

［1］中国大百科全书出版社编辑部．中国大百科全书·教育［M］．北京：中国大百科全书出版社，1985.

［2］陈隆升．语文课堂“学情视角”重构［M］．上海：上海教育出版社，2012.

［3］王荣生，宋冬生．语文学科知识与教学能力［M］．北京：高等教育出版社，2011.

［4］郭思乐．教育走向生本［M］．北京：人民教育出版社，2001.

［5］裴海安．特级教师新设计新课堂新说课：小学语文（四年级上册）［M］．太原：山西教育出版社，2014.

［6］裴海安．特级教师新设计新课堂新说课：小学语文（五年级下册）［M］．太原：山西教育出版社，2015.

［7］陈隆升．从“学”的视角重构语文课堂——基于语文教师“学情分析”的个案研究［J］．课程·教材·教法，2012（4）.

［8］孙瑞欣．创设最佳教学氛围激发情感共鸣［N］．中国教育报，2007-10-26.

第四篇 孙双金教学智慧研究

孙双金，男，1962年生，现任南京市北京东路小学校长。正高级教师，全国著名语文特级教师，国务院政府特殊津贴专家，“情智语文”创始人，教育部师范司“教育家成长丛书”首批20位教育家入选者之一。南京大学、南京师范大学硕士生导师，江苏省人民教育家培养工程导师，中国青少年研究会副会长。

工作以来，曾先后荣获“全国教育系统先进工作者”“全国师德先进个人”“全国首届十大明星校长”“全国名校长”“江苏省十大杰出青年”“南京市首届基础教育专家”“江苏省首届人民教育家培养对象”“中国十大小语年度人物”“全国推动读书十大人物”等称号。在《中国教育报》《教育家》《人民教育》《江苏教育》《小学语文教师》《小学青年教师》《小学教学研究》《语文教学通讯》《小学语文教学》等报刊发表教育教学文章数百篇，出版有《孙双金语文教学艺术》《孙双金教学思想与经典课堂》《孙双金与情智教育》《情智教育十日谈》《听孙双金老师讲语文》《追梦：我的教育情思》等多部个人教育教学专著，主编“重建课堂文化”“12岁以前的语文”“12岁以前的生命教育”等系列丛书。其教育成长事迹被收录在《江苏教育名人录》《中国当代教育名人录》《全国小学语文名师精品录》中。他自成一派的“情智教育”和“12岁以前语文”的教育主张在全国影响广泛。

一、孙双金教学智慧的探索历程

南京市北京东路小学的“情智教育”流派在孙双金的领导下，从人的情智全面、和谐发展出发，倡导并实践“情智教育”，依托情智课程的开发与实践，以情智课程框架的建构为基础，以情智教材系列的研发为抓手，以情智课程的有序实践为突破口，十年如一日，默默地探索与研究，最终让情智课程在南京、江苏乃至全国绽放出绚丽的光芒，被社会各界广泛关注与赞誉。

教育传统是一个教学流派形成的基础，一个教学流派的教育传统离不开这个流派代表人物的教育主张、教育探索与实践，以及在这一漫长过程中形成的教学个性与教学风格。孙双金作为“情智教育”流派的奠基人，他的教学主张和教学风格植根于他30余年的教育实践之中，并不断渗透到小学语文教学的学科建设、课程建设之中。

回顾孙双金30余年的语文教育历程，他的语文探索之路有明显的分水岭，以1985年、1999年、2009年为转折，以《春望》、《落花生》、“儿童论语”教学实践为典型，实现其语文教育一次又一次的华丽转型。

（一）1985年，以《春望》为代表，孙双金完成了第一次转型：由“平淡”向“教学艺术”转型

1981年，由于孙双金成绩优异，母校丹阳师范学院留初出茅庐的他在附小任教。因其毕业于正规师范学校，很多公开课的教学任务就落在了他的身上。试教时，老教师们对他的课的评价是“教学语言平淡，没有起伏和高潮，不能激发学生的情感，拨不动学生的心弦”。孙双金为此不断反思与自我批评。他从一个优秀教师的自身素养出发，严格要求和锻炼自己：优秀的教师应该有充满魅力的语言，应该有深厚的文化底蕴，应该有丰富的人文情怀，应当具备扎实的教学基本功。他从这四点出发，勤练教师的基本功：诵读与练字，探索教育的真谛与奥妙，熟读古今中外的文学名著和教育名著。这不仅锻炼了他作为一个语文教师必需的文学修养，而且锻炼了他作为一个教师必需的教育素养。

1985年秋天，孙双金为省内教学骨干呈现全省公开课《春望》。来自省内的500多位语文老师被他的课堂教学艺术震惊了：古诗教学竟然

如此细腻，字词教学竟然如此扎实，情感的挖掘竟然如此自然，浓浓的情意从字词的缝隙中汩汩流淌出来。在30多年后的今天看来，该课仍然不失为小学语文教学艺术的典范之作。这主要体现在：（1）内容有“物”，课堂饱满。一堂课中，孙双金教授了两首格律诗，《春望》和《闻官军收河南河北》。重点教学《春望》，品词品句，传授方法；带教《闻官军收河南河北》，重在引导，重在品悟情感，以诵读为主。（2）指导有“法”，挖掘奇巧。紧扣诗眼，厘清思路，如对“国破”之“国”、“感时”之“时”的理解，令人耳目一新，课堂充满发现的快乐。（3）设问有“巧”，衔接自然。孙双金以探究字词含义、吟咏诵读、感悟诗境为主，教师的巧问加以串联，带领学生层层深入，一起走进杜甫的情感世界。（4）延伸有“度”，旨在“立人”。在教学的最后环节，孙双金从两首诗的对比中，与学生一同探讨：“这两首诗为什么能千古流传呢？”这是因为“作者把自己的个人命运和祖国、人民的命运紧紧地联系在一起。诗人的诗写出了人民的心声，他是怀着和人民同呼吸、共命运的情感来写诗的”。这样自然而然地引导学生形成正确的人生观、世界观，润物细无声。（5）引导有“情”，以情激情。整堂课，孙双金都是充满深情的，用自己的感情去激发学生的感情。无论是课前的导语、课中教师的讲授，还是课末教师的结语，都饱含激情，他用诗一般的语言来打动学生，引导学生实现语言表达的准确与优雅。1988年年底，江苏省举办首届青年语文教师大赛，孙双金作为镇江市代表参加比赛，执教《小溪流的歌》，获得一等奖第一名。《江苏教育》在封面上评价这一节课：“孙双金在讲台前风度翩翩，光彩照人。他出众的才技、缜密的思维，和学生间特有的默契，把教学活动引入了艺术的殿堂，听他的课是一种艺术享受。”1989年11月，孙双金作为江苏省唯一的代表，赴成都参加全国首届中青年教师教学大赛，执教《白杨》，又荣获一等奖第一名。他又将自己的小学语文教学艺术提升到了一个新的高度。

课堂教学艺术也成为他这一阶段教育研究的主要方向。他认为：语文教学艺术是一门综合艺术，也是一门永远遗憾的艺术。他创造性地提出了语文教学的艺术特征——形象性、情感性和独创性；填补了语文教学艺术研究的空白，对语文教学的留白艺术进行了研究和运用；丰富了语文教学的设计艺术——主线贯穿始终，结构张弛有度，训练疏密有间，效果先声夺人，营造绵远意境；突出了语文教学的高潮艺术——讲究逐层递进、层层剥笋、众星拱月、跌宕起伏等。他在此阶段提出的语文好课观——“书声琅琅，议论纷纷，高潮迭起，写写练练”，可以算是他这一阶段语文教学与研究的最好总结。

（二）1999年，以《落花生》为代表，孙双金完成了第二次转型：由“艺术”向“自主学习”转型

孙双金凭借着出色的教学艺术的研究与实践跻身全国一流名师之列，已经可以自成一家。然而，孙双金从不满足于自己已取得的成就，他总是朝着语文学习的本质前进，探寻语文教学的规律。

1999 年秋季开学的第一周，孙双金应学校老师之邀，教授《落花生》一课。在学生初读文章之后，孙双金话锋一转：“学贵有疑，小疑则小进，大疑则大进。学习最可贵的是要能发现问题，发现小问题一定有小进步，发现大问题一定会有大进步。下面我要看同学们能不能发现问题，谁发现的问题小，谁发现的问题大。拿出笔来，把你发现问题的地方都标上记号。”在第一课时中，孙双金聆听了学生提出的 5 个问题：（1）“爱慕”是什么意思？（2）“那晚上天色不大好。可是父亲也来了，实在很难得”，这句话如何理解？（3）什么叫“落花生”？为什么以“落花生”为题？（4）第 10 自然段为什么把花生和桃子、苹果、石榴进行比较？这说明了什么？这些问题都是学生在教师启迪下，随机生成的问题。问题由学生提出，由学生解决，这也是后来《义务教育语文课程标准（实验稿）》中所着力倡导的学习方法的转变。爱因斯坦曾说：“提出一个问题比解决一个问题更重要。”

这是一节问题教学、自主学习的典范之作。主要体现在：（1）让学生真正成为学习的主人。问题由学生提出，由学生尝试解决，方法由学生归纳。孙双金在此阶段提出的好课观——“小脸通红，小眼发光，小手直举，小嘴常开”是“以生为本”观念具象化的阐述，吸引每一个，关注每一个，关怀每一个，一切都是为了学生的成长。陶行知先生提出的“一切为了学生，为了学生的一切”也有了新的诠释。（2）教师角色发生了变化，由主角退居配角（其实是更重要的位置），侧重于激励学生质疑问难。在“那晚上天色不大好。可是父亲也来了，实在很难得”的文意理解上，孙双金循循善诱，步步激励，带领学生提出了7个问题，而且都是文本理解上的重点、难点所在，实在高明。（3）关注学生学习兴趣的激发，尤其是对提出问题的兴趣的激发。（4）侧重于学生自主学习、合作学习、探究学习的能力培养，注重学生创新意识的培养。（5）注重学生表达能力的培养。孙双金当堂组织学生对做像落花生那样不讲体面、默默奉献的人，还是做像桃子、苹果、石榴那样的人进行辩论，鼓励学生各抒己见谈谈“你想做什么？你的理由是什么”。胡适说：“有几分证据，说几分话。有一分证据，只可说一分话。有七分证据，只可说七分话，不可说八分话，更不可说十分话。”与此同时，让学生唇枪舌剑之时，仍然不忘沉潜笃实的学风，“活”到极致，“实”也到极致，这便是孩子的福祉所在，是为孩子一生的成长打下的精神底色。

孙双金此次转变意义重大，这是他从传统教育观向现代教育观的一次重要转变，他的教学观、学生观、教师观、好课观都有本质的转变。这些在新课改实施之前的探索为新课改的顺利实施提供了可供借鉴的标本，也确立了孙双金在小学语文界的重要地位。

（三）2009年，以“儿童论语”为代表，孙双金完成了第三次转型：由“学科”向“课程教学”转型

必须要交代的是，21世纪来临之时，孙双金总结自己从教20年的探索、实践，鲜明地提出了自己的教学主张“情智教育”，并且着力开发与实践情智课程，有序地投入实践。他认为：“12岁以前的语文是童年的语文，积累的语文，种子的语文，经典的语文，综合的语文；是暂时不求甚解、逐步反刍的语文，是为一辈子奠基的语文。”

在语文教育方面，他提出并重构了小学语文教学体系——12岁以前的语文。他提出在小学阶段增加语文教育的“三块大石块”：第一，是以《三字经》《百家姓》《千字文》《弟子规》《论语》《大学》《中庸》《孟子》《声律启蒙》《增广贤文》为重要组成部分的国学经典；第二，是以中国古代诗词为主，以现代诗歌为辅，300首左右的诗歌经典；第三，是以绘本、童话和儿童小说为主的儿童文学经典。这是一次重要的课程资源的开发尝试，它的价值将随着时间的推移而更好地彰显出来。“教什么”明确了，“怎么教”就成了这个充满创新精神的老师的困惑。于是，孙双金开设了一堂课“儿童论语”。孙双金认为，从小诵读经典诗文，把优秀传统文化的种子播撒到孩子幼小的心田，让孩子成长的根深深扎在民族文化的沃土里，有利于培育学生的民族精神，提高其文化品位，塑造其美好心灵。“与经典同行，与圣人为伍。历史的长河中，流传着很多经典。它们是这个民族的魂。‘半部论语治天下’，作为一个中国人，应该找到自己的文化根源。”孙双金说，“在不增加负担的前提下，适时引导孩子诵读合适的经典，不仅能拓宽语文学习的天地，还能为孩子的终生发展打好底色”。

孙双金全面提出了他的语文教育观：课堂观、教学观和课程观。这里先要论及的是，孙双金的好课观以新的表述呈现出发展的态势。（1）“好课像登山”的登山理论。这一观点突出了教学过程观。他说，“上课的过程是智力得到开发、能力得到培养、情感得到陶冶、人格得到提升的过程”，“上课的乐趣也在过程中”。他从“攀登什么山”“路径由谁选择”“怎么登山”这三个维度细细考量了“学什么”和“怎么学”，以及教师在学生学习过程中应该发挥的作用，“好课像登山，是因为学习者是登山的主人，是因为学习者经历了发展的过程，是因为学习者体悟了学习的快乐”。（2）让课堂成为师生精神的天堂。孙双金认为：“让课堂成为学生的天堂，那么学生在课堂应该是自由的、快乐的、充实的、美好的。”“让课堂成为教师的天堂，那教师应该是仁者和智者的结合。”（3）让语文课堂充满生命活力。这也是孙双金自20世纪90年代开始的追求。他认为，语文课堂应该是“生气勃勃，充满活力，充满魅力”的。可以说，孙双金关于课堂教学的探索揭示出语文教学的本质规律和价值追求，“多读、多背、多讲是语文学习的规律”，“语文作业的‘三字经’是‘读、背、写’”，学生在读、写的熏陶中自然而然地提高了语文素养，真正享受到语文学习的快乐。

二、孙双金教学智慧的思想内核

（一）情感：儿童发展、儿童语文学习的动力密码

孙双金的情智语文，把情感教育置于首位，这样的语文多有魅力啊！情感亦是人的表情，它是“整体性地表达人的精神发育的外部表征，从人的情绪、情感可以触摸到一个人的整体面貌”（朱小蔓《情感德育论》）。

"情智语文"营造了生动活泼的学习情境，活跃了学生丰富的情感生活，培育了学生快乐的学习表情，从内部调动了他们学习的积极性。情感——儿童语文学习的密码！

（二）智慧：儿童发展、儿童语文学习、心智成长的密码

孙双金的情智语文提出了智慧教育，他把儿童的智慧生长作为语文教学的目的，正是基于对智慧在儿童发展中不可替代的地位和作用的认识与把握。情智语文可贵的地方还在于，智慧是与道德联系在一起的，增长儿童的智慧，要让智慧与培养儿童的美德同行。增长儿童的智慧在某种意义上说，就是发展儿童的道德。智慧又是与能力联系在一起的，能力是智慧的呈现方式与落脚点，从某种意义上说，生长智慧要从培养能力做起。智慧的核心是思维能力，它的核心价值指向的是创造，增长智慧与儿童的创新精神、创新能力同行，其目的就是为培养学生成为创造型人才打下基础。因此，我们完全可以说，智慧教育涵盖教育的精神文化层面。情智语文对这一密码的寻找，必然破解语文教学的奥秘。

（三）情智共生：直抵儿童精神文化发展的核心

孙双金的情智语文有目的、有计划地让情与智主动地走到一起，让二者联手、共生、共长，共同为提升语文教学的魅力与成效贡献出各自的力量，显现各自的色彩，并且形成合力，形成儿童生命的内在节律，消解感性与理性的对立、智慧与知识的分离，让儿童在情智的阳光下，展现学习语文的最美容颜。就这样，情智语文开启儿童的心智之门，直抵儿童精神文化的核心。从这种意义出发，情智语文首先是儿童的语文。课程是故事，语文当然也是故事。情智语文这一故事的主体是儿童。情智，是儿童的情、儿童的智，是儿童内心的敞开，是儿童自己生长发展的动力，这就把儿童切切实实地推向了语文学习的主体地位。其次，情智语文是"成长的语文"。儿童文学作品中有"成长小说"的概念，并且认为"成长"是儿童文学的母题。把它迁移到小学语文教学中来，把情智语文定位于"成长"，这也是贴切的。因为情智的发展推动着儿童的成长，儿童精神文化成长的重要标志是情智的共生。最后，情智语文是平衡性的。在情智语文中，更重感性，但感性与理性是平衡的；更重智慧，但知识与智慧是平衡的；更重精神，但技能与精神也是平衡的，并在精神的引领下促

进发展。当然，理论与实践总有一段距离，情智语文正在努力缩短这段距离。

三、孙双金教学智慧的艺术呈现

（一）让教学富有画面性或场景性

什么是教学的画面性或场景性呢？孙双金认为，教学的画面性或场景性就是教师要善于挖掘文章中可能隐藏的情感画面或场景，在教学时，根据文本的文字和叙事逻辑，进行创造性发挥，或演绎成一段故事，或编织成一个戏剧性的场面，或描绘成一幅生动的画面，由此让学生走进文本的情感世界。在创设教学的画面性或场景性时，教师可采用如下策略：（1）教学语言的画面性。教师可用一两段富有形象性、画面感的语言营造教学的画面性或场景性，在学生面前展示文本所描写的生动场景。（2）电教手段的情境化。恰如其分地运用多媒体，在学生面前展现栩栩如生的画面和场景，增加教学的情境性。（3）引导学生展开合理的想象。视觉是有限的，而想象是无限的。可以想象场景，可以想象画面，可以想象故事。通过想象，能够把学生带入那如诗如画的场景。

以孙双金的《黄鹤楼送孟浩然之广陵》教学片段为例。

师："孤帆远影碧空尽，唯见长江天际流"是什么意思？

生：朋友的小舟离"我"越来越远，"我"只看见长江那滔滔的江水向天边流去。

师：孤零零的一只帆船越驶越远，最后它的影子消失在水天相接的地方，只看见长江水浩浩荡荡流向天边，流去的只是水吗？还有什么？它带去了"我"对孟浩然的思念，带去了朋友的友情。这种思念啊，就像滚滚的长江水一样永不停息。李白站在黄鹤楼上看着诗人孟浩然离去，看了多长时间？

生：看到天色暗了下来。

师：什么地方写天色暗了？

生：孤帆远影碧空尽。

师：什么地方写天色暗了？要根据诗来思考，不能离开诗。（指定一名学生）你来回答。

生：我根据“孤帆远影碧空尽”这句诗知道，李白是直到帆船没有了影子之后才离开的。

师：孟浩然离开黄鹤楼，李白在那等到影子都看不到了。猜猜看，李白在那里站了多长时间？猜猜看，用现在的时间，大概用了多长时间？一分钟，两分钟，还是十分钟？

生：可能接近半个小时。

师：半个小时。有不同的看法吗？

生：我认为他看了半天。

师：看了半天。（指向另一名学生）你认为呢？

生：我认为他看了不止半天。

师：不止半天。船消失之后，李白是不是掉过头就走了呢？

生（齐声答）：不是。

师：他还在那里看。他看到什么——“唯见长江天际流”。他还在那里看长江水滚滚流向天边。一个小时，两个小时……你这样送过客人吗？请实话实说。

（提问学生，然后让学生有感情地朗读这两句诗）

师：他是用什么方式来送别的？

生：是目送。

师：用目光相送（板书“目”）。就在那里看啊，看啊，这场面是多么感人啊！

（二）紧扣语言“披文入情”

孙双金认为“披文入情”是让情智语文拥有情感性的重要方法和途径，它遵循语文学科规律，能充分体现工具性和人文性的结合。所谓“披文入情”，就是紧扣文章的重点来理解句子的句面意思，探寻句子的内在情意，体悟作者思想深处的情思，直至走进人物心灵的深处和作者发生情感上的共鸣。“披文入情”的一般策略有：（1）咬文嚼字品意蕴。语言文字如美酒香茗一般讲究品滋味，咀嚼、品尝、回味，在把玩中领略其中的韵味。（2）层层剥笋探情思。语言特别是有意味的语言往往有字面义、字中义、字外义，教师面对这一类文章就需要引导学生层层剥笋，走进语言内在的情感世界。（3）上下关联悟真情。文章是一个完整的整体，读者在阅读时必须上下联系，前后照应，沿着作者的思路，体悟他真正的感情。

（三）课堂要向学生的问题敞开

孙双金始终认为：一个孩子会不会思考，是区别他有没有智慧的一个本质问题。会思考的表现是有质疑精神和问题意识。

以孙双金在教学《落花生》之后自写的一篇教育叙事为例。

初读课文之后，我说："读书最可贵的是能发现问题。下面请大家拿出笔，默读课文，把自己不理解的地方画出来，待会儿提出来我们一起学习。"学生照着指示做。奇怪的是绝大多数人都是拿着笔做做样子，根本没在课本上做任何记号。

5 分钟后，没有人举手提问，学生都一脸茫然地望着我。

我有些愕然：学生都读 5 年书了，竟然还不会提一个问题。我决定，这节课一定要让他们学会提问，而且要提出有价值的问题。我笑了笑："你们有没有不理解的词语？有就提出来。我最喜欢勇敢的同学。谁第一个举手？"过了好一会儿，终于有一个男生小心翼翼地举起了手。

"老师，'茅亭'是什么意思？"

"你是一位勇敢、聪明的同学，你提了第一个问题，了不起，请大家掌声鼓励！"其他学生的眼里有了一丝羡慕。

"老师，'新花生'是什么意思？"

"老师，'开辟'是什么意思？"

由于受到激励，许多学生开始产生属于自己的疑问，但都还停留在就词语提问的水平。我决定打破他们的思维定势。

"你们有没有不理解的句子呢？"

学生不再像刚才那样茫然，而是陷入了思考之中。

"'那晚上天色不大好。可是父亲也来了，实在很难得'，这句话我不懂。"一个女生说。

"你真能干，一下子就找到这么一个重要的问题。"我立即将课文的这句话投影出来，并提示说，"我想，就这句话我们起码可以提 3 个问题。你们动脑筋想一想。我相信你们一定可以提出来"。

有了明确的"攻击"目标，大家开始开动脑筋了。

"那天晚上为什么天色不好？"一个男孩问了一个不着边际的问题，

引得全班一片笑声。

“老师，在我们家里父亲和我们在一起吃饭是经常的事，为什么这家父亲‘很难得’呢？”

“真聪明，你联系自己的家庭生活实际提出了很有价值的问题。”

“那天晚上天色不大好，‘父亲’为什么也来了呢？”又一个有价值的问题被提出来了。

“‘可是父亲也来了’，为什么要用上‘也’呢？”学生开始咬文嚼字了。

“‘父亲’来就是为了吃花生吗？他还有什么用意呢？”

……

一个个精彩的问题产生了，一个个脑袋里的智慧被唤醒了。

没有问题，学生对文本的理解就不可能走向深入，对文本的情感体验也不可能深刻。情智教育的一个重要任务，就是要让学生学会提问、勇于提问、喜欢提问。孙双金在课堂上常向学生说两句话：“古人说：‘学贵有疑，小疑则小进，大疑则大进。’”“还有不同意见吗？老师最喜欢提不同意见的同学啦。”让学生有问题意识还只是第一步。可惜的是，现在许多教师，就满足于这一步，因此他们的课堂很热闹、很活跃，但缺乏思维的含量。为什么？因为他们忘了走第二步——让学生提有质量、有价值、有深度的问题。孙双金的许多课不仅仅是向学生提出的问题敞开，更重要的是向学生提出的有价值的问题敞开。

让学生学会提出有价值的问题，就是在带领他们真正走进文本，走向智慧。

（四）教学是挑起矛盾冲突的艺术

孙双金认为，要让学生学会提问题，尤其是提有价值的问题，首先老师自己要善于发现问题，发现有质量的问题。

以孙双金的《赠汪伦》教学片段为例。

（读懂了诗歌的基本意思之后，老师开始带领学生去发现问题、解决问题）

师：诗的基本意思懂了，但大家还没有真正走进作者的内心世界。读这首诗你们有什么问题吗？大家讨论讨论。

（学生分小组讨论）

师：交流一下。能够发现问题的同学都有双慧眼、火眼金睛。（指一名学生问）你发现什么问题？

生：桃花潭水深千尺，为什么比不上汪伦对“我”的情意？

师：这是个问题，还有不同的问题吗？

生：既然李白舍不得离开汪伦，他为什么要离开呢？

师：天下没有不散的筵席，朋友之间总是要离别的。（竖起大拇指）能够发现问题总比发现不了问题要好。我来读诗，看看你们能不能再发现一些问题。“李白乘舟将欲行，忽闻岸上踏歌声。”李白这时已经到哪里了？你的问题是什么？

生：为什么在李白要走的时候才来送别呢？

师（兴奋地）：听到没有？为什么要在李白离开汪伦家，去到桃花潭，坐到船上要走的时候，汪伦才来送呢？为什么早不送，晚不送，偏偏到这个时候才来送呢？你会这样送客吗？

生（齐声答）：不会。

师：你肯定在家里就送了，是不是？你们现在就是汪伦，展开想象的翅膀，猜想猜想，有哪几种可能？

（学生分小组热烈讨论，然后交流）

生：因为这里有汪伦和李白的美好回忆。

师：什么回忆？

生：可能因为他们在这里相遇。

师：汪伦是从桃花潭把李白接来的，所以故意到桃花潭来送他，让李白留下难忘的印象。你叫什么名字？

生：冯松。

师：这是冯家的观点，了不起！

生：有可能是李白没有告诉汪伦，后来汪伦知道了就急匆匆赶到桃花潭送他。

师：说明李白是不辞而别。你叫什么名字？

生：徐畅。

师：徐畅，这是徐家的观点。我就喜欢听不同的想法，让我看看你们的小脑袋聪明不聪明。

生：我的观点是，我们一般送亲人是在家里送，汪伦故意不在家里送，特意安排在走的时候送，这样给李白留下了非常深的印象，能让李白记住汪伦这个朋友。

师：你叫什么名字？

生：我叫殷涛杰。

师：殷涛杰，脑袋真是大，大脑发达。这个想象超出一般。

……

读者即使没有亲临现场，也不难体会到孩子们思维的火花在闪耀，不难想象出他们那被拨动的心弦在怎样地跳动。这里的关键，就是教师引导学生提出有价值的问题。听过孙双金这节课的老师都说，当“为什么李白已经到了桃花潭准备走的时候汪伦才来送”这个问题抛出后，整个课堂沸腾了。这个问题虽然是学生自己提出来的，但毫无疑问，孙双金如果在备课的时候没有发现它，学生也不太可能有什么火眼金睛，课堂大概就不会如此精彩。

四、孙双金教学智慧精品片段聚焦

黄河的主人

师：同学们，今天，孙老师和大家共同学习一篇新课文，课文的题目是《黄河的主人》。（屏幕上出现气势磅礴、奔流不息的黄河，旁边站着一个头戴白羊肚手巾的艄公）请读课文题目！

生：黄河的主人。

师：把题目读出气势来！

生（大声地）：黄河的主人！

师：看老师写黄河这两个字。（板书：黄河。写得刚劲有力）你了解黄河吗？说说你心目中的黄河。

生1：我心目中的黄河波涛非常汹涌。

生2：黄河在我心目中气势磅礴，而且每年携带泥沙高达16亿吨，可以绕地球27圈。

师：气势磅礴。携带16亿吨的泥沙，可以绕地球27圈，你是从哪里知道的啊？

生：网上查到的。

师：你真会学习！请坐。

生：黄河在我心中是一个顶天立地的男子汉，它有磅礴的气势，十分豪迈！

师：黄河在她心中是顶天立地的男子汉，气势磅礴，多好啊！这就是你心目中的黄河。谁还想说说？

生1：黄河在我的心中是条长龙，它全长约5464千米。

生2：黄河在我心中是位母亲，她哺育了我们中华儿女。

师：讲得好极了！黄河是中华民族的母亲河，她哺育了中华民族，她养育了中华儿女。多少年来，我国历史上有多少文人墨客都在高声赞美黄河。下面，我们来看看古代诗人李白、王之涣是怎么赞美黄河的。（屏幕上出现李白、王之涣赞美黄河的诗句：君不见黄河之水天上来，奔流到海不复回。——李白。黄河远上白云间，一片孤城万仞山。——王之涣。与此同时激情澎湃的音乐响起）我们一起来和着诗人的感情赞美一下黄河。君不见黄河之水天上来——起。

生（齐读）：君不见黄河之水天上来，奔流到海不复回。黄河远上白云间，一片孤城万仞山。

师（充满感情色彩）：黄河的水啊，就像从天上滚滚流到了人间，奔流不息一直流向大海。这就是诗人眼中的黄河。我们来再一次吟诵这两句诗词。君不见黄河之水——起。

（学生大声朗诵）

师：今天我们来学《黄河的主人》。黄河在作者袁鹰的眼中是怎样的呢？我们一起把课文第1自然段朗读一遍。（大屏幕出现第1自然段的内容。学生纷纷读起来，但声音较小）

师：自己放开声读一读。你读着这样的文字、这样的语句时，仿佛看到了什么？仿佛听到了什么？

（学生自由朗读）

生1：我仿佛看到了黄河现在就在我的眼前，非常汹涌！

生2：黄河的波浪打着石头的声音，很有气势。

生3：我看到那黄色的河水，听到那震耳欲聋的声音。

生 4：我听到黄河的怒吼，看到了黄河正在飞奔。

生 5：我仿佛看到了黄河中的惊涛骇浪，看到了母亲河正在抚育下一代。

生 6：我看到了一阵阵汹涌的波浪从上游奔流而下。

生 7：我看到黄河的水从上游倾泻下来，打到岸上飞起三米多高的浪花，水声震耳欲聋。

师：看到了三米高的浪花，水声震耳欲聋，这就是母亲河！这就是我们的黄河！黄河滚滚——读。

生（大声、充满感情地）：黄河滚滚。那万马奔腾、浊浪排空的气势，令人胆战心惊。

师：你想看一看黄河吗？想看一看母亲河吗？

生（齐声答）：想！

师：我们一起来观赏一下黄河，我们的母亲河！（大屏幕上出现汹涌的黄河，并配以激情昂扬的歌声）这就是万马奔腾的黄河！这就是一泻千里的黄河！你看到这黄河，听到这歌声，心情会怎样？你想对黄河说些什么呢？说一说你的感受。

生 1：黄河真伟大！

生 2：黄河气势雄壮、磅礴，非常壮观！

生 3：我想说，黄河——我的母亲！

生 4：我看了这个片子，我的心潮也像黄河那样汹涌！

师：这就是母亲河啊！看了就会心潮澎湃。打开书，我们再一次怀着澎湃的感情，朗读课文第 1 自然段，黄河滚滚——起。

（学生朗读第 1 自然段）

【品评】

2004 年，语文教学专家靳家彦听了孙双金执教的《黄河的主人》，激动地说："当前的某些语文教学一个突出的问题是文化品位的缺失。而著名特级教师孙双金执教的《黄河的主人》一课，则诗情洋溢，大气磅礴，工具性和人文性的统一是那么和谐自然，水乳交融，让我们回味无穷。"孙双金是用什么方法教出这种磅礴的气势来的呢？

一是以情感带动气势。教师用饱满的精神站在讲台上，引领学生"把题目读出气势来”。教师板书课题时写得刚劲有力，教师充满感情色彩的语言，“黄河的水啊，就像从天上滚滚流到了人间，奔腾不息一直流向大海。这就是诗人眼中的黄河”。教师的精神、语气、情感、动作，在多层次、多方面为学生构建了“学习情感场”，在这样的场景中学生情不自禁地被调动、感染、激发。

二是以画面带动气势。刚呈现课题时，屏幕上即展现气势磅礴、奔腾不息的黄河。当学生初认黄河后，屏幕上又出现李白、王之涣赞美黄河的诗句，同时激情澎湃的音乐响起，师生和着音乐共同吟诵：“君不见黄河之水天上来，奔流到海不复回”“黄河远上白云间，一片孤城万仞山”。这么有冲击力的画面和音乐，加上引人联想的诗句，一下子营造出气势磅礴的教学境界。

三是用问题激发气势。如果说画面、音乐、场景是教学外在手段的话，那问题就直接走入学生的心灵世界。“你了解黄河吗？说说你心目中的黄河。”因为教师的这个问题问得阔大，蕴含着力度和气势，学生才有“黄河在我心中是一个顶天立地的男子汉，它有磅礴的气势，十分豪迈”“黄河在我的心中是条长龙”这样精彩的回答。当教师问：“你读着这样的文字、这样的语句时，仿佛看到了什么？仿佛听到了什么？”学生纷纷回答：“波浪拍打着石头的声音”“听到那震耳欲聋的声音”“我看到了一阵阵汹涌的波浪从上游奔流而下”“我看到黄河的水从上游倾泻下来，打到岸上飞起三米多高的浪花，水声震耳欲聋”。学生的回答一个比一个有气势，一个比一个激动人心。何以如此？皆是气势所至也！

五、孙双金教学智慧经典课堂实录

以故事的方式走近李白

——“走近李白”课堂实录

（一）轻松对话，走近学生

师（对大家）：今天，我带来了一堂新课——古诗欣赏课。这是我刚刚备好的一堂新课，也是一种探究吧！探究如何在我们的小学课堂上引领学生进行古诗欣赏。还请同行多多指教！（鞠躬）

师（对全体学生）：你们认识我吗？以前见过我吗？

生：没有！

师：没有。我们是刚刚见面，是不是？初次见面，请多关照！（鞠躬）这堂课，你们准备怎么关照我呢？

生：上课多回答问题。

师：多回答问题就是对我最大的关照。你叫什么名字？

生：秦旭尧。

师：秦旭尧同学，握个手。（握手）谢谢你理解我的心。你是我的知音！（笑声）其他的同学，你们准备怎么关照我呢？

生：上课认真听讲！

师：认真听讲就是对我最大的关照。你叫什么名字？

生：曲苏晨。

师：什么曲？

生：歌曲的曲。

师：能不能解释一下？

生：苏是江苏的苏，晨是早晨的晨。

师：苏晨，这名字是谁给你取的？

生：我爸爸。

师：你爸爸为什么给你取这个名字呢？

生：他突发奇想。（笑声）

师：突发奇想？（笑声）你是江苏的早晨！你还是中国的早晨！你是东方的早晨！你是世界的早晨！你就像早晨八九点钟的太阳！苏晨同学，握个手！（握手，同学笑）祖国的未来！你们还准备怎么关照孙老师？你来说说。（指定一名学生）

生：我觉得我们上课时候应该保持良好的纪律，这样才是对孙老师的关心。

师：保持纪律，才是对我最大的关照。关心、关照应该是相互的。孙老师也应该关心大家。你希望孙老师怎么关照你们呢？

生：教给我们更多的知识。

师：我想你问我，没想到你替我回答了。你来说。

生：我想（希望）你给我们上课幽默一点、有趣一点。

师：幽默一点、有趣一点。你给孙老师提要求，孙老师一定按你的要求去做，好不好？做得不好，你多包涵啊！（笑）孙老师要多欣赏大家，多表扬大家，多赞美大家！在孙老师的课堂，讲对了的，表扬；讲错了的，还是表扬！讲错了的我为什么表扬他？猜猜看。

生：表扬他回答问题的勇气。

师：勇气！还表扬他什么？

生：他已经动脑了。

师：表扬他动脑的精神。还表扬他什么？

生：他有自己的主见和思想。

师：有自己的主见和思想。所以，上孙老师的课，只要你回答问题了，答对答错全是表扬。那么什么人得不到表扬呢？

生：不回答问题的人。

师：你不举手，我不能强迫你说，是不是？你不回答问题，我就没法表扬你了。

生：如果他不回答问题，他就没有积极动脑，你就不会表扬他。

师：我看你长大了一定是个好老师，你叫什么名字？

生：我叫管芮。

师：什么芮？

生：草字头，下面加上内蒙古的“内”。

师：这个芮，是什么意思呢？

生：以前，在字典中，表示一个国家的意思。

师：现在呢？

生：就是现在的意思。

师：现在表示一个人的意思。（笑）你一个人就能代表一个国家，（笑）你肩上的担子该是多重啊！假如出了国，你代表的就是我们中国！（拍拍肩）芮同学，请坐！我们初步认识了，就开始上课，好不好？好，上课！

（学生起立）

师：同学们好！

生：老师好！

（二）讲述故事，走近李白

师：请坐！同学们，我们中国是诗歌的王国。在诗歌王国的灿烂天空中，出现了许许多多杰出的诗人。谁能报几个诗人给我听听？

生1：李白、杜甫。

生2：孟浩然、白居易。

生3：王维、王昌龄。

生4：苏轼。

生5：王之涣。

师：同学们知道的真多！是呀，这许许多多诗人，就像星空灿烂的星星。我们作为诗歌王国的后人，要了解我们的先人，了解我们著名的诗人。今天我们就一起走近诗歌王国中一颗璀璨的星星。

（播放课件。课题——古诗欣赏：走近李白。配乐）

师：今天，我们上一堂古诗欣赏课。课题是（抬手示意）——

生（齐读）：走近李白。

师：你了解李白吗？你说。

生：李白，他是诗仙。他一生作诗很多，是公元701年出生的。

师：李白是诗仙，作诗很多，给我们后人留下多少诗歌呢？900多首。李白是诗仙，同时他还是另外一个仙呢！是什么仙？

生（异口同声）：酒仙。

师：还有一个仙，是酒仙。李白既是诗仙，又是酒仙。（板书：李白是仙）

师：李白是仙，此话怎讲呢？

（出示幻灯片）

师：我们来看看他同时代的一位诗人——诗圣杜甫是怎么评价李白的。

（出示杜甫《饮中八仙歌》中的句子：李白一斗诗百篇，长安市上酒家眠。天子呼来不上船，自称臣是酒中仙）

师：杜甫在他的《饮中八仙歌》中是这样写的："李白一斗诗百篇，长安市上酒家眠。天子呼来不上船，自称臣是酒中仙。"这首诗写的是这么一个故事——想听故事吗？

生：想。

师：话说唐玄宗李隆基偕他的爱妃杨贵妃到沉香亭畔去赏牡丹花。到了沉香亭畔，亭子下面坐着好几排乐工，也就是现在的演奏者、歌唱者。李隆基和他的爱妃刚刚落座，下面的演奏者、歌唱者就演奏优美的曲子。这曲子刚刚响起，李隆基就摆摆手说："停，停，停！老的曲子我不想听了，今天，朕高兴！李龟年，去翰林院，把李太白把我给请来，叫李太白给我的爱妃作几首新词。"李龟年是当时著名的乐师，乐工的头儿。李龟年得了皇帝的令，那叫口谕，是不是啊？

生：是！

师：他急急忙忙赶到翰林院，问李白的同僚。同僚说："李太白到街上喝酒去了。"李龟年只得又赶到街上，经过一家酒楼。只听到酒楼上有人高声吟唱。李龟年一听，李白在上面。跑到上面一看，李白已经喝得酩酊大醉。李龟年上去摇摇李白："李学士，李学士，快！皇上有请！"李白醉眼蒙眬地一看，是李龟年，把手一挥："你走！你走！皇上请我也不去，我是酒中仙！"这皇上叫李龟年请李白，就一定要请到李白。李龟年只得叫人把李白扶到马上，把李白驮到了宫中，带到了李隆基的面前。李白还没有醒来，李隆基亲自过来，给李白灌了醒酒汤。李白醒过来一看，李隆基对他说："爱卿，李学士，今天朕高兴，给我爱妃作几首新词。"李白醒过来第一句就是："拿酒来！"李隆基说："你不刚喝酒了吗？"李白说："我是斗酒诗百篇！"李隆基没办法，又让李白喝了三杯酒。李白喝了酒，提笔写了《清平调》，这是赞美杨贵妃的诗篇。杜甫就根据这个故事写了这首诗。我们一起把它朗读一遍。

生：李白一斗诗百篇，长安市上酒家眠。天子呼来不上船，自称臣是酒中仙。

师：诗仙写的诗，跟常人写的有什么不同呢？我们今天就走进李白的诗篇，好不好？

生：好！

（三）紧扣"紫"字，体会浪漫

师：先看第一首。

（出示：《望庐山瀑布》）

师：听孙老师朗诵一下《望庐山瀑布》——日照香炉生紫烟，遥看瀑布挂前川。飞流直下三千尺，疑是银河落九天。谁想吟诵吟诵？你来。（指定一名学生）

生（朗诵《望庐山瀑布》）：日照香炉生紫烟，遥看瀑布挂前川。飞流直下三千尺，疑是银河落九天。

师：我看到了一个小李白。请坐，谁还想吟诵吟诵？叫一个女同学。你来。（指定另一名女学生）

生：《望庐山瀑布》。日照香炉生紫烟，遥看瀑布挂前川。飞流直下三千尺，疑是银河落九天。

师：这个女李白吟诵得多柔和。我们一起来诵读。

生（齐诵）：《望庐山瀑布》。日照香炉生紫烟，遥看瀑布挂前川。飞流直下三千尺，疑是银河落九天。

师：日照香炉生紫烟，庐山上有一座峰，叫什么峰？

生：香炉峰。

师：香炉峰上生出的是什么烟？

生：紫烟。

师：我纳闷啊，我出去看到的都是白色的云雾、白色的云霞，为什么李白看到的是紫色的云烟呢？猜猜看，用你们的小脑袋猜猜看。

生：因为李白十分富有想象力。

师：有想象力也不能把白的想象成紫的。

生：也有可能烟是白的，但石头是紫的，所以他看成了紫烟。

师：你说那的石头是紫色的？

生：路上的石头是紫色的。

师：你去过庐山没有？

生：没有。

师：那是你想象的。我去过庐山，石头不是紫色的。

生：我想，是晚霞把烟染成了紫色。

师：晚霞怎么会把云烟染成紫色呢？

生：我看过晚霞是彩色的。

师：通红的晚霞。红彤彤的晚霞映在香炉峰顶端的白色的云雾上，把它映成、染成了紫色。也有可能是红彤彤的朝霞把云雾染成了紫色，那紫色的云霞升啊升啊，一直升到哪里？

生：天上。

师：升到天上。这样的情景，你看到过吗？

生：我没有看到过。

师：我也没有看到过。谁看到了？

生：李白。

师：他给我们描绘了一幅宛如仙境的图画。

（板书：宛如仙境）

师：这样的景象只有天上的神仙才能看到。诗仙看到了，把它写了下来，我们一起读一读。日照香炉生紫烟——

生：日照香炉生紫烟。

师：好像没有把我带到仙境。日照香炉——起！

生：日照香炉生紫烟。

师：啊！虚无缥缈的如梦如幻的浪漫的仙境，我已经感受到了。这就是诗仙的风格。看看下面的诗句，还有哪些地方可以看出李白的诗篇写得与众不同呢？

生：疑是银河落九天。

师：什么地方不同？

生：他把庐山的瀑布比作银河。一般的诗人是做不到的。

师：银河，从天上——落到了人间。你想象得到吗？

生：我想不到。

师：你想不到，我也想不到。（笑声）这样的想象——

（板书：想象）

师：是一般人想不到的，只有谁想得到？

生：李白。

师：诗仙！如果在“想象”之前添两个字，添什么字呢？李白的诗中，是怎样的想象呢？给我加两个字。

生：丰富的想象。

师：丰富的想象，一般人也能做到。这还不能成仙。

生：夸张的想象。

师：夸张就是夸张，不能说是夸张的想象。你说。（指定一名学生）

生：超凡的想象。

师：超凡的想象，超越凡人。你认为是什么想象？

生：出人意料的想象。

师：两个字，“出人意料”是几个字？

生：四个字。

师：也可以。但没有达到我要求的两个字。你来说。

生：大胆的想象。

师：大胆的想象。还有不同的说法吗？超凡的，大胆的，诗仙的想象都是——你说，说错了，表扬！（笑声中，师将话筒凑近一个学生的嘴边）

生：没有把握的话，不说！（哄堂大笑）

师：你叫什么名字？

生：许威。

师：真老练！没有把握的，不说。你想得到我的表扬吗？

生：无所谓。（再次大笑）

师：厉害！达到了仙人的境界。超凡脱俗！（满场笑声）你说。（指定一名学生）

生：可以说四个字的吗？

师（点头）：四个字的——

生：惟妙惟肖。

师：“惟妙惟肖”是逼真。银河的水，银河里是没有水的。

生：脱俗的想象。

师：超凡的想象，脱俗的想象。就用你们的吧！你们说得好就用你们的吧！我本来想好一个词了，你们知道吗？

生：不知道。

师：神奇的想象。既然你们说超凡，我就用超凡。

（板书：超凡）

师：超凡的想象。这才叫诗仙呐！还有什么地方写得好？

生：就是“遥看瀑布挂前川”。

师：好在哪儿？

生：我觉得那个“挂”字用得好。一般的诗人想不到用“挂”字来写瀑布。

师：把瀑布挂在悬崖峭壁上，这也是——

生：这也是李白作为诗仙的一个奇妙的想象。

师：让我看看你的眼睛。（笑声）你是什么眼？慧眼啊！有智慧的眼睛才能看见那个“挂”，把瀑布挂起来啦！又是超凡的！还有哪些地方写得好？要有发现的眼睛。

生：我认为那个“飞流直下三千尺”的“飞流直下”写得好。因为“飞流”能写出瀑布来势汹涌，“直下”又写出山特别险峻。

师：你欣赏“飞流直下”，还有人欣赏它后面的吗？

生：我欣赏那个“三千尺”。

师：欣赏它什么？

生：这句中，李白运用了夸张的修辞手法。

师：你真了不得哎！你还知道夸张呐！说得好，孙老师奖励你，把你这个词写下来。

（板书：夸张）

师：李白的夸张是怎样的夸张呢？“飞流直下三千尺”（举手示意），这叫什么夸张呢？用一个词来形容它。

生：疯狂的夸张！（笑）

师：疯狂的夸张！哎！这个意思哎，用疯狂来形容诗仙，不雅。（笑）把我们诗仙搞俗了。（笑声）你用什么来形容？（指定一名学生）

生：不要命的夸张。

师：不要命的夸张？那更俗了！（笑声）一个比一个俗。（笑）

生：极度的夸张。

师：再说一遍给大家听听？

生：极度的夸张。

师：你叫什么名字？

生：冯智荆。

师：冯智荆同学，你是什么脑袋？（笑）给我看看，（笑）这个脑袋怎么这么聪明！（抚摸学生小脑袋）是什么元素构成的？（笑声）请坐！写下来。

（板书：极度）

师：这不是一般的夸张，而是极度的夸张，“飞流直下三千尺”，什么叫诗仙？写的是“宛如仙境”，诗歌当中是“超凡想象”，它的夸张是“极度夸张”，给我们以丰富的美感。谁来把这首诗读一读？让我也进入这样的仙境之中。

（播放音乐）

师：看你的眼睛炯炯有神，你来读。（指定一名学生）

生：《望庐山瀑布》，李白。日照香炉生紫烟，遥看瀑布挂前川。飞流直下三千尺，疑是银河落九天。

师：你的声音真好听，已经把我带到半空中了。（笑声）你来朗诵。（指定一名学生）

生：《望庐山瀑布》，李白。日照香炉生紫烟，遥看瀑布挂前川。飞流直下三千尺，疑是银河落九天。

师：掌声！

（掌声）

师：把我带到了八重天，还没有到九重天。你们一起来朗诵，把我带到九重天。

生：《望庐山瀑布》。日照香炉生紫烟，遥看瀑布挂前川。飞流直下三千尺，疑是银河落九天。

（四）补充徐诗，对比体会

师：好！自从李白在庐山写下了《望庐山瀑布》之后，后来的诗人来到庐山，看到那壮丽的瀑布，都有感而发，也想吟诗一首，但想到李白的诗写得太好、太妙了，只能摇头作罢，罢了，罢了，不写了吧，不要写了吧，写了要出丑了。可是，到了唐朝中期，有一位诗人叫作徐凝，在他朋友的带领之下，也来到庐山，看到庐山壮丽的瀑布，他心中激荡着汹涌的波浪。他控制不住自己，也要写一首《望庐山瀑布》。旁边的人劝他：“别写了，诗仙李白写过了。”徐凝说：“我就要写一首诗，跟李白比试比试！”于是，他也写了一首《庐山瀑布》。

（出示：徐凝《庐山瀑布》）

师（朗诵）:《庐山瀑布》，徐凝。虚空落泉千仞直，雷奔入江不暂息。千古长如白练飞，一条界破青山色。

师：李白把瀑布比作从天上落到了人间的银河，把瀑布说成“飞流直下三千尺”，这里的徐凝把瀑布比作什么呢？三个人为一组一起讨论讨论。

（生讨论）

师：告诉孙老师，徐凝把瀑布比作什么呢？

生：雷。

师：雷，轰隆隆的像雷那样奔腾地流入大江，他把瀑布的声音比作雷声。

生：他把瀑布比作了一把利剑，劈开了青山。

师：像一把利剑劈开了青山，远远看去，青山一片，中间一条白练——白界。你这个想象比徐凝的还要厉害哟！还把瀑布比作什么？

生：白色的绸缎。

师：白色的绸缎。你把那句诗读一读。

生：千古长如白练飞。

师：把它比作白色的绸缎。白练就是白色的绸缎在飞舞。你们想一下，徐凝把它比作一条线，像剑一样，像白色的绸缎，与李白的比作“银河落九天，飞流直下三千尺”相比，哪个厉害？你说。（指定一名学生）

生：李白厉害。李白写出了庐山瀑布的气势。

师：写出庐山瀑布的气势。你觉得哪个厉害？（指定一名学生）

生：我也认为李白厉害。庐山瀑布是柔的，但李白把它写得刚了。

师：庐山瀑布柔，李白写得——

生：刚。

师：把柔的写刚了，写得有气势，是不是？请坐，你认为呢？（指定一名学生）

生：因为李白写得比徐诗更加夸张、更加生动。

师：更夸张，更生动，更有气势。你认为呢？（指定一名学生）

生：我听了那位女孩子的话，我认为徐凝写得好。

师：你认为徐凝的好在哪里呢？

生：他把庐山真实的情景写出来了。李白没写出真实的情景。我觉得给读者（写）就应该写真实的情景！

师：你叫什么名字？

生：曲苏晨。

师：江苏的早晨哎，就能发表与众不同的意见。发出与众不同的意见，是要有勇气的！你很有勇气！你认为呢？（指定一名学生）

生：我补充曲苏晨的。我认为还是徐凝写得厉害，他敢跟李白写的诗比，我觉得他厉害。

师：大家都不敢跟李白比，徐凝敢跟李白比。这种勇气、精神本就可嘉。你还想说什么？（指定一名学生）

生：我认为李白厉害。因为当时在唐朝，宇宙是人类遥不可及的，他能把银河与庐山瀑布联（系）起来，我觉得他厉害。

师：把银河和庐山瀑布联系到一起，这样神奇的想象是一般人都做不到的。谁厉害呢？

（生举手）

（五）拓展苏诗，增加情趣

师：放下手，听我说。历史的车轮滚滚向前，走到了宋朝。宋朝有一位大诗人——苏轼，也就是苏东坡，一位浪漫主义诗人，也去到庐山游玩，看到了庐山的美景，面对那壮观的瀑布景象，他也想吟诗一首，但一想到李白的诗，他不敢作了。陪他的和尚说："唐朝还有一位诗人徐凝也写了一首《庐山瀑布》。"苏东坡说："我都没听说过，拿来给我看看。"和尚把徐凝的《庐山瀑布》拿来给苏东坡看。苏东坡一看这首诗，鼻子里哼了一声。和尚说："你哼什么？什么意思？"苏东坡说："拿笔来！"和尚递过笔，苏东坡提笔写了一首诗，题目叫——

（出示《戏徐凝瀑布诗》：帝遣银河一派垂，古来唯有谪仙词。飞流溅沫知多少，不与徐凝洗恶诗）

师（朗诵）：《戏徐凝瀑布诗》：帝遣银河一派垂——上帝派遣银河从天上垂落到人间。古来唯有谪仙词——从古以来，只有李白从天上……谪仙，就是仙人被贬到了人间。他是天上被贬到人间的仙人，所以才写出这样绝妙的作品。飞流溅沫知多少，不与徐凝洗恶诗——他把徐凝的诗比作什么诗？

生：恶诗。

师：为什么苏东坡这么不喜欢徐凝的诗呢？因为苏东坡也像李白那样，是一个浪漫主义诗人。他不像杜甫是个写实的诗人，杜甫写得很真实，是不是啊？（指着两名学生）你们两位长大恐怕像现实主义作家。李白是浪漫主义作家，所以他喜欢浪漫的，不喜欢现实的。当然，徐凝的诗，比孙老师的诗不知要好多少倍了。是不是啊？（笑）我们也诵读一下苏轼的诗吧。《戏徐凝瀑布诗》——起！

生：《戏徐凝瀑布诗》，苏轼。帝遣银河一派垂，古来唯有谪仙词。飞流溅沫知多少，不与徐凝洗恶诗。

（六）反复吟咏，品味“摘”字

师：这是诗歌当中一段非常美妙的佳话。李白，后人称他为诗仙。作为诗仙，从一首诗是不能看出他的风格的。我们再来看看李白的其他几首诗歌，看看是不是有仙人之风。

（播放音乐，出示《夜宿山寺》：危楼高百尺，手可摘星辰。不敢高声语，恐惊天上人）

师：《夜宿山寺》。危楼高百尺，手可摘星辰。不敢高声语，恐惊天上人。谁来诵一诵？最边上的女孩，你来。（指定一名学生）

生：《夜宿山寺》。危楼高百尺，手可摘星辰。不敢高声语，恐惊天上人。

师：最后一句？

生：恐惊天上人。

师：你的朗读没有把我带到唐朝。你来。（指定一名学生）

生：《夜宿山寺》。危楼高百尺，手可摘星辰。不敢高声语，恐惊天上人。

师：到了宋朝了。（笑）古典的韵味怎么读出来呢？古色古香，怎么出来呢？你知道啊？试一试好不好？（指定一名学生）

生：《夜宿山寺》。危楼高百尺，手可摘星辰。不敢高声语，恐惊天上人。

师：你认为把我们带到了哪里？

生：我认为带到了远古时期。（笑）

师（笑）：带到了远古时期了？你认为怎么读才能把古典的韵味读出

来呢？

生：读得像古代人一样。

师：像古代人一样？慢一点儿，缓一点儿，悠扬一点儿。你来。（指定一名学生）

生：《夜宿山寺》。危楼高百尺，手可摘星辰。不敢高声语，恐惊天上人。

师：掌声。

（掌声）

师：我特别欣赏你最后一句：不敢高声语，恐惊天上人。你还想咏一咏？你来。（指定一名学生）

生：不是，我刚刚听了戴枫诵的诗，感慨万千。（笑）

师：感慨万千？说个一千给我听听？不要说万千了。

生：这首诗是李白在深夜里写的，当时应该是非常宁静，李白就融合在这种宁静的夜色中，仿佛是处于一个人的世界，而戴枫就读得非常平静又舒缓。所以，我的启示就是，以后读诗要根据诗人所在的环境、心情，读出它的高低、抑扬顿挫。（掌声）

师：你叫什么名字？

生：许文新。

师：许文新站出来！拥抱一下。

（师生拥抱，笑声）

师：最高奖赏。什么水平哦？哪里是小学生啊？就是小李白嘛！你还想说什么？

生：一开始读了苏轼的那首诗，你说他是喜欢浪漫主义的，我觉得这首诗也体现了李白的浪漫主义。从"手可摘星辰"，还有"恐惊天上人"，就可以看出。"星辰"应该就是天上的星星，"天上人"就是天上的神仙。他在写诗的时候，不是写得很现实的，他写的是有点儿朦朦胧胧的感觉，让人陶醉其中，耐人寻味。

师：让我看看你的眼睛，不仅是慧眼，而且是火眼金睛！像俺老孙的一样。（笑声）朦朦胧胧，宛如仙境，把你的右手伸出来，告诉我你的手摘过什么？

生：摘过水果。

师：你的手摘过什么？

生：也摘过水果。（笑）

师：除了水果，不许说水果。你的手摘过什么？

生：我也摘过水果。（笑声更大）

师：哎哟，就摘过水果？就没有摘过其他的？你还摘过什么？

生：做过作业。

师：我问你摘过什么？你不要老想着作业。（笑）你说。

生：我还摘过美丽的鲜花。

师：摘过鲜花？你的手采摘过什么？

生：虫。

师：虫？小虫子。

生：我摘过星星。（笑）

师：你摘过星星？告诉我，你在哪里摘过星星？

生：树上的假星星。（哄堂大笑）

师：树上的假星星！我以为是李白再世了呢！只有诗仙李白才能想到他的手能摘到天上的星星啊！诗仙啊，"不敢高声语，恐惊天上人"，那天上的仙人仿佛就在他的左边、在他的右边、在他的头顶之上。李白已经到了一种仙境啊！这就叫诗仙啊！这首诗有味道吧？你们品品看，自己诵一诵。我给你们来点音乐，好不好？吟一吟，把这个味道吟出来。

（播放古筝音乐，学生自由练习朗读）

师：谁来诵一诵？这一次，把奖励的机会送给你吧——我的"火眼金睛"，你来诵。

生：《夜宿山寺》。危楼高百尺，手可摘星辰。不敢高声语，恐惊天上人。

师：最后一句，味道出来了。（夸张地高叫）"不敢高声语，恐惊天上人。"（笑声）能这样诵吗？你夸张了一下，实际上已经读得不错了。（朗诵）"不敢高声语，恐惊天上人。"谁来？

生：《夜宿山寺》。危楼高百尺，手可摘星辰。不敢高声语，恐惊天上人。

师：来点儿掌声嘛！

（掌声）

（七）品读诗眼，走进内心

师：能读成这样已经很了不起了！想当年孙老师上六年级的时候，读得比你们差多了。李白的诗就是宛如仙境，就是具有超凡的想象，又极度的夸张。一伸手就能摘到天上的星星。我们再来看一首。

（出示《秋浦歌》：白发三千丈，缘愁似个长。不知明镜里，何处得秋霜）

师（朗诵）：《秋浦歌》。白发三千丈，缘愁似个长。不知明镜里，何处得秋霜。

（掌声）

师：一首诗，有它的诗眼。你认为这首诗的诗眼是哪一个字呢？你说。

生：愁。

师：愁啊，你怎么能看到李白的愁呢？他内心的愁怎么能让我们看到呢？他是怎么写的呢？

生：我是从“白发三千丈”和后面的“何处得秋霜”看出来的。他那个“白发三千丈”是一个很夸张的句子。这首诗是在他晚年的时候作的。我觉得他那时候一定有很多的忧愁，就写到头上的白发特别的花白。

师：头发花白了，“白发三千丈”原来是因为他内心的忧愁像这般长啊！对着镜子照一照，不知那明亮的镜子里，什么时候他的满头青丝变成了满头白发。（有学生举手）你有话说？

生：李白的诗都是很夸张的，让人从夸张里面再回到现实。这首诗是李白晚年作的，因为他受到小人的忏悔。他很想报效朝廷，但是皇上不重用他，所以他很伤感。

师：小人诋毁、诽谤他，小人一般是不会“忏悔”的。（又有学生举手）

生1：大家都知道，白发是因愁而生，所以我可以体会到李白的愁很多。

生2：我可以从那个“何处得秋霜”看出来。大家都知道，“秋霜”是很冷的，李白的心也跟秋霜一样，也冷了。

师：什么眼睛？你们说他是什么眼睛？（议论纷纷）他都能看到诗歌中的温度啊，冷啊，寒啊，寒若秋霜啊！（有学生举手）你有话说？

生3：我要补充，因为从这句话可以看出李白处在水深火热之中，他急需一些冷的东西降降温，借此消愁。（哄堂大笑）

师：你叫什么名字？

生3：我叫陆天宇。

师：我知道你说的不是实话，说的是幽默的话，你们可不能当真，他是调侃一下，（笑）他是太热了，给他冷一冷。（笑）即使是诗仙，也有忧愁啊。但是诗仙的愁不像我们常人的愁，我们的愁写得悲悲切切、凄凄惨惨。“白发三千丈”，诗仙的愁写得那么豪放，那么夸张，那么洒脱，那么飘逸。一起来诵一诵，白发三千丈——起！

生：白发三千丈，缘愁似个长。不知明镜里，何处得秋霜。

师：你看到过谁的白发有三千丈吗？

生：没有。

师：只有谁能看到？

生：李白。

师：因为李白是——

生：诗仙！

（八）再叙故事，体味仙骨

师：只有在仙人的眼中、心中，才有那么长的白发啊！同学们，李白作为一位诗仙，一位浪漫主义诗人，他写了900多首诗。他的身上更有许多动人的传说。（出示）话说有一次李白去浙江的湖州游玩。在一家酒楼上独自饮酒，酒醉之后，又一人高声歌唱，引来不少看热闹的人——一般人把李白当成了疯子。这时，湖州司马经过此地，问道：“酒楼高歌者是谁？”李白听了之后，用诗回答他：“青莲居士谪仙人，酒肆藏名三十春。湖州司马何须问，金粟如来是后身。”——“青莲居士”是他的号，“谪仙”是贺知章给他的美称。“酒肆藏名三十春”——李白曾经得到过唐玄宗的召见，但是召见到宫里干什么呢？就是写几首诗赠送给皇帝的爱妃杨贵妃，博得贵妃一笑。李白可是旷世奇才，他是要报效国家啊！他怎么能只是写几首诗博妃子一笑呢？李白就愤然离开宫廷，再次来到民间，徜徉于名山大川之中，在街市酒肆之中借酒消愁。“湖州司马何须问”——湖州司马你还要问吗？“金粟如来是后身”——我李白百年之后就变成如来佛啦！就成仙成佛啦！那种高傲，那种不屑一顾，尽在诗中。你们喜欢李白吗？

生1：喜欢。

生2：我也喜欢李白。因为李白有超凡的想象，而且他的诗很豪迈，我喜欢他的诗。

师：你喜欢吗？

生：喜欢！我喜欢他的诗里的韵味。

师：韵味！李白是酒仙，李白是诗仙，我说（示意板书）李白是仙。李白是一座高山，如果你们还想学习的话，下次我再给你们上一课——“李白是人”，他也是常人。下课！

附板书：

宛如仙境
李白是仙　　超凡想象
极度夸张

参考文献

［1］孙双金．孙双金与情智教育［M］．北京：北京师范大学出版社，2006.

［2］雅斯贝尔斯．智慧之路［M］．北京：中国国际广播出版社，1988.

［3］舒尔茨，等．教育的感情世界［M］．赵鑫，等译．上海：华东师范大学出版社，2010.

［4］孙双金.13岁以前的语文——重构小学语文教学体系［J］．人民教育，2009（21）.

［5］孙双金．精神的天堂［J］．语文教学通讯，2004（7）.

［6］孙双金．大师在小学读什么［J］．语文教学通讯，2011（15）.

［7］成尚荣．名师的基质［J］．人民教育，2008（8）.

［8］孙双金．自由是名校生长的土壤［J］．江苏教育，2010（2）.

［9］孙双金．万类霜天竞自由——南京市北京东路小学教师队伍成长的实践与思考［J］．江苏教育研究，2010（8）.

第五篇　王崧舟教学智慧研究

王崧舟，1966年生，曾任杭州市拱宸桥小学校长，现为杭州师范大学教授。中学高级教师，特级教师。系全国劳动模范、全国“五一”劳动奖章获得者、浙江省十大育人先锋、国家基础教育资源库开发基地电视教学片主编、中西部农村义务教育国家级远程培训小学语文主讲教师、浙江教育资源网特级教师工作室首批专家、浙江教育学院教师教育研究所兼职研究员、杭州师范大学硕士研究生导师、浙江省小语会副会长、杭州市小语会会长。

1984年参加教育工作以来，王崧舟一直醉心于小学语文教育改革实践。他积极倡导“诗意语文”的理想和信念，主张以发展学生的言语生命为核心，深化语文教育改革，促进学生语言和精神的协同发展。1998年评上特级教师以后，他先后应邀赴全国29个省份200多个城市开设观摩课1100多节次、讲座650多场次，他的语文课先后在中央电视台《实话实说》、中国教育电视台《名师讲坛》《东方名家》等栏目播出。

王崧舟还一直潜心于小学语文教育科学的研究，先后出版《小学作文教学改革与流派》（合著）、《王崧舟小学语文语感教学法》、《王崧舟教学思想与经典课堂》、

《诗意语文：王崧舟语文教育七讲》、《王崧舟讲语文》、《听王崧舟老师评课》、《诗意语文课谱：王崧舟十年经典课堂实录与品悟》(合著)、《语文的文化品格》(合著)等多部教育教学论著，在省部级以上公开刊物发表论文230余篇。

一、王崧舟教学智慧的探索历程

王崧舟的教学智慧，集中体现在他对“诗意语文”的探索中。对“诗意语文”的不断探究、解释、反思体现了王崧舟语文教育思想不断发展变化的过程，它与语文教育整体的语境变迁相关，显示出一位优秀语文教育实践者对自身教育智慧的不断发现、厘清、体认与确证。朱光潜在《谈美简史》中写道：“每个人的生命史就是他自己的作品。”现以王崧舟不同时期的经典课品为例，梳理王崧舟“诗意语文”的探索历程。

“诗意语文”的探索历程，大体上经过四个阶段。

（一）“诗意语文”的萌动与发轫（1999—2003年，代表课例《荷花》《只有一个地球》）

《荷花》是王崧舟2001年教授的课。世纪之交，课改前夕，新旧思想激烈碰撞，对语文本体的思考从未这般热闹异常又举步维艰。语文教育开始在工具与人文之间衡量，在语言与精神之间徘徊，在理性与感悟之间摇摆。

《荷花》一课，就在这样风雨飘摇的争辩声里，不偏不倚，亭亭而立。

简简单单的教学设计，课路顺着文路。朗读、品味、写话，语文的味道十足。特别是对一个“冒”字的赏析，堪称关键词教学的典范。另一方面，王崧舟又以美为主线，让学生在潜心会文的过程中发现、感悟荷花的美，将荷花拟人化、生命化、情态化，进而用自己的情感和语言去创造荷花的美。语言学习与审美熏陶，相得益彰又水乳交融。

当时的王崧舟正潜心研究“语感教学法”，在他的设计里，《荷花》一课旨在引导学生在精读细赏之后使课文烂熟于心，自然融入其原有的语言背景，达到天成的直觉、天成般的语感境界。

如此说来，《荷花》一课的美与诗意，竟有些无心插柳的意外之喜。然而转念，细细思量，语感是一种以精神直觉为内核的，裹挟着人的情感、想象、理性、意志乃至潜意识的精神形态与机制，它强调感性陶冶，强调意会，这些与审美的心理机制大致相同。重视语感，强调意会，必然会遇见诗意，遇见美。

2001年秋，课程改革正式启动，课程标准的颁布与实施犹如惊涛拍岸，一时在大江南北卷起了千堆雪、万重浪。语文教育也在课改理念的冲击下剧烈地震荡，教师的教学习性、学生的学习方式都经历着前所未有的颠覆。学生的主体地位得到确认，自主、合作、探究的学习方式开始轰轰烈烈地推广，“对话”“体验”等教学理念大大地改变了当时的课堂教学。当初的种种或许难免带着些改革初期的“冒进”乃至偏颇，但是，谁也不会否认，21 世纪初的这场改革是新中国教育史上一次有益的探索。

王崧舟的教学思想也在这样的背景下异常活跃，他感受着新课程的种种理念，思考这些理念，并积极地在自己的课堂教学实践中印证这些理念。他接纳，吸收，内化；他分析，选择，扬弃。2003 年前后，王崧舟创作了《草船借箭》《圆明园的毁灭》《只有一个地球》等一系列课品，还开发了卫星电视户外直播课《相约拱宸桥》。可以说，在 21 世纪初活跃的课改背景下，王崧舟也实现了自身教育思想的拔节。

这其中具有代表性的课例是《只有一个地球》。在这一课中，他接纳了新课程之后主流价值观所倡导的“让学生质疑”的教学理念，并与自己熟稔的“感悟理解”式的教学思想融会贯通，实现了“感悟”与“质疑”的视界融合。

这是“诗意语文”的蕴蓄阶段，从实践到思辨，从风格的初露端倪到境界的独上高楼。

（二）“诗意语文”的提出与呈现（2004—2005年，代表课例《一夜的工作》《长相思》）

2004 年 9 月 18 日，为庆祝《小学语文教师》创刊 200 期，王崧舟在上海浦东尚德实验学校执教《一夜的工作》。该课在现场引起了强烈的震撼和反响。课后，王崧舟将自己的语文课命名为“诗意语文”。

此课已经比较充分地体现了王崧舟语文教育思想中的艺术化追求。课的渲染、课的层递、课的造境等都做得精当细致。但是课中最动人心处，还是“情”。对于周总理所处的那个年代，现在的孩子知之甚少。王崧舟就带着自己对周总理的深深的追慕与景仰，引领孩子们披文入情。他精心选取了宋小明的诗，用三宝的音乐帮助学生走入作品的情感境界。更重要的是他自始至终都引导学生在文本的字里行间品读体会，于是“高大的宫殿式的房子”在想象中还原在学生的面前，那“极其简单”的陈设在对比中呈现在学生的面前，那“一字一句的批阅”在一唱三叹式的引读中浮现在学生的面前……孩子们读懂了周总理鞠躬尽瘁、殚精竭虑的那一个夜晚，也就读懂了这朴素文字背后浸润的情感。

如果说《一夜的工作》是“诗意语文”的成名作，那么，接下来的《长相思》就是“诗意语文”的扛鼎之作。

确实，没有一节课能像《长相思》这样，完美地诠释了王崧舟语文教学思想中的艺术化追求，完美地体现了“诗意语文”的种种特质。文本的解读、教师的语言、语境的拓展、互文的印证、角色的置换，甚至所选的音乐、所用的图片，没有一处不是恰到好处的，没有一处不是动人心弦的。这一课的成功应是王崧舟语文教育思想发展到一定程度的必然，诗意如水，缓缓流过，境界渐宽。

到2005年，王崧舟正扛着“诗意语文”的大旗，经过了《圆明园的毁灭》的震撼，经过了《只有一个地球》的思索，经过了《一夜的工作》的轰动与确证，他的创作灵感正喷涌式地将他的语文教学推向新的境地。他先后还开发了“亲情测试”，重上了《小珊迪》。彼时的课，气象开阔，美不胜收，带着些风发的意气，“谈笑间，樯橹灰飞烟灭”。

在邂逅课堂激情的高峰体验之后，王崧舟欲罢不能，视激情为语文课堂的最高价值，教学往往以情感为突破口，以情感为主线，以情感为语文教学的主攻目标，以课堂是否感动人心为衡量教学效果的核心标尺，所以那时也有人称王崧舟为情感派的代表人物。但这个阶段王崧舟对情尤其是激情的课程解读、生发机制、理论基础、实践原则、操作范式等，处于一种“知其然而不知其所以然”的朦胧状态。

（三）“诗意语文”的澄明与救赎（2006—2007年，代表课例《两小儿辩日》《慈母情深》）

2006年，王崧舟推出新课《两小儿辩日》。在精美的《长相思》之后，在“语言伴着眼泪飞”的作文课“亲情测试”之后，《两小儿辩日》实在是朴素到了极点。

无论是在理论界还是教学一线，大家纷纷感叹，“变了，风格变了”。是的，在这一课里，我们听不到任何激情的语言，看不到任何精美的画面，我们甚至感受不到课境的层层铺陈、渲染。我们对王崧舟、对“诗意语文”

的所有想象在这里几乎都无法兑现。在这一课中，王崧舟展示出的是课品创作与文学创作相契合的一种自由的游戏精神，最难忘的是课堂中师生共辩的情形，其中的意趣令观者拍案叫绝，也让课堂中的孩子沉浸其中，久久不肯下课。

王崧舟试图用自己的课说明，“诗意语文”可以有各种风格，它以一种开放的姿势栖息在语文的大地上。当然，风格的转变，实质却是对激情的超越。一方面，王崧舟被外界“激情泛化导致语文弱化”的批评所困扰；另一方面，对课堂上一再点燃的激情体验也产生了审美疲劳。于是，在那些对外依然号称“诗意语文”的课堂上，王崧舟开始有意无意地淡化激情，这在某种程度上拯救了“诗意语文”，它使“诗意语文”更像语文，更具有语文味，满足了人们对语文要坚守独当之任的课程诉求。

如果说朦胧的激情是“诗意语文”在课改狂热期所表现出来的某种媚俗，那么，去激情化则是在去狂热之魅的同时又不幸成了另一种意义上的媚俗。当媚俗成了某种定势时，恰恰是“诗意语文”丧失自己的本真和立场的时候。于是，在对激情的肯定和否定之后，王崧舟再次回归到生命的激情状态。

2007年，王崧舟执教《慈母情深》。当时，“诗意语文”的思想体系已比较完备，王崧舟将文本细读、感性陶冶、多维对话、节奏建构归纳为“诗意语文”的四大支柱，继而提出了举象、造境、入情、会意、求气、寻根六大审美化的实践智慧。在此基础上，王崧舟呼唤语文意识烛照下的语文教学之道。

王崧舟呼唤语文意识就是要关注语言文字的形式，这也正是语文学科教学的独当之任。它承接了王崧舟对文本细读的探究与实践，并为他后来强调文本奥妙的发掘做了理论与实践的准备。

彼时，语文界喊得最多的口号就是“让语文回家”，王崧舟对语文意识的关注与探索无疑是一条回家的路。对语文意识的呼唤，也是王崧舟语文教育思想发展与成熟的标志。

《慈母情深》一课的经典片段几乎俯拾皆是，“龟裂”、“攥”、“鼻子一酸”、“震耳欲聋”、三个“我的母亲”、四个“立刻”……王崧舟以他敏锐的语文意识，开掘出这一文本语言形式的眼眼清泉，让师生重回生命的激情状态。

这状态，是植入了自觉反思和理性沉思之后的澄明，是真正确立了自己的课程立场和价值取向之后的义无反顾，它与媚俗无关，与狂热绝缘。此时的“诗意语文”，依然深情款款、激情满满，但这情早已自觉地扎入语文的大地，早已心甘情愿地承载起语文的独当之任。它有了清醒的课程边界意识，却如实地追寻着语文的审美之道。

（四）“诗意语文”的敞开与文化自觉（2008年至今，代表课例《枫桥夜泊》、“文化三课”）

2008 年 10 月，王崧舟用《枫桥夜泊》一课把我们带到了千年前张继面对的那个静谧秋夜，也把“诗意语文”的追寻从文字与文学带到了文化的层面。

语文是文化的载体，更是文化的存在、文化的构成。汉语言文字不是单纯的符号系统，它有深厚的文化历史积淀和文化心理特征。汉字体现着中华民族的特质，负载着中华民族的智慧与情怀。作为母语教育的语文教育是一种文化传递的过程。同时，语文教育对文化又具有选择、批判与超越的作用。可以说，选择什么样的语文，就选择了什么样的文化。

在《枫桥夜泊》一课，王崧舟并没有把教学的落脚点放在人们常常做实做足的“愁眠”二字，而是引领学生穿越千年的光阴，聆听作为经典与文化而存在的钟声。

王崧舟在《返回中国文化的原点》一文中写道：

如果说我的《长相思》一课是诗意语文在艺术层面上的一次巡礼，那么，《枫桥夜泊》则是在文化层面上的一次朝圣了。

杨义先生在《中国诗学的文化特质和基本形态》一文中郑重提出：“把重要的经典当作伟大的个案，进行细读，进行感悟，把它上升到学理的高度进行思辨，这是我们返回中国文化的原点，确认中国作家的文化发明专利权的基本方法。这就需要我们直接面对经典文本，重视自己的第一印象。”

《枫桥夜泊》一课从设计理念到课堂实践，正是把重要经典当作伟大个案进行细读和感悟的，尽管就小学语文的实际情况而言，尚无可能也无必要提升到学理高度进行思辨。于此，也算是对复兴中国文化的一个交代吧。

当然，这种觉醒并不意味着我放弃了“语文”，事实上，见与不见，“语文”就在那里。所不同的是，站在“大地”看语文是一番景象，站在“巅峰”上看语文则是另有一番情致。

站在语文的大地，仰望文化之巅。在随后几年的课品中，王崧舟的语文教学追寻都与文化密切相关。2009 年的《普罗米修斯》，是儒释道兼具的中国传统文化与希腊神话的一种遇见；2011 年的《望月》，是继《枫桥夜泊》之后对祖国历史文化和古典诗学传统的又一次深情回望；2013 年开始，王崧舟着力创作“文化三课”。2013 年的《孔子游春》观照的是儒家文化，通过这一课，王崧舟试图带领学生走近作为“教师”的孔子；2014 年的《桃花心木》观照的是佛家文化，通过这一课，王崧舟试图引领学生微微体悟无常正是宇宙的实相；2015 年的《天籁》观照的是道家文化，在这一课中，王崧舟试图带领学生体会庄子独与天地精神相往来的逍遥与自在。

可以说，这一阶段的王崧舟语文教学智慧开始迈向“从心所欲不逾矩”的自由境界。本色、绚烂与素朴齐飞，审美共哲思一色。它因为开放的姿态与文化的自觉而呈现出更加澄明与宁静的光彩。

我们清楚地知道，任何思想的发展都不是直线前行的，也不是简单的螺旋式上升，教学智慧与教学思想固然与教育的时代背景相关，更与教师本身固有的生命气质密切相连。与其说王崧舟的语文教学思想在哪个时间发生了什么变化，或者他在哪个阶段提出了什么教学观点，毋宁说是他缄默的教育追求与语文价值观在某个时间节点得以呈现与确证。正如王崧舟自己所言：

诗意语文不是一个名词，也没说有一个静态的、现成的诗意语文可以供我们去模仿甚至膜拜。诗意语文只能成为一个动词，一个过程，你不可能得到她、拥有她，你只能在行进的过程中不断体验她、观照她。在这样一个即时即是的过程中，你发现了自己灵魂深处的一些感动、一些悲悯、一些纯真、一些美好。于是，你在成就诗意语文的同时，也成就了自己的诗意人生。

（王崧舟《诗意语文：王崧舟语文教育七讲》）

二、王崧舟教学智慧的思想内核

无疑，名师教学智慧的思想内核就是其精神生命的特质。就王崧舟的教学智慧而言，这种内核就是一种清明致远的生命境界、慈悲为怀的教育精神、俊逸超拔的诗意追寻。王崧舟语文教育思想深得传统文化精髓，又融会贯通西方的哲学与美学，呈现出语文界少见的博大、开放、绮丽的教育气象。这固然与王崧舟过人的天赋有关，但更离不开他大量的人文阅读与积极的教育实践。正是带着修行的虔诚，王崧舟得以化知识为德行，使语文成为自己精神栖居的诗意家园。

王崧舟教学智慧的精神内核投射在语文课程境域中，呈现为以下 4 个方面。

（一）对语文课程的诗性体认

语文课程的诗性源自汉字以象见意的审美品格。王崧舟认为汉字是“汉语诗性品质的基因”，是“中国诗性文化的终极表达”。确实，汉字是音、形、义的结合体，每个汉字就是一个图画的空间，每个汉字就是一个情感的空间，每个汉字就是一个审美的空间。可以说，没有一种文字能像汉字这样，天然具有“以象见意的诗性特征”（辛国刚）。王崧舟的语文教育思想重视感性陶冶，重视意会而非理性分析，正是对汉语“郁郁”的感性特质的自觉皈依。

语文课程的诗性包含于文本情化自然的审美意蕴之中。王崧舟在小语界首倡文本细读，他把文本细读的能力称为语文教师的看家本领。他研读了大量中西方文学理论，并将它们与语文教学的实践结合起来，提出了文本细读与文本诗意开掘的方式与路径。他将文本解读的方式分为三种，即功利解读、科学解读和审美解读。他认为“功利解读以了解和掌握文本提供的有用信息和知识为己任；科学解读则以探寻和发现文本的客观规律为目的；而审美解读与上述两种解读方式大异其趣，它以观照和体认文本的情感境界为旨趣，最终走向自我理解”。显然，面对文本，王崧舟希望语文教师能够越过功利与科学的层面达到自由审美的境界。这种理想的解读境界的追寻，是对文本本是作者情化与自然的产物的认同。正是基于这样的认同，王崧舟在语文教学中无数次引领学生穿过语言的丛林，透过文本的缝隙去触摸作者写作时生命的喜怒哀乐，并让孩子们调动自身生命的经验去发现感知与体验。

语文课程的诗性指向语言文字运用的审美诉求。《义务教育语文课程标准（2011 年版）》将语文课程描述为“一门学习语言文字运用的综合性、实践性课程”。随后，“语言文字运用”迅速成为语文界讨论的焦点话语。“语言文字运用”强调的是语文学科“言语性”的特质，这正是语文学科本质的属性。语文界对“语言文字运用”的热烈回应，表现出对课改之后“泛语文”倾向的自省与回归。但是，遗憾的是一部分语文老师将“语言文字运用”单一地理解为“实用的运用”，语文教育又出现了明显的“实用主义”“科学主义”倾向。2012 年，王崧舟执教《去年的树》一课，并在这一课之后做了题为“回家的路怎样走”的学术报告，他提出致力于“语言文字运用”，必须清楚地把握语文课综合性、实践性的特质，并且始终小心翼翼地保护文学本身的审美性。基于此，在课堂中，他总是为学生创设语言文字表达的情境，帮助学生扩大语言运用的容量，提升语言运用的品位，又将学习语言文字的运用与内容理解、情感熏陶、思想梳理有机相融。

（二）对儿童认知的深刻尊重

所有的大人都曾经是孩子，只是有人忘记了，但是王崧舟没有。“诗意语文”的本质正是诗意人生的追寻，而诗意人生的内核就是一颗赤子之心。在教育中尊重儿童的前提，是真切地尊重每个人，更是教师自己的生命保持在原初本真的境地里，与孩子的心清澈相映。没有对儿童真正的热爱，没有对生命深切的尊重，没有对初心不变的坚守，就不会有课堂教学中真正的倾听、对话与唤醒。

王崧舟强调儿童的独特性。他说：“儿童不是缩小的成人，也不是成人的预备。儿童自有儿童的体验，儿童自有儿童的梦想，儿童自有儿童的情怀。”他重视儿童的游戏天性，认为这“使他们比成人更容易进入‘全人’的状态，这种状态，是不计功利、剪除压力的自由状态，是全然进入、全心投入的忘我状态，是无中生有、化虚为实的想象状态，是物我同一、主客双泯的解脱状态。这样的状态，实为诗意的状态”。是的，王崧舟的“诗意语文”教育实践以它丰富的言语想象、多彩的情感体验、灵动的对话交流以及高度的精神投入，对儿童的这种游戏天性做了回应与引领。

王崧舟强调尊重每个儿童的独特性。他相信在一定意义上，“孩子一定是对的，他的所做所行一定有他的道理”。因此，在课堂教学中，我们看到他永恒的倾听姿势。无论孩子在课堂中给出怎样的话语，他都愿意尊重，愿意理解，并在此基础上做出回应，加以引领。

王崧舟深知“儿童是成人之父”，对儿童真正的理解与尊重不是表现于课堂教学的某种看似热闹的、讨好的形式，而是看到儿童诗性思维与哲学洞察力的无限可能。不高领，也不低就，“诗意语文”追寻的境界乃是适中。

（三）对课堂教学的全息体察

王崧舟的语文课堂教学观集中体现在《好课三味》和《好课的境界》中。

首先，王崧舟认为一堂好的语文课得有三味。

第一味是“语文味”。一堂好的语文课，首先得有“语文味”……“语文味”就是守住语文本体的一亩三分地……表现在“动情诵读、静心默读”的“读味”，“圈点批注、摘抄书作”的“写味”，“品词品句、咬文嚼字”的“品味”。

第二味是“人情味”……指语文课要有情趣……要注重情感熏陶、价值引领……要以人为本，充满人文关怀……

第三味是“书卷味”……有“书卷味”的语文课，充满浓浓的文化气息，内含丰富的文化底蕴……

不难看出，“好课三味”体现的是王崧舟对语文课堂教学的价值守望。“语文味”“人情味”“书卷味”三个层面由浅入深，由表及里，既精确妥帖又简洁明了地表达出语文课堂教学的核心价值。

其次，王崧舟认为一堂好的语文课，存在三种境界。

人在课中、课在人中，这是第一重佳境；人如其课，课如其人，这是第二重佳境；人即是课、课即是人，这是第三重佳境。境界越高，课的痕迹越淡，终至无痕。因此，课的最高境界乃是无课。

显然，王崧舟对课堂教学的理解绝不限于课程与教学的层面，关注的也不仅仅是功利层面的教学目标的达成，他把课堂当作教师生命存在的场。第一重境界是“在”的层面。这是指教师全身心地投入课堂教学，“身在”“意在”“思在”。第二重境界在“如”的场域。教学风格的形成正是教师教育思想成熟的标志。风格即人格，风格即本色。第三重境界在“即”的状态，是教师认识到每一堂课都是自己教育生命的言说与确证，是教师全然体察课堂教学的每个当下。

我在上课，但我同时又是在享受上课。我在课堂上彻底放松，全然进入课堂中的每一个当下，和学生情情相融、心心相印，我彻底打开自己的生命，让生命中的每一个细胞、每一寸肌肤去感受、去触摸、去体验课堂中的每一个当下，我会在不经意间邂逅生命的高峰体验，我会在课堂上率性而为，和学生一起欢笑、一起流泪、一起沉思、一起震撼。于是，我就是课，课就是我，我和学生一起全然进入一种人课合一的境界。

（王崧舟《王崧舟讲语文》）

（四）对语文人生的虔诚修行

在回顾自身语文教育的追寻之路时，王崧舟曾发出这样的感悟：“在流转不息的生命之轮中，我为语文而来！是语文滋润我粗糙的感觉，是语文放飞我稚嫩的幻想，是语文点燃我喷涌的激情，是语文唤醒我沉醉的智慧。我平庸的生命，因为语文而精彩！”

是的，只有当语文教育的追求与教师自身生命的追求成为统一体时，语文才能成为生命的诗意存在。如前所述，“诗意语文”的核心正是诗意人生的修行。

早已内化为生命需求的阅读与对宇宙人生终极意义的追问与思考是王崧舟存在的方式。致虚极，守静笃。博学、审问、慎思、明辨之后，外显的却是沉静平和、温良谦逊的品格。他待人真诚、平和、宽容，内道外儒、谦谦如玉。他把“以出世的精神做入世的事业”当作一种“不二”的人生智慧。无无为，亦无有为；无出世，亦无入世。一切世间法皆为出世间法，一切出世间法皆为世间法。

三、王崧舟教学智慧的艺术呈现

王崧舟曾经反复地追问：我们希望借由语文，引领孩子拥有什么样的言语人生？潘新和主张语文学习的目的乃是“引领诗意的言语人生”。那么，倡导“诗意语文”的王崧舟认为引领学生走向诗意的言语人生的语文也一定不是功利的、实用的、粗粝的，而是自由的、审美的、优雅的。

确实，王崧舟的语文教学就是审美的、诗意的、优雅的，流露出鲜明的艺术化特质。王小庆曾说："他的课不能算作课了，严格地说，是个艺术品才是。"闫学也曾写道："听他的课你是不需要记录的。因为当你置身于一个离奇的世界里，你会发现自己已深深沉醉，你的目光充满了惊奇与感动，你不愿意错过这一座山，也不愿意漏掉那一片海！一处一景，一步一叹。各有各的风雅，各有各的魅力。沉醉在这样的境界里，你惊叹不已，屏息凝视。你的眼睛不由自主地跟着他游走，你和学生一起，心甘情愿地哭了，笑了，感动了，又回味了。制造这个奇迹的人就是王崧舟。"

王崧舟的语文教育智慧向真而求，向善而行，向美而在。在课堂教学的设计与操作中表现出精致化、叙事化、节奏化、陌生化的艺术气质。

（一）追求精致

王崧舟的课堂教学是精致美妙的。讲究整体布局，讲究开篇，讲究推进，讲究渲染与造境，讲究前后的照应。从美学风格看，恰若江南园林，一步一景，雕廊画栋，随处可见小桥流水，杨柳疏影。

如《二泉映月》一课，王崧舟先请学生从文中找出所有描写"二泉映月"景色的词句，从中选定8个新词，呈现时将其做如下排列：

茫茫月夜　　如银月光

一泓清泉　　蜿蜒而来

流水淙淙　　静影沉璧

月光照水　　水波映月

然后，请学生反复诵读这组词语，要求读出节奏和味道，最后可以全部连在一起读，读时继续关注读词的节奏和韵味。接着，让学生展开想象，自己置身于这样的情景中，看到了什么、听到了什么，自己的感受和心情如何。一番交流之后，让学生带着各自的感受和心情再读8个新词。最后，顺着学生对美好景物的感受，设置问题，"这景这情对阿炳来说却意味着什么"（一片黑暗），教学借此转入精读环节。

这样的教学片段，既完成了词语的落实与积累，又开启了学生对文本情境的想象与理解，更为后文教学情景的转换埋下伏笔、做好铺垫。可以说，王崧舟教学设计的尺度是诗性的，教学目标的达成必是网状的，他将语文教学的知识、技能、习惯、思想、情感、态度等目标编入一张有机的、整体的网，实现过程则尽可能是诗意的、愉悦的。

王崧舟注重磨课，每个课品都是几易其稿，在课前、课中、课后都不断修正，正是如切如磋、如琢如磨，好课在细微处见精神。

（二）讲究叙事

诗意的课堂叙事是王崧舟引领学生走进文本、进入情境的有效手段。他常常把文本再次加工，经过想象与补白进行再次叙事，把课堂教学的过程变为故事推进的过程。

例如《去年的树》一课的教学。

师：正是这样的“天天”，给了我们多少美好的想象，带给我们多少美好的画面。大家看，当太阳露出笑脸的时候——

生（朗读）：鸟儿站在树枝上，天天给树唱歌。树呢，天天听着鸟儿唱。

师：当月亮挂上树梢的时候——

生（朗读）：鸟儿站在树枝上，天天给树唱歌。树呢，天天听着鸟儿唱。

师：当森林里的雪都融化了的时候——

生（朗读）：鸟儿站在树枝上，天天给树唱歌。树呢，天天听着鸟儿唱。

师：当叶子在秋风中飘落的时候——

生（朗读）：鸟儿站在树枝上，天天给树唱歌。树呢，天天听着鸟儿唱。

师：迎着风，迎着雨——

生（朗读）：鸟儿站在树枝上，天天给树唱歌。树呢，天天听着鸟儿唱。

师：走过春，走过夏——

生（朗读）：鸟儿站在树枝上，天天给树唱歌。树呢，天天听着鸟儿唱。

师：这真是一段美好的时光。你再听，鸟儿站在树枝上，给树唱着优美的歌，树呢？

生：天天听着鸟儿唱。

师：你再听，鸟儿站在树枝上，给树唱着快乐的歌，树呢？

生：听着鸟儿唱。

师：鸟儿站在树枝上，给树唱着夏日小情歌，树呢？

生：听着鸟儿唱。

师：鸟儿站在树枝上，给树唱着晚安小夜曲，树呢？

生：听着鸟儿唱。

在这一片段的教学中，教师用自己的叙事结合学生的想象将大树与小鸟的一唱一听变为丰富的画面呈现在学生的面前。

接下来，王崧舟引领课堂推进的都是这样的叙事，如：

师：孩子们，这是一个春天的约定，这是一个心心相印的约定。带着这个约定，树开始了这个冬天最漫长的等待，寒风起了，大雪落了，但是树的心里充满了温暖，因为它的心里有着一个关于春天的约定——

生1（朗读）：再见了，小鸟！明年春天请你回来，还唱歌给我听。

生2（朗读）：好的，我明年春天一定回来，给你唱歌。请等着我吧！

师：我们的鸟儿开始跋山涉水，它飞过了高山，飞过了大河，飞过了原野，飞过了沙漠，它飞得千辛万苦，然而它的心里却是甜的，却是温暖的，因为它的心里一样有着一个关于春天的约定——

生1（朗读）：再见了，小鸟！明年春天请你回来，还唱歌给我听。

生2（朗读）：好的，我明年春天一定回来，给你唱歌。请等着我吧！

师：是的，就这样，第二年春天来临的时候，鸟儿迫不及待地从远方飞了回来，它飞呀飞呀，它越过千山万水，它终于到达了这片森林，来到了它的好朋友大树的地方。然而，眼前的这一幕却让它惊呆了。孩子们，此时此刻，鸟儿的心情会是什么样的呢？

……

正是这样的课堂叙事，引导着学生一次又一次地走进文本、走进故事、走进情境。另外，王崧舟的课堂叙事往往不是单一的用于过渡与转折，他常常将自己的描述作为学生朗读的引导语，在学生的声声诵读下，课堂也呈现出一唱三叹、回环复沓的美感。

很多人置身王崧舟的课都会感受到一个巨大的场、一种浓浓的境，王崧舟造境的重要手段正是丰沛的课堂叙事。

（三）富有节奏

朱光潜曾言，一切艺术的灵魂在于节奏。王崧舟的语文课堂教学艺术鲜明地体现在节奏的建构上。他讲究起和伏的错落，讲究动与静的相生，讲究疏与密的结合。于是，他的课呈现出诗歌一般的韵致、音乐一样的旋律。其中他执教的《圆明园的毁灭》一课，被认为是课堂节奏建构的范式。

在该课的教学中，王崧舟是这样导入的：

师：同学们，把你们写字的手高高举起，咱们一起认认真真地书写课题——《圆明园的毁灭》。"圆"是圆满无缺的"圆"，"明"是光明普照的"明"，后面这个"园"是皇家园林的"园"。（教师边说边板书，学生跟着书写）我们一起读——

生（齐读）：圆明园。

师：再读——

生（齐读）：圆明园。

师：大声读——

生（齐读）：圆明园。

师：同学们，一座圆满无缺的皇家园林，一座光明普照的皇家园林，被英国和法国两个强盗给毁灭了。（板书"毁灭"）一起读——

生（齐读）：圆明园的毁灭。

师：再读一遍——

生（齐读）：圆明园的毁灭。

开门见山，读题入课。王崧舟让孩子们举起手，一起恭恭敬敬地书写："圆"是"圆满无缺"的"圆"，"明"是"光明普照"的"明"，"园"是"皇家园林"的"园"。"一座圆满无缺的皇家园林，一座光明普照的皇家园林，被英国和法国两个强盗给毁灭了。"明朴实巧，貌淡实浓。教者用心良苦，使课的开端弥漫着一种无言的悲怆。

接着，王崧舟让学生找出圆明园里"有什么"，然后随着学生的发现依次在黑板上写下"举世闻名""不可估量"。明知已碎，却极言其美。他放舒缓的音乐，带我们走进这万园之园，"漫步园内""流连其间"。

忽然，王崧舟把板书全部擦掉，动情地说道："但是，这一切早已不复存在了！这一切早已永远消失了！这一切，早已被两个强盗的一把大火化为灰烬了！”

继而是20秒的沉默，像乐曲里的一个休止符，又像文章里一个大大的感叹号，把我们的微笑凝住，我们默默地对着那断壁残垣。他是把一种惊心动魄的美捧给我们看，接着将它生生地摔碎在我们面前。于是，在欢喜与悲痛之间，我们没有任何转身的空间。

（四）制造陌生

在王崧舟看来，陌生化是彰显教学结构诗意的基本策略。陌生化源自形式主义学派的文学批评，它强调文学话语所造成的异乎寻常的效应，从而产生话语符号的强烈感知性。移植到教学结构中来，则是强调结构呈现的出人意料、结构转换的意想不到，以此增强教学结构对学生的吸引力和驱动力。

众所周知，教学结构要遵循学生的身心规律和课程的逻辑秩序，但这只是形而上层面的一种规约，具体到每一堂课、每一个文本的教学，则是不应该也不可能有凝固的模式、刻板的程序的。充满诗意的教学结构，总是在熟悉和陌生的两极之间寻求期待的视野和投入的张力。陌生化，总是意味着对教学结构的平庸化和模式化的自觉颠覆。

如王崧舟执教的《两小儿辩日》，教学结构的呈现大体上表现为如下过程。

第一板块：探日——“理”的寻思。先听写“车盖”“盘盂”“沧沧凉凉”“探汤”4个新词，再探寻“车盖和盘盂”“沧沧凉凉和探汤”“车盖和沧沧凉凉”“盘盂和探汤”这四组词语在辩日语境中的特殊关系，引出辩日这个矛盾的焦点。在这个过程中，学生不断感受到陌生、惊讶，他们心中悬疑迭起：为什么要以这种方式听写这4个词语？这4个词语以这样一种排列组合的方式呈现究竟意味着什么呢？

第二板块：辩日——“趣”的体验。围绕文中两小儿辩斗的语段，以4个递进的层次呈现4种辩斗的方式。第一层次，同桌对读，限于字正腔圆；第二层次，同桌演读，复活文字情味；第三层次，师生范读，还原辩斗场景；第四层次，全班辩读，体验角色情趣。每个层次的转换，都让学生意想不到、意犹未尽——啊？原来还能这么辩啊！

第三板块：悟日——“智”的启迪。通过小儿、孔子的多重角色置换，感悟各自的内心体验，提升辩斗的思想含量，再以“孔子究竟会不会说”这一悬疑结束教学。王小庆在解读这一课境时认为：课堂内“最富于孕育性的那一顷刻”（莱辛）被定格，它将课堂文本的不确定性留给了读者，让读者去想象，去完成这件艺术品的终极意义。

至此，笔者将王崧舟教学智慧的内核与艺术呈现做了一定角度的归纳、总结与解读。这种归纳总结与解读一定是不完整的、片面的，甚至可能含有谬误。事实上，任何一种作为完整复杂的意蕴而存在的教学思想，都很难被清晰准确地说明或阐释。我们只能用教育与生命的体验去不断地感知它、靠近它。

谨以王崧舟阐述“诗意语文”的一段话作为补充——

诗意语文的艺术呈现是自由而有序的：它在教学中追求思想的力量，但对于仅仅以某种抽象的思辨抵达思想，它说——不；它拒绝冷漠和麻木，它的展开充满感情，但对于只把这理解为直白地宣泄某种情绪和社会意识，它说——不；它的呈现方式以具象为旨趣，但假如具象只意味着对现象的简单还原，它说——不；它的各种教学要素总在特定情境中，但对游离于语言文字的种种渲染和演绎，它说——不；它复活言语的内在之气，但声音的表现倘若只被加以机械的操练和刻板的模塑，它说——不；它是文化的，但对文化所做的任何形式的宏大叙事和过度诠释，它说——不。

四、王崧舟教学智慧精品片段聚焦

片段一：

孔子游春（第三板块：流水一“篇章”）

师：快速浏览课文。找一找，孔子的“课文”又在哪里？

（屏幕出示：水奔流不息，是哺育一切生灵的乳汁，它好像有德行。水没有一定的形状，或方或长，流必向下，和顺温柔，它好像有情义。水穿山岩，凿石壁，从无惧色，它好像有志向。万物入水，必能荡涤污垢，它好像善施教化……由此看来，水是真君子啊！）

（学生默读、批注，教师巡视）

师：孔子这篇关于水的课文，到底写了些什么。这是课文当中的第一句话，谁来读一读？

（生朗读句子）

师：说说你对这句话的理解。

生：水不停流动，不断用自己的身体去滋润万物生长。

师：嗯。你说的“滋润”就是这段话当中的哪个词？

生：哺育。

师：没错，把“哺育”这个词圈出来！我们来想象一下，我们这个世界上假如没有了水的哺育，结果将会是——

生1：所有的动物都会被渴死。

生2：花草也会枯萎。

生3：人类也会灭亡。

生4：地球上就不会有生命存在了。

师：不会有生命！是的，假如这个世界没有了水的哺育，一切生物或者渴死，或者枯萎，或者灭亡。这个世界将毫无生机，因为这个世界将会没有生命的存在。那么大的作用，那么大的功劳，水却奔流不息，默默无闻，没有向万物索取任何东西。这样的水就是“有德行的水”。（板书：有德行）

师：我们继续看，这是关于水的第二个特点。

生（朗读句子之后）：我对这句话的理解是，水只根据环境改变自己的形态，而不改变环境，十分随和。

师：体会得太好了！你用自己的语言完完全全地理解了水的这个特点。你刚才说水是没有一定的形状的，是吗？这句话中哪个词告诉你水是没有一定的形状的？

生：“或方或长”这个词。

师：是的，水可能是长的，也可能是方的，因为水没有一定的形状。其实啊，说到水没有一定的形状，古人有很多写水的诗句。让我们也像孔子一样，来个“见水必观”——

（屏幕出示：半亩方塘一鉴开，天光云影共徘徊。——宋·朱熹）

（学生朗读诗歌）

师：在这句古诗当中哪个词告诉你这时候的水是方的？

生：从“方塘”这个词中可以看出水是方的。

（屏幕出示：无边落木萧萧下，不尽长江滚滚来。——唐·杜甫）

（学生朗读诗歌）

师：在这句古诗中你发现哪个词告诉我们此刻的水是长的，而且很长很长？

生：我从“不尽”这个词体会到水很长很长。

师：没错，你们看，水遇到方塘的时候就是——

生：方的。

师：遇到长江的时候，就变成了——

生：长的。

师：这就是水的和顺。我们再来看这一句——

（屏幕出示：飞流直下三千尺，疑是银河落九天。——唐·李白）

（学生朗读诗歌，认真投入）

师：在这句古诗中你发现哪个词告诉我们此刻的水是直的？

生：从“飞流直下”的“直”字可以体会到。

师：毫无疑问，就是“直下”这个词让我们看到这一刻的水是“直”的。我们再来看这一句——谁来读？

（屏幕出示：九曲黄河万里沙，浪淘风簸自天涯。——唐·刘禹锡）

（学生朗读诗歌）

师：在这句古诗当中有一个词告诉你，此刻的水不是直的，而是曲的。

生：我从“九曲”这个词体会到了此刻的水是曲的。

师：你们看，水没有一定的形状，该直的时候就“飞流直下”，该曲的时候就“九曲黄河”，这是水的温柔。和顺温柔的水啊，就是有情义的水！（板书：有情义）

师：我们继续看水的第三个特点，谁来读一读？

生（朗读句子之后，谈感受）：我从“凿石壁”这个词体会到水遇到困难毫无惧色。

师：没错！哪个字让你看出这一点？

生：“凿”字。

师："凿"字，很好！好眼力！眼睛很尖，一下子就锁定了那个特别重要的字——"凿"！其实，跟"凿"一样的还有一个字，一样能说明水的力量和志向，哪个字？

生："穿"字。

师：水"穿"的是什么？

生：山岩。

师："凿"的是什么？

生：石壁。

师：没错，一个"凿"，一个"穿"，让我们真真切切地感受到了水的毫无惧色，水的奔流向前。

（屏幕依次出示水的图片，教师激情引读）

师：看！水从雪山走来——

生（齐读）：穿山岩，凿石壁，从无惧色，它好像有志向。

师：看！水向大海奔去——

生（齐读）：穿山岩，凿石壁，从无惧色，它好像有志向。

师：看！水从远古走来——

生（齐读）：穿山岩，凿石壁，从无惧色，它好像有志向。

师：看！水向未来奔去——

生（齐读）：穿山岩，凿石壁，从无惧色，它好像有志向。

师：穿山凿壁的水啊，从无惧色的水啊，在孔子眼中，就是有志向的水。（板书：有志向）

师：我们继续往下看——

（学生朗读句子）

师：你知道"善施教化"是什么意思吗？

生：不知道。

师：好！孔子曰："知之为知之，不知为不知，是知也！"需要帮助吗？

生：需要。

师：你可以请教你的同学，你想向谁请教？（学生答一同学的名字）孔子曰："三人行必有我师。"你应该叫他——

生：韩老师。（笑声）

师：好，有请韩老师！

生：善施教化是说水能够荡涤污垢，让人的思想显现出善良纯洁的一面。

师（回答前面一位生）：懂了吗？

生：懂了。

师：请问，“荡涤污垢”是什么意思？

生：“荡涤污垢”的意思就是，任何东西到了水里以后，水都能够把它洗干净。

师：对，“荡涤”就是“洗”的意思。而跟“干净”相反的那个词就是——

生：污垢。

师：孩子们，你们用水洗过东西吗？（生：洗过）说说洗过什么？

生：我用水洗过衣服。

师：结果呢？

生：结果原来很脏的衣服变干净了。

师：衣服是这样，思想也是如此。“万物入水，必能荡涤污垢”，肮脏的变干净，污浊的变纯洁，这样的水啊，就是善教化的水。（板书：善教化）

师：孩子们，刚才我们已经通过自己的学习、思考和讨论，理解了这篇关于水的课文。但是，孔子真正要写的，其实并不是水，是什么？

生：孔子是想要弟子明白，做人要做真君子。

师：三个字？

生：真君子。

师：没错！太对了！就是真君子。（板书：真君子）

师：孩子们，我们看黑板。（指板书）在孔子看来，真君子就应该像水一样——

生（齐读）：有德行。

师：是的。真君子就应该像水一样——

生（齐读）：有情义。

师：真君子就应该像水一样——

生（齐读）：有志向。

师：真君子就应该像水一样——

生（齐读）：善教化。

师：当然，我们也可以把它反过来说，像水一样有德行的人，那才叫作——

生（齐答）：真君子。

师：是的。像水一样有情义的人，那才叫作——

生（齐答）：真君子。

师：像水一样有志向的人，那才叫作——

生（齐答）：真君子。

师：像水一样善教化的人，那才叫作——

生（齐答）：真君子。

师：看到像水一样的人，我们的心中油然而生的是什么感情？

生1：是敬意。

生2：是感激。

生3：是尊敬和崇拜。

师：是尊敬和崇拜，是尊崇。真好！那就让我们怀着这样的感情，再次走进这篇关于水的课文。看，水奔流不息，读——

（生充满感情地齐读课文）

【品评】

上善若水。让我们将水的品质一一品读，细细感悟。

“水”这篇“课文”是孔子的“言教”，是王崧舟教学的重点，更是孩子们理解的难点，所以，这一处的教学可谓浓墨重彩，用足心思。

课文列举了水的四德，王崧舟就用了四种不同的方式引导孩子们探究、学习。假设品读，古诗品读，画面引读，切己体察。因为王崧舟知道，享受丰富多彩的学习过程，是孩子们的权利。当学生理解了水的四德，就理解了真君子的品格。

有老师在评价这一段教学时曾说：“学生赏图、醉乐、情读、争说，什么词语理解、句式评价、意义精髓、现实联想都不见了，而实际又都浸透在课堂的进程中。”

是啊，哪怕看不到鲜明的痕迹，语文的水已经流过此处，润泽过言语生命的大地，见与不见，它就在那里。

片段二：

去年的树（第二板块：于平淡中品味苦苦寻找的执着）

师：孩子们，5个人物4次对话，构成了我们这个童话故事最重要的内容。这样，我们一起来读一读这4次对话。

（分角色朗读。一个学生读鸟儿的话，4个组的同学分别读树、树根、大门与小女孩的话，教师读旁白）

师：真好，都读得非常好！就是有一个人没读好。知道谁没读好吗？

生：旁白读得不好。（全场笑声）

师：他是实话实说，是真的，旁白没读好。当然，这也不能怪我，因为我发现我读的提示语，或者说旁白，太简单了。读着没劲儿。你看，是吧！“树对鸟儿说”，怎么说？你再看，“鸟儿说”，怎么说？你再看，“她（鸟儿）问树根”“鸟儿问大门”“鸟儿问女孩”，就那么简简单单的3个问，你让我怎么读？真没办法读啊！

师：孩子们，你们说怎么样的提示语读起来有味道、有感觉啊？

生：给提示语加上形容词和动词会让它更有感觉、更有感情。

师：是啊！你真有经验。那怎么给提示语加动词，怎么给提示语加形容词？其实这个单元前面学过的课文就给我们做了非常好的示范，大家看，前面的那个童话，叫什么来着？

生（齐答）：《巨人的花园》。

[屏幕出示：他（巨人）见到孩子们在花园里玩耍，很生气：“谁允许你们到这儿来玩的！都滚出去！”……巨人又发脾气了：“好不容易才盼来春天，你们又来胡闹。滚出去！”……“喂！你赶快滚出去！”巨人大声叱责]

师：这个童话中就有关于人物说话的很好的提示语，来，第一句谁愿意读？

（学生分别朗读这3个句子，借助提示语读出感情、神态和味道）

师：这些词或形容或动作，反映的是人物的心情和表情。我们读这些旁白的时候，情绪就特别容易调动出来。但是，我们这个故事，“树对鸟儿说”，怎么说的，没感觉。“鸟儿说”怎么说的，没感觉。这样，我们替它加一加。打开作业本，在这些人物提示语的中间加一个能够反映人物的表情和心情的词语。（板书：写表情）

（学生练笔，教师巡视）

师：好的，孩子们停下手中的笔。我们先来看一看树跟鸟儿的那一次对话。

（大屏幕出示：

树对鸟儿说：“再见了，小鸟！明年春天请你回来，还唱歌给我听。”

鸟儿说：“好的，我明年春天一定回来，给你唱歌。请等着我吧！”

“立在这儿的那棵树，到什么地方去了呀？”鸟儿问树根。

她问大门：“门先生，我的好朋友树在哪儿，您知道吗？”

鸟儿问女孩：“小姑娘，请告诉我，你知道火柴在哪儿吗？”）

师：好，不要着急，让我们重新走进这个故事，在故事当中，我们来好好揣摩、体会他们内心的情感。一棵树和一只鸟儿是好朋友，鸟儿站在树枝上，天天为树唱歌。树呢，天天听着鸟儿唱。日子就这样一天一天地过去，寒冷的冬天就要来了，鸟儿必须离开这里，到很远很远的地方去过冬，眼看着这么一对朝夕相处、形影不离的好朋友就要分别了，这个时候，树的心情是什么？鸟儿的心情又是什么？

生1：树依依不舍地对鸟儿说：“再见了，小鸟！明年春天请你回来，还唱歌给我听。”

生2：鸟儿难过地说：“好的，我明年春天一定回来，给你唱歌。请等着我吧！”

师：孩子们，树和鸟儿要分别的时候，一个依依不舍，一个难过；一个恋恋不舍，一个含泪。有了这样的体会，有了这些提示语，我们再来读一读树和鸟儿的对话，我来读旁白，这次我保证能读好。

（师生根据板书，加上提示语，再次合作朗读树和鸟儿的对话，声情并茂）

师：是的，这样一对好朋友，他们分别时依依不舍，就在他们分别的时候，他们之间有了这样一个约定。

（屏幕出示：

“再见了，小鸟！明年春天请你回来，还唱歌给我听。”

“好的，我明年春天一定回来，给你唱歌。请等着我吧！”）

生 1（读）：再见了，小鸟！明年春天请你回来，还唱歌给我听。

生 2（读）：好的，我明年春天一定回来，给你唱歌。请等着我吧！

师：孩子们，这是一个春天的约定，这是一个心心相印的约定。带着这个约定，树开始了这个冬天最漫长的等待，寒风起了，大雪落了，但是他的心里充满了温暖，因为他的心里装着一个春天的约定——

生 1（读）：再见了，小鸟！明年春天请你回来，还唱歌给我听。

生 2（读）：好的，我明年春天一定回来，给你唱歌。请等着我吧！

师：我们的鸟儿开始跋山涉水，她飞过了高山，飞过了大河，飞过了原野，飞过了沙漠，她飞得千辛万苦，然而她的心里却是甜的，却是温暖的，因为她的心里一样装着一个春天的约定——

生 1（读）：再见了，小鸟！明年春天请你回来，还唱歌给我听。

生 2（读）：好的，我明年春天一定回来，给你唱歌。请等着我吧！

师：是的，就这样，第二年春天来临的时候，鸟儿迫不及待地从远方飞了回来，她飞呀飞呀，她越过千山万水，终于到达了这片森林，来到了她的好朋友树生长的地方。然而，眼前的这一幕却让她惊呆了。孩子们，此时此刻，鸟儿的心情会是什么样的呢？

（屏幕出示：“立在这儿的那棵树，到什么地方去了呀？”鸟儿问树根）

生：“立在这儿的那棵树，到什么地方去了呀？”鸟儿焦急地问树根。

师：是的，她焦急，她不安，因为她的好朋友树不见了。她对自己说，怎么会这样？树啊树，不是说好了我还要回来给你唱歌吗？难道你忘了我们这个春天的约定了吗？

（屏幕出示鸟儿和树的对话）

生 1（读）：再见了，小鸟！明年春天请你回来，还唱歌给我听。

生 2（读）：好的，我明年春天一定回来，给你唱歌。请等着我吧！

师：然而，事情的结果让人特别揪心。伐木人把树砍倒了，拉到山谷里去了。鸟儿告诉自己，必须去找，必须找到自己的好朋友，她还要为他唱去年的歌。就这样，鸟儿飞向了山谷，飞到了工厂，她来到了工厂的大门前。这时，她的耳旁传来了锯木头的“沙——沙——”声，她知道，自己的好朋友树一定会很危险。孩子们，这个时候，鸟儿的心情又是怎样的呢？

生：她心急如焚地问大门：“门先生，我的好朋友树在哪儿，您知道吗？”

师：是的，她心急如焚，她能不心急如焚吗？然而答案再一次令人痛心，因为她的好朋友树被切成了细条，做成了火柴。那一刻，鸟儿感觉到自己的世界已经没有了春天，她又一次跌入了那个可怕的冬天。然而，她的耳边又一次响起了那一个关于春天的约定——

（屏幕出示鸟儿和树的对话）

生1（读）：再见了，小鸟！明年春天请你回来，还唱歌给我听。

生2（读）：好的，我明年春天一定回来，给你唱歌。请等着我吧！

师：就这样，带着这个约定，鸟儿继续着她的寻找。她飞呀飞呀，飞向了村子，飞向了暮色。她来到了小女孩的身边，此时此刻鸟儿的心情又是怎样的呢？

（屏幕出示：鸟儿问女孩：“小姑娘，请告诉我，你知道火柴在哪儿吗？”）

生：鸟儿伤心欲绝地问女孩：“小姑娘，请告诉我，你知道火柴在哪儿吗？”

师：孩子们，你们一定不会忘记，鸟儿这一问是这个故事当中的最后一问。来，我们一起替鸟儿问最后一问。鸟儿伤心欲绝地问女孩——

（学生齐读）

师：孩子们，我们回头看黑板。真没想到，原来在鸟儿、在树的心中有那么丰富的感情啊！通过这样的写，通过这样的读，我们分明感受到了鸟儿和树之间的感情是那样的——

生（齐答）：深厚。

师：然而，在这个故事当中，有写树的依依不舍和恋恋不舍吗？有写鸟儿的难过和含泪吗？有写鸟儿的焦急吗？有写鸟儿的伤心欲绝吗？（擦去所有表示情感的词语）

师：什么都没有。这个故事根本就没有写鸟儿和树的任何表情和心情，你读这样的文字，感觉是什么？

生：要是有了这些提示语，我就感觉很生动，没有就感觉很无味。

师：无味，是的。这样的感觉就是平淡。

【品评】

在这 板块的教学中，王崧舟着力引导学生反复品读文中的4次对话。这4次对话串起了故事的主要情节，也是体会文中人物情感的最佳平台。执教者巧妙地运用想象、写作与反复的入境朗读让学生进入文本，进入人物内心。

“让我们重新走进这个故事”，老师用自己深情的描述创设了4次对话的背景，也在课堂中营造出一个强大的情境，孩子们的想象、写作、朗读，以及那只执着追问的鸟儿，一切都在境中。

当学生感受到了人物丰富的内心，老师一一擦掉黑板上的文字，再一次让他们感受文本语言的平淡素朴，强烈的落差形成课堂的第二次巨大的张力。

为什么故事要这样平淡地讲述？王崧舟似乎又是把它提了出来就置之不顾。孩子们对作者的冷静与无情似乎有些不满了，执教者却依然从容不迫地看着故事走向结局，引着学生的思考走向深入。

五、王崧舟教学智慧经典课堂实录

桃花心木

（一）起点：直面学情估测的差异

师：为了上林清玄先生的《桃花心木》，我特意请你们的语文老师帮忙做了一个课前调查，还记得这个调查吗？

生：记得。

师：好的，我们一起来看一看调查的结果。这是调查的第一题。

（课件呈现，一生朗读：

1.《桃花心木》先写了一个故事，后讲了一个道理。你认为作者林清玄的目的是什么？

A.为了写这个故事；B.为了讲这个道理）

师：这道题目的调查结果是这样的（课件呈现调查结果）：选 A 的没有，选 B 的有 30 人，百分之一百。也就是说我们所有的孩子都认为林清玄写这篇文章的目的是——

生（齐声答）：为了讲这个道理。

师：的确如此，这正是林清玄写这篇文章的目的。好，我们再来看第二题。

（屏幕出示，一生朗读：

2.《桃花心木》所讲的这个道理你读懂了吗？

A. 完全读懂了；B. 似懂非懂；C. 读不懂）

师：这道题目的调查结果让我有点纠结，我们一起来看（课件呈现调查结果）：选 A 的，也就是完全读懂的，有 19 人，占 63%；选 B 的，有 11 人，占 37%；选 C 的，没有。我为什么说有点纠结呢？你看，一方面我为我们这个班的孩子超强的阅读能力感到惊喜，老师还没教呢，道理已经读懂了，也就是说，绝大多数孩子其实不用再上这堂课了，所以我有点为难，到底是上还是不上这堂课，你们建议上还是不上？

生（自由应答）：上。

师（笑）：得找理由哎！

生 1：可能我们对道理的理解还不够充分。

生 2：我们只是自己认为把道理读懂了，可能还有一些我们没读懂的地方，我们自己也不知道。

师：这理由比较充分，那我就不再纠结，我们继续上。来看调查的第三题。

（屏幕出示，一生朗读：

3.《桃花心木》所写的两部分内容，你比较喜欢哪个部分？

A. 故事；B. 道理）

师：这道题目的调查结果完全出乎我的意料（课件呈现调查结果）。我没想到喜欢故事的只有 1 个人，喜欢道理的却多达 29 人。看来，我们班绝大多数的孩子更喜欢哪个部分？

生：道理。

师：那咱们就打开课本，先把这个道理找出来，用波浪线轻轻地画出来。

（学生按要求默读课文，画出句子）

（二）疑点：不仅仅为了暴露问题

师：谁来读一读这个道理？

生（朗读）：在不确定中生活的人，能比较经得起生活的考验，会锻炼出一颗独立自主的心。在不确定中，就能学会把很少的养分转化为巨大的能量，努力生长。

师（屏幕出示描写道理的语句）：没错，就是这个道理，林清玄在这个故事当中要告诉我们的是这样一个道理——

（学生齐读这个道理）

师：从这个道理上看，林清玄要我们面对的是怎样的生活？

生：不确定的生活。

师：把“不确定”一词圈出来。（板书：不确定）。林清玄告诉我们，在不确定中生活是有好处的，第一个好处是什么？

生：在不确定中生活的人，能比较经得起生活的考验，会锻炼出一颗独立自主的心。

师：很好，这是第一个好处，你能不能把它简单地概括一下？

生：经得起生活的考验。

师：很好，抓住关键词“生活考验”。

（师在“不确定”的左上方板书：生活考验）

师：在第一个好处中还可以抓住哪个关键词？

生：独立自主。

师：“独立自主”，很好，把这两个词圈出来。

（师在“不确定”的右上方板书：独立自主）

师：这是林清玄告诉我们在不确定中生活的第一个好处。我们继续看，在不确定中生活的第二个好处是什么？

生：在不确定中，就能学会把很少的养分转化为巨大的能量，努力生长。

师：这是第二个好处，也请你简单地概括一下。

生（沉思片刻）：转化能量。

师：很好！太厉害了！（在“不确定”的左下方板书：转化能量）然后呢？

生：努力生长。

师：是的。（在“不确定”的右下方板书：努力生长）把这两个词圈出来。

师（指板书）：孩子们，这就是林清玄要告诉我们的道理。他要我们面对的是一种怎样的生活？

生（齐声答）：不确定的生活。

师：他告诉我们在不确定中生活是有好处的，能经得起——

生（齐声答）：生活的考验。

师：会锻炼出——

生（齐声答）：独立自主的心。

师：第二个好处是能把很少的养分——

生（齐声答）：转化为巨大的能量，努力生长。

师：这个道理有三分之二的同学认为自己已经完全读懂了，但仔细一琢磨，可能还会有理解不到之处，还有三分之一的同学读得似懂非懂，这就意味着还有问题，是吧？那么，围绕这个道理，你自己觉得还有什么地方是读不懂的，把读不懂的问题提出来。

生：这里的“不确定”是什么意思？

师：很好！（在板书“不确定”一词旁打“？”）什么样的生活是“不确定”的？这是一个非常好的问题。继续提问。

生：“生活的考验”指的是什么？

师：你想问“什么是生活的考验”？

生：怎样把很少的养分转化为巨大的能量？

师：怎样把很少的养分转化为巨大的能量？孩子，你想问的这个问题的答案已经在这个道理中，作者已经告诉你了，来，你读第二句话——

生：在不确定中，就能学会把很少的养分转化为巨大的能量，努力生长。

师：明白了吗？怎么才能转化？

生：在不确定中生活。

师：继续提问，相信你们能发现更重要、更有价值的问题。

生：为什么经历过不确定生活的人有这么多好处？

师：问得好！不但问得好，而且问得深！我知道，你这个问题至少包括4个小问题，你一个一个问。

生：为什么在不确定中生活的人，比较经得起生活的考验？为什么在不确定中生活的人，能锻炼出一颗独立自主的心？为什么在不确定中生活的人，就能把很少的养分转化为巨大的能量？为什么在不确定中生活的人，能努力生长？

教师随着学生的提问在板书上以“不确定”为中心，向4个词语画箭头，形成板书：

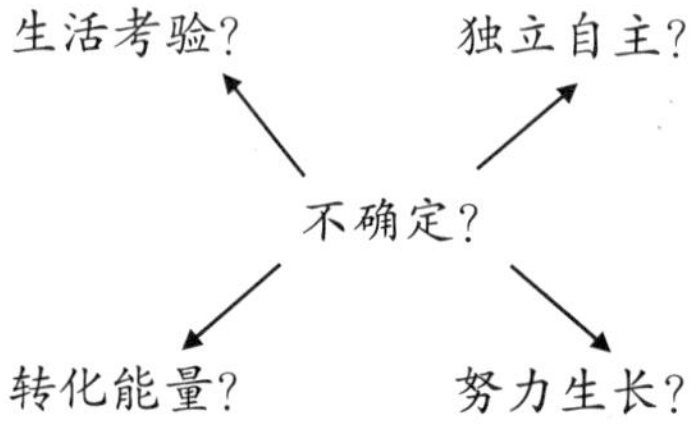

师：太好了！我说过，你们一定能发现更有价值的问题，果不其然！这真是很重要很重要的问题。我们一起看，这所有的问题都跟什么有关？

生（齐声答）：不确定。

师（指板书）：读这个词。

生（齐声答）：不确定。

师：再读！

生（齐声答）：不确定。

师：只有当我们读懂了“不确定”之后，我们才能进一步明白——

生：生活考验。

师：只有当我们读懂了“不确定”之后，我们才能进一步明白——

生：独立自主。

师：只有当我们读懂了“不确定”之后，我们才能进一步明白——

生：转化能量。

师：只有当我们读懂了“不确定”之后，我们才能进一步明白——

生：努力生长。

师：但是，怎么才能读懂“不确定”呢？（全场静默）

师：谁有建议？

生：我建议去读读《桃花心木》这个故事。

师：他建议回到故事，这是个非常有价值的建议。谁还有不一样的建议？

生：我觉得我们可以谈谈生活当中的“不确定”。

师：很好，联系生活。两个孩子提了两条很有价值的建议。联系课文，回到课文；联系生活，进入生活。真好！

（三）基点：搭建演绎的学习支架

师：我们先回到课文。请大家默读课文，边读边思考：《桃花心木》这个故事哪些地方能帮助我们读懂“不确定”？在那些能帮你读懂“不确定”的文字旁边做上标记。

（学生按要求默读课文，老师巡视指导）

师：我发现大多数孩子已经在课文上做了圈点批注，这说明你们已经有了自己的发现，是吧？我们来回顾一下，《桃花心木》这篇课文讲的是种树人给桃花心木浇水的故事，那么，谁还记得种树人是怎么给树浇水的？

生：树苗种下以后，他常来浇水，但是并没有规律，有时隔三天，有时隔五天，有时十几天才来一次，浇水的量也不一定，有时浇得多，有时浇得少。

师：没错，他就是这样浇水的。关于怎么浇水，谁还有补充？

生：他有时早上来，有时下午来，时间也不一定。

师：对，他就是这样浇水的。我们把这两段文字组合在一起，就会发现原来种树人是这样浇水的。我们一起来看。

（课件展示，生齐读：

他来得并没有规律，有时隔三天，有时隔五天，有时十几天才来一次；浇水的量也不一定，有时浇得多，有时浇得少。

他有时早上来，有时下午来，时间也不一定）

师：请问，“不确定”在哪里？

生：种树人给树浇水的量是不确定的。

师：这是他发现种树人浇水的第一个不确定，水量不确定。还有吗？

生：时间。有时早上来，有时下午来。

师：这是他发现的第二个不确定，来的时间不确定。还有吗？

生：有时隔三天，有时隔五天，有时十几天才来一次。

师：这是他发现的第三个不确定，间隔天数不确定。

师：是的，你们看，种树人给桃花心木浇水是不确定的。第一，间隔的天数不确定；第二，浇水的量不确定；第三，浇水的时间不确定。来，我们读一读这段文字，好好地感受感受这里的种种不确定。

（学生齐读句子）

师：你们发现没有，这短短的一段文字，有一个词出现的频率特别高，哪个词？

生（自由应答）：有时。

师：把所有的“有时”圈出来。（学生圈词）你们圈了几个？

生：7个。

师：作者前前后后、反反复复地使用那么多个“有时”，就是为了凸显种树人给桃花心木浇水是不确定的。我们再来读一读这段文字，怎么读呢？所有带“有时”的话我来读，其余的话你们来读。

（师生合作，朗读句子）

师：换过来，所有带“有时”的话你们读，其余的话我来读。

（师生合作，朗读句子）

师：我很奇怪，种树人为什么要这样浇水？

生：因为种树人在模仿老天下雨。老天下雨是算不准的，它几天下一次雨？上午下雨还是下午下雨？一次下多少？如果不能在不确定中汲水生长，树苗自然就枯萎了。

师：明白了，原来种树人这样给桃花心木浇水，是在模仿——

生：老天下雨。

（课件展示：

老天下雨是算不准的，它几天下一次？上午或下午？一次下多少？

他来得并没有规律，有时隔三天，有时隔五天，有时十几天才来一次；浇水的量也不一定，有时浇得多，有时浇得少……有时早上来，有时下午来，时间也不一定。）

师：你们看，老天下雨是算不准的，所以种树人是这样浇水的——

生（齐读）：他来得并没有规律，有时隔三天，有时隔五天，有时十几天才来一次；浇水的量也不一定，有时浇得多，有时浇得少……他有时早上来，有时下午来，时间也不一定。

师：明白了吗？

生（齐声答）：明白了。

师：不一定。（稍顿）不信，我问，你答。老天下雨是算不准的，它几天下一次，确定吗？（生：不确定）所以，种树人才会这样浇水——

生：他来得并没有规律，有时隔三天，有时隔五天，有时十几天才来一次。

师：明白了。我再问，你再接。老天下雨是算不准的，上午还是下午，确定吗？（生：不确定）所以，种树人才会这样浇水——

生：他来的时间也不一定，有时早上来，有时下午来。

师：继续看，老天下雨是算不准的，一次下多少确定吗？（生：不确定）所以，种树人才会这样浇水的——

生：他浇水的量也不一定，有时浇得多，有时浇得少。

师：很好，明白了。所有的这一切，都是种树人在模仿谁？

生（齐声答）：老天。

师：老天下雨是不确定的，所以种树人给桃花心木浇水也是——

生：不确定的。

师：非得这样浇水吗？

生：如果“我”每天都来浇水，每天定时浇一定的量，树苗就会养成依赖的心，根就会浮在地表上，无法深入地下，一旦“我”停止浇水，树苗会枯萎得更多。幸而存活的树苗，遇到狂风暴雨，也会一吹就倒。

师（指着板书）：如果不这样浇水的话，树苗还能适应老天的不确定吗？

生：不能。

师：如果树苗不能适应老天的不确定，那么它们能经得起生活的考验吗？

生：不能。

师：它们还能把很少的养分转化为巨大的能量，努力生长吗？

生：不能。

师：这就是林清玄最终悟出的道理，我们一起再来读一读这个道理，我想此刻的读跟你们一开始的读感受肯定不一样。

生（齐读）：在不确定中生活的人，能比较经得起生活的考验，会锻炼出一颗独立自主的心。在不确定中，就能学会把很少的养分转化为巨大的能量，努力生长。

师：所有的好处都是因为——（生齐答：不确定）；所有的作用都是来自——（生齐答：不确定）。所以，我们应该把强调的重音留给谁？（生齐答：不确定）来！一起读！（再次齐读道理，重读“不确定”）

（四）拐点：转向言语形式的秘妙

师：可是，这个道理林清玄一开始就明白吗？（生：不是）怎么看出来的？打开课本，寻找蛛丝马迹，你们怎么知道林清玄一开始并不明白这个道理？

生：到底应该什么时间来？多久浇一次水？桃花心木为什么无缘无故会枯萎？如果你每天来浇水，桃花心木苗该不会枯萎吧？

师：很好，她从林清玄的质疑声中读出了他的不明白。

生：我从第 6 自然段的“我越来越感到奇怪”也能看出来。

师：说说你的理解。（指定一名学生）

生：前面说“奇怪的是，他来得并没有规律”，从这个“奇怪”可以看出林清玄的疑惑。

师：他从“奇怪”当中体会到林清玄当时并不明白这个道理。他发现了林清玄当时对种树人的一种反应，你们再来找一找，“奇怪”这个反应在故事当中前前后后出现了几次？把它们一一地找出来。

（学生按要求读书，圈画）

生：第一次就在第 4 自然段的开头：“树苗种下以后，他常来浇水。奇怪的是，他来得并没有规律，有时隔三天，有时隔五天，有时十几天才来一次。”

师：把这个“奇怪”圈出来，标上“1”。

生：第二次出现在第6自然段，“我越来越感到奇怪”。

师：把“越来越感到奇怪”圈出来，标上“2”。第三次又在哪里？

生：第三次出现在第7自然段，“更奇怪的是，桃花心木苗有时莫名其妙地枯萎了”。

师：好，把“更奇怪”圈出来，标上“3”。孩子们，林清玄对种树人的反应是“奇怪”，前前后后出现了几次“奇怪”？

生：3次。

（屏幕以台阶式图案呈现文字：奇怪？越来越感到奇怪？更奇怪？）

师：一起读，第一次——

生（齐读）：奇怪。

师：第二次——

生（齐读）：越来越感到奇怪。

师：第三次——

生（齐读）：更奇怪。

师：你们发现了什么？

生：林清玄越来越感到奇怪。

师：那个反应的程度——

生：层层推进。

师：好，“层层推进”这个词用得好。

生1：心中的谜团慢慢变大。

生2：林清玄对种树人的做法越来越感到好奇。

师：林清玄为什么要一而再，再而三地写自己的奇怪，而且层层推进？有这个必要吗？

生1：我觉得是为下文揭示这个道理做铺垫。

生2：我觉得作者就是为了激发读者的兴趣，吸引我们继续读下去。

师：注意她的回答！很简单的一句话，里面却有一个很专业的术语在提醒我们林清玄为什么要这样写？

生：激发。

师：不是。

生：吸引我们阅读。

师："我们"是谁？

生：读者。

师：太对了！读者。这就是她刚才说到的那个很专业的术语。当所有的孩子都沿着作者的思路考虑的时候，只有她想到了读者，厉害！你们想一想，当林清玄第一次写到自己"奇怪"的时候，作为读者的我们是不是也会随着他一起"奇怪"？这时候，作为读者的你们，想干什么？

生：我想继续往下读。

师：太对啦，你想要读下去。好，我们再来看第二次。当林清玄说自己"越来越感到奇怪"的时候，作为读者的我们是不是也随着他一起"越来越感到奇怪"？这个时候你们还想干什么？

生：我还想去了解。

师：对，你还想读下去，是吧？再看第三次。当林清玄说自己"更奇怪"的时候，同时作为读者的我们会跟着他一起"更奇怪"，那么这个时候你们是否会有一种渴望和冲动？

生：我有一种迫切地想要读下去的冲动。

师：太对了，你有一种迫切读下去的冲动和渴望。

（在师生对话中，屏幕于画面台阶上三次出现：想要读下去）

师：孩子们，现在你们明白了，林清玄一次又一次地写自己的"奇怪"，其实是在一次又一次地吊谁的胃口？

生（齐声答）：读者。

师：一次不够，吊——

生（齐声答）：两次。

师：两次不够，吊——

生（齐声答）：三次。

师：最终把读者的胃口和注意力全部吊到了这个道理上。你们看，当林清玄第一次写自己感到奇怪的时候，他就想把读者的注意力吸引到这个道理上来，读——

生（齐读）：在不确定中生活的人，能比较经得起生活的考验，会锻炼出一颗独立自主的心。在不确定中，就能学会把很少的养分转化为巨大的能量，努力生长。

师：吊一次不够，第二次林清玄写自己感到越来越奇怪，其实，他是想把读者的注意力越来越吸引到这个道理上来，读——

（学生齐读写道理的句子）

师：可是，吊两次似乎还不够，于是第三次林清玄写到自己更奇怪，其实，他更是想把读者的注意力吸引到这个道理上来，读——

（学生齐读写道理的句子）

师：孩子们，这种写故事的方法，我们把它叫作——

（屏幕出示：层层设置悬念）

生（齐读）：层层设置悬念。

师：写下来。（生写）你们一定明白了，要把一个故事写生动，写得富有吸引力，可以用什么方法？

生（齐声答）：层层设置悬念。

师：林清玄之所以能把这个故事讲得如此生动，如此具有吸引力，正是因为他用了这个方法——

生（齐声答）：层层设置悬念。

师：当然，以后你们在写故事的时候，也可以试着用这个方法——

生（齐声答）：层层设置悬念。

（五）终点：引领智慧的言语人生

师：孩子们，刚才我们联系课文读懂了“不确定”，现在再来联系生活，说说在你们的生活当中有没有遇到过“不确定”的事。

生：我前不久刚刚感冒了，自己不确定什么时候会感冒。

师：刚刚感冒了，非常难受，意识到生病“不确定”。

生：我打球的时候没想到扣篮时球会落到脸上，受伤了。

师：严重吗？

生：不太严重。

师：哦，还好，你发现意外伤害“不确定”。

生：我们今天来到这里也是“不确定”的，我们也不知道我们期待的老师要教我们什么。

师：这个孩子说了一个很重要的教学原理：课堂是“不确定”的。老师怎么教，不确定，我们怎么学，不确定，因为两个“不确定”遇到了一起，所以我们对教学充满了什么——

生（齐声答）：期待。

师：充满了期待。这样上课才有趣，才有味。

生：考试的时候成绩也是不确定的，有的时候会考好，有的时候会考砸。

师：你是不是遇到过一次？

生：遇到过好多次。

师：遇到过好多次，是考砸了还是考得更好了？

生：考砸了。（笑声）

师：考砸了，所以你印象特别深，那真是刻骨铭心啊！以为自己考好了，试卷一发下来，考砸了！孩子们，把手放下来，我知道你们还有很多不确定的生活。现在，想听听林清玄说的“不确定”的生活吗？

生（齐声答）：想。

师：那年我在上海听林清玄的演讲，他就说到了3个人的“不确定”的生活。想听吗？一起来看。第一个，叫陆羽。

（课件展示，一生朗读：唐朝的陆羽，完成了中国历史上第一部研究茶的专著——《茶经》，被誉为“茶圣”）

师：大家听说过陆羽吗？（生齐声答：没有）大家可能不太喝茶，没关系。第二个叫慧能，谁来读一读？

（屏幕出示，一生朗读：唐朝的慧能，把佛教的真髓深深打入中国人的心坎，成为禅宗的六祖）

师：听说过慧能吗？（生齐声答：没有）大家都不做和尚。（笑声）还有一个玄奘，你来读一读。（指定一名学生）

（屏幕出示，一生朗读：唐朝的玄奘，《西游记》中唐僧的原型，西行5万里，历时19年在印度取经，一生翻译佛经75部1335卷）

师：玄奘应该听说过吧？因为他是《西游记》中唐僧的原型。这3个人可不得了，林清玄说，那是他一生当中最敬佩的3个人。我知道这3个人在中国的文化史上举足轻重，而且在世界文化史上也是赫赫有名。可是，你们谁也想不到，这3个人曾经有过不确定的生活。我们一起来看第一位——

（屏幕展示，一生朗读：

陆羽出生时相貌丑陋，被父母丢在路边，后来被寺庙的人捡到收养）

师：当你了解了陆羽这一段经历的时候，你心里有何感受？

生：感觉他很可怜，很早就被父母丢弃了。

师：是的，可怜。“不确定”的生活有时意味着“可怜”。我们再来看看慧能——

（屏幕展示，一生朗读：

慧能幼年失去父亲，随母亲流落他乡，长大后靠砍柴赡养母亲、维持生活）

师：如果用一个词来形容慧能的生活，你会用哪个词？

生：艰难。

师：是的，孩子们，“不确定”有时意味着“艰难”。我们再来看玄奘——

（屏幕出示，一生朗读：

玄奘出生在书香世家，从小接受良好的教育，不料10岁时父母双亡，无依无靠，只好投身寺庙）

师：你知道了，这是玄奘的生活。那一年玄奘几岁？

生：10岁。

师：你们今年几岁？

生：12岁。

师：12岁，也就是说玄奘遭遇那段不确定生活时的年龄跟你们是差不多的。孩子们，设想一下，你就是10岁的玄奘。昨天还在父母的面前撒娇，然而今天，却只能在灵堂前回忆他们的音容笑貌——什么感受？

生：感到悲哀。

师：再设想一下，昨天还过着衣食无忧的日子，然而今天，却无依无靠——什么感受？

生：痛苦。

师：再设想一下，昨天还在自家的私塾里面跟小伙伴们一起读书，一起玩耍，然而今天，却只能投身寺庙——什么感受？

生1（呜咽地）：无奈。

生2：绝望。

师：来，孩子们，读这个词（指黑板上“不确定”一词，生齐读）。记住，“不确定”有时意味着“无奈”，“不确定”有时意味着“绝望”，“不确定”有时意味着无限的“痛苦”。

师：你们千万不要认为“不确定”就是“没有规律”，就是“不一定”，就是“有时……有时……”，不！那样的理解远远不够。当我们联系生活之后，我们发现，“不确定”可能意味着“可怜”，可能意味着“不幸”，可能意味着突如其来的“苦难”。“不确定”让你绝望，让你沮丧，甚至让你充满巨大的恐惧。（全场静默）

师：孩子们，想过自己的生活可能会遭遇这样的“不确定”吗？

生1：没有。

生2：没有。

生3：没有。

师：其实是不敢想啊！但是有一个人想过，谁？

生：林清玄。

（屏幕出示描写道理的句子）

生（齐读）：在不确定中生活的人，能比较经得起生活的考验，会锻炼出一颗独立自主的心。在不确定中，就能学会把很少的养分转化为巨大的能量，努力生长。

师：当“不确定”意味着“不幸”的时候，谁能接着读？

生（灵活接读）：在不幸中生活的人，能比较经得起生活的考验，会锻炼出一颗独立自主的心。在不幸中，就能学会把很少的养分转化为巨大的能量，努力生长。

师：当“不确定”意味着“挫折”的时候，谁来读？

生（灵活接读）：在挫折中生活的人，能比较经得起生活的考验，会锻炼出一颗独立自主的心。在挫折中，就能学会把很少的养分转化为巨大的能量，努力生长。

师：当“不确定”意味着突如其来的“苦难”的时候，谁读？

生（灵活接读）：在苦难中生活的人，能比较经得起生活的考验，会锻炼出一颗独立自主的心。在苦难中，就能学会把很少的养分转化为巨大的能量，努力生长。

师：现在，我们开始一步一步地走近生活中的不确定。孩子们，面对不幸，有人变得气馁，有人自暴自弃，那么面对生活中不确定的不幸，你们会怎么想？

生：我要积极地面对不幸。

师：因为你知道——

生（朗读）：在不幸中生活的人，能比较经得起生活的考验，会锻炼出一颗独立自主的心。在不幸中，就能学会把很少的养分转化为巨大的能量，努力生长。

师：好一个“积极面对”！面对挫折，有人自卑，有人放弃了努力和拼搏，那么面对生活中不确定的挫折，你会怎么想？

生：要有阳光的心态，要自信。

师：因为你知道——

生（朗读）：在挫折中生活的人，能比较经得起生活的考验，会锻炼出一颗独立自主的心。在挫折中，就能学会把很少的养分转化为巨大的能量，努力生长。

师：好一个阳光的心态！面对生活中突如其来的苦难，有人低下了高贵的头，有人甚至过早地结束了自己的生命。你又会怎样面对？

生：我要勇敢向前，化解一切苦难。

师：因为你知道——

生（朗读）：在苦难中生活的人，能比较经得起生活的考验，会锻炼出一颗独立自主的心。在苦难中，就能学会把很少的养分转化为巨大的能量，努力生长。

师：好一个勇往直前！好一个化解一切苦难！

师：孩子们，林清玄悟出的这个道理，让我们对自己的生活有了新的理解。我们发现，生活是不确定的——

（屏幕出示，师生接读：

生活是不确定的，有时会幸福，有时会痛苦；

生活是不确定的，有时会成功，有时会失败；

生活是不确定的，有时会平安，有时会危险；

生活是不确定的，有时会富裕，有时会贫穷；

……）

师：既然生活是不确定的，那么，当我们处在痛苦的时候——

（屏幕出示，一生灵活接读：

当我们处在痛苦的时候，幸福就在不远处，因为痛苦本来就是不确定的）

师：既然生活是不确定的，当我们处在失败的时候——

生（灵活接读）：成功就在不远处，因为失败本来就是不确定的。

师：既然生活是不确定的，当我们处在危险的时候——

生（灵活接读）：平安就在不远处，因为危险本来就是不确定的。

师：是的，既然生活是不确定的，当我们处在贫穷的时候——

生（灵活接读）：富裕就在不远处，因为贫穷本来就是不确定的。

师：是的，生活就是这样，它可能幸福，可能痛苦。既然这样——

（屏幕出示，师生接读：

幸福来了，就享受幸福；痛苦来了，就直面痛苦，因为一切都是不确定的）

师：是的，我们太明白生活是不确定的，我们又会怎样面对自己的成功与失败呢？——

生（灵活接读）：成功来了，就享受成功；失败来了，就直面失败，因为一切都是不确定的。

师：既然生活就是不确定的，我们又该怎样面对自己的平安与危险呢？

生（灵活接读）：平安来了，就享受平安；危险来了，就直面危险，因为一切都是不确定的。

师：那么我们又该怎样面对自己的富裕和贫穷呢？

生：富裕来了，就享受富裕；贫穷来了，就直面贫穷，因为一切都是不确定的。

师：正是“不确定”让我们活在每一个当下，让我们在面对痛苦、面对失败、面对危险、面对贫穷的时候，能够始终保持内心的平静和淡定。

师：孩子们，现在你们读懂“不确定”了吗？

生（齐声答）：读懂了。

（师擦去板书“不确定”）

师：读懂了“不确定”，自然也就读懂了什么？

生（齐声答）：生活考验。

（师擦去板书“生活考验”）

师：读懂了“不确定”，自然也就明白了什么？

生（齐声答）：独立自主。

（师擦去板书“独立自主”）

师：读懂了“不确定”，自然也就理解了什么？

生（齐声答）：转化能量。

（师擦去板书“转化能量”）

师：读懂了“不确定”，自然也就知道了什么？

生（齐声答）：努力生长。

（师擦去板书“努力生长”，至此已擦掉所有板书）

师：看到了什么？

生：空白。（笑声）

师（向另一名学生）：你看到了什么？

生：问题圆满解决时的快乐。（赞叹声）

师（向另一名学生）：你看到了什么？

生：成长。

师（向另一名学生）：你看到了什么？

生：光明与希望。

师：多么会想象的孩子，因为你们的心灵是自由的。孩子们，一切都是不确定的，而只有不确定才是唯一确定的，而这也叫——无常。（师板书：无常）无常就是不确定，不确定就是无常。一个人只有懂得了无常，才能经得起——

生（齐声答）：生活考验。

师：一个人只有懂得了无常，才能学会——

生（齐声答）：独立自主。

师：一个人只有懂得了无常，才能把很少的养分——

生（齐声答）：转化为巨大的能量。

师：一个人只有懂得了无常，才能真正让自己——

生（齐声答）：努力生长。

师：一个人只有懂得了无常，才能从人生的痛苦和烦恼中彻底醒来！

（课件播放艾米丽·王嘉宝演唱的《醒来》

屏幕缓缓出现歌词：

从生到死有多远

呼吸之间

从迷到悟有多远

一念之间

从爱到恨有多远

无常之间

从古到今有多远

笑谈之间

从你到我有多远

善解之间

从心到心有多远

天地之间

当欢场变成荒台

当新欢笑着旧爱

当记忆飘落尘埃

当一切是不可得的空白

人生是多么无常的醒来

人生是无常的醒来）

（林志芳）

参考文献

［1］王崧舟．王崧舟讲语文［M］．北京：语文出版社，2008．

［2］王崧舟．诗意语文：王崧舟语文教育七讲［M］．上海：华东师范大学出版社，2008．

［3］王崧舟．听王崧舟老师评课［M］．上海：华东师范大学出版社，2010．

[4] 王崧舟，林志芳. 诗意语文课谱：王崧舟十年经典课堂实录与品悟[M]. 上海：华东师范大学出版社，2011.

[5] 陶继新，王崧舟. 语文的文化品格[M]. 北京：中华书局，2014.

[6] 王崧舟. 王崧舟与诗意语文[M]. 北京：北京师范大学出版社，2015.

[7] 林思思. 王崧舟“诗意语文”探究[D]. 福州：福建师范大学，2010.

[8] 高乐素. 王崧舟语文阅读教学艺术研究[D]. 杭州：杭州师范大学，2013.

[9] 刘军. 论“诗意语文课”的诗意生存[D]. 长沙：湖南师范大学，2013.

[10] 陈雨薇. 王崧舟“诗意语文”阅读教学实践研究[D]. 成都：四川师范大学，2014.

[11] 崔文田. 王崧舟文本细读教学研究[D]. 济南：山东师范大学，2014.

[12] 吴志东.“诗意语文”教学应用的研究[D]. 合肥：安徽师范大学，2014.

[13] 王崧舟. 智慧的觉醒[J]. 江西教育，2008(11).

[14] 王崧舟. 自赎与拯救：诗意语文的再发现[J]. 语文教学通讯，2008(13).

[15] 王崧舟. 古诗教学的价值取向和实践智慧[J]. 小学语文教师，2010(10).

[16] 王崧舟. 阅读，指向文本秘妙——评洪丽玲老师执教的《桥》[J]. 教学月刊(小学版)，2010(1).

[17] 王崧舟. 语用焦虑与实践突围(一)——语用教学三个层次的厘定与整合[J]. 新教师，2013(10).

[18] 王崧舟. 诗意·语文·梦想[J]. 人民教育，2013(7).

[19] 王崧舟. 例谈“学情视角”下的课堂教学设计[J]. 语文教学通讯，2014(27).

[20] 王崧舟. 没有美：语文空无一物[J]. 小学语文教师，2015(2).

第六篇　武宏钧教学智慧研究

武宏钧，安徽省阜阳市铁路学校教研室主任、阜阳市人民政府教育质量第一届兼职督学。安徽省特级教师、中学高级教师、享受国务院特殊津贴的语文教学专家，纪念改革开放30年基础教育影响人物，纪念新中国成立60周年首届全国教育改革创新先锋教师，全国百佳语文教师，全国课改优秀教师，江淮好学科名师，幸福大课堂倡导人、兴趣大课堂倡导人、自然大课堂倡导人、卓雅大课堂倡导人、自然语文倡导人之一，《小学写作课本》实验教材主编，《新作文》杂志2007年第8期向全国推荐的中国名师——基础作文法创始人。《语文教学通讯》封面人物。他曾经在北京、上海、深圳、哈尔滨、武汉以及湖南湘乡、长沙、韶山等地开展国学公开课、作文教学公开课、学术讲座等200多场次，场场取得成功。他已经在《中国教育报》《语文教学通讯》《小学语文教学》等各类报刊发表教学文章500余篇。

主要著作有《武宏钧教写作》、《幸福课堂的理论与实践》、《幸福课堂的36个创意》、《幸福课堂的管理细节》、《幸福课堂的习作教学》、《幸福课堂的心理辅导》、《幸福课堂的班主任技巧》、《自然课堂的理论与实践》（合著）、《自然课堂的教育智慧》（合著）、《小学和雅课堂的理论与实践》、《兴趣课堂的理论与实践》、《兴趣课堂的校本教研》、《幸福教师制胜之道》、《幸福体验式作业设计》、《小学写作课本》、《语文教师的智慧方程式》、《徽派语文研究》、《徽派语文的阜阳智慧》、《徽派语文的习作教学设计》（合著）、“小学生作文观察与构思技巧教与学丛书”（合著）等教育理论著作和教学用书200余种。

一、武宏钧教学智慧的探索历程

（一）1985年提出自由作文教学理念

武宏钧于 1983 年开始自由作文教改实验，1987 年在《小学教学研究》杂志第 4 期撰文《浅谈自由作文》，提出“自由作文”这一理念。尔后全国的自由作文试验风起云涌，如今这一理念已经被写入《义务教育语文课程标准（2011 版）》。自由作文是与命题作文相对而言的，自由作文是指那些不由他人出题目、给材料、设需要，而由学生自由发挥的作文练习。自由作文有六大特征，即自由选材、自由立意、自由拟题、自由布局、自由表达、自由修改。它强调各种形式的自由写作，如日记、周记、随笔、课外练笔、编报活动等。自由作文教学遵循大量读写原则、自主作文原则、开放感受原则、张扬个性原则、思维训练原则、少改重评原则、自主修改原则、鼓励肯定原则。自由作文教学是一个动态的开放的教学系统。自由作文需要科学有效的指导，要求老师做到“六导六有”：教师导源→使习作言之有物；教师导路→使习作言之有序；教师导悟→使学生开卷有益；教师导改→使习作心中有数；教师导评→使习作言之有理；教师导练→使习作借鉴有法。自由作文有四大优越性：（1）减轻学生的紧张心理。自由作文没有时间长短的限制，学生减轻了心理压力，能以良好的心态写作文。（2）提高学生的写作兴趣。（3）培养学生的自主创造性。自由作文几乎没有什么限制，极大地发挥了学生的创造性，因此令人耳目一新的作文大量出现。（4）表现学生的个性特长。自由作文给学生展现的机会，充满个性的语言让我们看到一张张真实而又独特的面孔。

（二）1989年提出对话教学新理念

1989 年，武宏钧在《小学教学研究》杂志第 5 期发表论文《浅谈对话作文》，提出了“对话教学”这一新理念。武宏钧创立的对话作文教学法是小学生启蒙作文的一种优化的语文训练方法。对话就是教师口述一个词句，学生听写后，再补充叙述一句话或几句话。通过师生的对话，学生的思维可以得到定向训练，及时跃进最近发展区，进而达到听和写的统一，阅读和习作的统一，思维与语言的统一。对话作文与传统的对课有相似之处，但也不尽相同。传统的对课只是对词对句，只定量不定向，只定势不定式。对话作文的对话有三层含义：其一，是师生的对话；其二，是思维和语言的对话；其三，是阅读和习作的对话。它要求教师在对话中充分发挥主导作用，定向点拨和调动学生思维的积极性，引导学生在深刻理解课文内容和认识生活的基础上，具体地表达出自己的思想感情。对话教学理念后来被写入《义务教育语文课程标准（实验稿）》。

（三）2007年提出基础作文教学新理念

写作教学非小事，一章一法总关情。《新作文·小学作文创新教学》2007年第7、第8期以专辑方式介绍了武宏钧的基础作文教学法。武宏钧的基础作文法有以下四点特色值得称道：一是理念新。"章法要素"揭示基本规律，"综合""开放"两策略展示教学视野，"三部曲"提示教学流程的精妙，"零理念"阐述操作法则的科学，"沙里淘金"的新评价与众不同，"跳出作文练作文"见解独到……书中就小学作文提出的一系列的新理念，是经验之谈，是智慧之言。书中从一个新的角度具体地阐述了《义务教育语文课程标准（实验稿）》的理念。二是方法巧。小学作文"六导六有"，小学作文新体验"七步循环圈"，小学写作教学法"写作教学'三阶段'，作文过程'四个写'，教学操作'三步曲'，习作实践'四个有'，评点创新'三要素'"等视点，虽属一家之言，但为我们提供了新方法、新模式，可见其创新性与探索性。三是很实用。基础作文来自教学实践，指导教学应用。武宏钧通过城乡教学的实践证明，此方法很实用，具有较广泛的适用性。特别是基础作文"三部曲"模式教学，不用批改作文等方法，创新实用。四是容易学。基础作文说的是教师的话，谈的是教学的事，讲的是教学方法和教学模式，特别是作文章法模式的提出与使用，易学易用。武宏钧的基础作文教学，以促进学生的生命发展为核心，着眼于学生的情智发展，着力于语文实践活动，着重于语言的内化进程。小学写作教学的情趣指导，是一朵云推动另一朵云，一棵树摇动另一棵树，一颗心灵唤醒另一颗心灵。基础作文的探索，融聚集纳先哲之智慧，兼容交汇当代新科学，吸纳综合各派新方法，展示语文课程新理念。小学作文的教学，以人为本，指导学生为做人而作文，在内容上求真；以作文促做人，在章法上求善；以作文述做人，在语言上求美。

（四）2008年提出语文教学“三为本”新理念

2010 年《语文教学通讯》杂志以封面人物的形式隆重推出武宏钧的专访，全面介绍了武宏钧的教学思想智慧《语文教学“三为本”》：“以促进学生全面发展为本”的教育理念，“以提高学生语文素养为本”的课程理念，“以指导学生练习运用为本”的操作理念。其教育理念“以促进学生全面发展为本”突出了绿色评价观，即通过全程评价、全员评价、全面评价来促进学生全面发展，提升语文教学的生命质量。其课程理念“以提高学生语文素养为本”突出了智慧观，即通过兴趣引领、目标引领、问题引领、方法引领、习惯引领、状态引领，引导小学生由“学会”向“会学”过渡发展。其操作理念“以指导学生练习运用为本”突出了语用观。“三为本”标志着武宏钧语文教育思想的智慧创新和发展。武宏钧“三为本”“六引领”式的徽派小学自然语文生态课堂，以教师引导为前提，以学生自主学习为主线，以学生终生受益为目的，将课堂由教师的讲堂变成了基本上由学生自学的学堂。教师在引导学生自学时，既不能放任自流，也不能牵着学生的鼻子走，而是坚持“以学生为主体，以教师为主导”，“以促进学生全面发展为本，以提高学生语文素养为本，以练习应用为本”的策略，使学生在阅读理解课文的过程中，通过教师的科学引导，进行有目的、有顺序的读练，从而引导学生通过自育自学自助而助人，培养学生的自我管理、自我教育、自我调控、自我激励、自我认识、自我发展、自我评价能力，引导学生在思想上自育、人格上自塑、学习上自研、生活上自理、行为上自控、心理上自调、方法上自练、评价上自鉴，从而有效地促进学生综合素质的形成。《幸福课堂的习作教学》《语文教师的智慧方程式》《徽派语文的阜阳智慧》三部教育理论著作的出版，标志着武宏钧“三为本”语文教育思想的成熟和理论体系的建立。

（五）2010年创建幸福大课堂新理念

2009 年 1 月起，武宏钧协助学校领导开展幸福大课堂的整体教育改革实验。2011 年出版了教育理论著作《幸福课堂的理论与实践》，2012 年出版了《幸福课堂的 36 个创意》，这标志着武宏钧幸福教育思想实验的成功。幸福大课堂确立了学校的办学理念和培养目标。学校从打造学生、教师、家长“三位一体”的幸福课堂入手，积极创建一种幸福教育：让学习成为学生的幸福旅程，让教育成为教师的幸福生活，让学校成为师生的幸福家园。幸福大课堂认为：“教室是课堂，学校是课堂，家庭是课堂，社会是课堂。时时处处是课堂，点点滴滴皆教育。”幸福大课堂把“玩、学、做”教育思想融入每一个办学细节，致力于让教室、校园、家庭、社会都成为素质教育的舞台。幸福大课堂倡导幸福文化、文化育人。幸福大课堂采用“五心”管理模式：爱心塑魂，信心张帆，细心做精，静心潜行，责任心成为习惯。幸福大课堂的三大发展思路：一是内涵式发展。明确目标，形成合力。在思想上同心同德，目标上同心同向，行动上同心同行。制订计划，规行矩步。新起点小步骤，渐渐远行。二是跨越式发展。创新探索，及时升华。组成系列，珍珠成链。三是可持续发展。品牌成果，提升境界。幸福课堂是一种“森林式”教育，为每一个教育对象提供了给予尊严、个性、平等的空间。幸福课堂要通过智慧课堂、快乐校园、特色学校的打造，让幸福的种子撒遍校园的每个角落，催生出一片美丽的春天……幸福大课堂以“为人民办学校，办人民满意的学校”为宗旨，秉持“为学生的全面发展服务，为学生的终生幸福奠基”的办学理念，以“落实科学发展观，创办人民满意的学校”为主题，以“幸福大课堂”为目标，管理规范科学，教育教学质量不断提高，校园活动丰富多彩，素质教育不断创新。幸福大课堂的项目逐步成为学校的特色，得到社会的广泛好评。学校逐渐形成了“人文精神的花园校，素质教育的特色校，师生成长的摇篮校，改革创新的实验校，规范和谐的幸福校”五大特色。随后，武宏钧出版了《幸福课堂的管理细节》《幸福课堂的习作教学》《幸福课堂的心理辅导》《幸福课堂的班主任技巧》等理论著作，这标志着武宏钧幸福大课堂教育思想的成熟。该课改成果荣获安徽省阜阳市科技进步奖，安徽省十年课改成果一等奖。

（六）2013年出版《武宏钧教写作》理论专著

2013 年，《武宏钧教写作》理论专著的出版，标志着武宏钧语文教学思想的成熟。武宏钧的教学智慧概括为以下几点。（1）“一主线”：为学生终生幸福奠基。（2）“两策略”：综合、开放。“综合练习的策略”就是不再把作文训练看成是单纯的写作技能、技巧的训练，而是把作文训练与观察、思维、想象等认知能力、审美能力的训练，写作兴趣、审美情感的激发和培养，阅读教学乃至各科教学，学生的整个生活实践结合起来，即把写作教学与学生的全面素质的培养，学生的社会化、个性化结合起来。所谓开放，就是作文必须要让学生说自己想说的话，写自己想写的事，让学生在作文中多表达真情实感、多点真心真意、多点天马行空、多点轻松愉快。小学作文教学应积极引导学生写有我之情、有我之思、有我之心。小学作文教学应通过以生活世界为对象的写作，在培养学生语言能力的同时，引导学生智慧地表达人生，使学生深化对生活的认识，在不断的发展中逐渐形成主体的人格。（3）"三为本"："以促进学生全面发展为本"的教育理念，"以提高学生语文素养为本"的课程理念，"以指导学生练习运用为本"的操作理念。（4）"三要素"：情、趣、窍。情是文章之源，趣是教学之路，窍是作文之法。作文教与学的过程是师生共同的成功体验过程，是充满情趣、发展生命的过程，是"以激情为本、以设趣为经、以导窍为技"的三位一体的综合系统工程。（5）"三部曲"：一是入格，即"前作文"阶段的情趣启思；二是定格，即"中作文"阶段的开窍导写；三是变格，即"后作文"阶段的技能形成和提高（6）"四章法"：三段式、纵式、横式、总分式。（7）"五个零"：情感开放零约束，师生互动零差距，优化训练零损失，课堂评价零功利，读写结合零脱节。（8）"六导六有"：教师导源→使习作言之有物；教师导路→使习作言之有序；教师导悟→使学生开卷有益；教师导改→使习作心中有数；教师导评→使习作言之有理；教师导练→使习作借鉴有法。（9）"七步循环圈"，以情趣观察、阅读为基础，以情趣思维、情趣体验训练为突破口，巧妙地把思维训练和写作技巧有机地结合起来，打造习作兴趣链，进而形成小学作文新体验"七步循环圈"：情趣促写→写而生乐→乐而需学→学而生悟→悟而生知→知而乐写→写生情趣→情趣促写→……从而指导学生又快又好地练习写作。（10）作文小技巧：跳出教材练作文，跳出课堂练作文，跳出作文练作文，体验作文练作文，师生互动练作文，快乐施教练作文，个性指导练作文，综合练习练作文，开放教学练作文，以人为本练作文。这样的作文教学可以让学生愉快地观察生活、体验生活、感受生活，从而让学生尽情地享受生活、享受作文、享受生命的发展和成长，获得其未来生活所必需的写作素养。（11）作文大课堂。“两大两小、四句话、四个求。”“两大两小”，即天地大课堂，课堂小天地；生活大文章，文章小生活。“四句话”，即情趣促文思，章法导文路，写法点文技，评法激文趣。“四个求”，即入格求借鉴，定格求规范，变格求创新，评价求发展。

（七）2013年创建兴趣大课堂新理念

21世纪以来，武宏钧积极参与策划安徽省阜阳市实验中学的整体课改实验，协助校领导创建了兴趣大课堂理论学说和操作系统。兴趣大课堂以人为本，突出的是人的地位和作用，围绕着激发和调动人的主动性、积极性、创造性来展开，致力于实现师生与学校的共同发展。兴趣大课堂通过强化常规管理以及开展形式多样、卓有成效的教育教学活动，将“点燃兴趣、夯实基础、养成习惯、主动发展”的办学理念渗透学校生活的每一天、每一处、每一人。2014年，《兴趣课堂的理论与实践》《兴趣课堂的校本教研》两本理论著作的公开出版，标志着安徽省阜阳市实验中学兴趣课堂整体课程改革的成功。

（八）2014年创建自然大课堂新理念

21世纪以来，武宏钧积极参与策划安徽省阜阳市第十中学的整体课改实验，协助校领导创建了自然大课堂理论学说和立体系统。“道法自然”是教育的最高境界。自然大课堂关注梦想与渴望，关注心灵与成长，关注幸福与健康。自然大课堂用智慧引领教育，让教育充满智慧。自然大课堂坚持走创新理念、打造名师、铸造名校之路。自然大课堂以尊重人、理解人、满足人、服务人、发展人、成就人为出发点和归宿，促进师生全员发展、自主发展、个性发展、和谐发展，让学生拥有智慧的童年，使教师提升职业的智慧，创办人民满意的智慧教育。2014年，理论著作《自然课堂的理论与实践》的公开出版，标志着安徽省阜阳市第十中学自然课堂整体课程改革的成功。

（九）2015年创建徽派语文新理念

21世纪以来，武宏钧积极参与徽派语文的创建与研究工作。武宏钧积极协助安徽省教科院吴福雷老师进行徽派语文的整体策划和研究工作。

徽派语文是一个极具地方特色的区域教育科学文化，在总结前人的语文教学实践经验的基础上，概括安徽的科研成果，并将其上升为教育理论，并用以指导各类文章的阅读、写作和教学。徽派语文的原则和方法是：以马克思主义为指导，运用辩证唯物的方法，贯彻理论与实践相统一的原则，同时注意批判地继承古代语文教学的遗产，以推动科学的、系统的语文教学理论的发展。徽派语文的内容广博、深邃，有整体系列性特点，其主要特征为“三为本”“情趣”“简约高效”“生本”“语用”“课内外阅读一体化”等。徽派语文教师秉持“捧着一颗心来，不带半根草去”的赤子之忱，为中国教育探寻新路。徽派语文自成架构，自出境界，以儒雅、自然、真诚、务实、智慧为自己的不懈追求，汇百家之长，成一家之范。徽派语文以培养学生个体的基础语文素养为教学前提，以培养学生个体的综合语文素养为教学关键，以培养学生个体的文学素养为教学精髓。徽派语文借助语言文字这个工具宣示对生命个体的语文素养进行培养。徽派语文以“情”为纽带，让课堂洋溢着浓郁的人文色彩；徽派语文活化教学环节，在多样化的学习中渗透人文精神；徽派语文课外拓展，积极召唤人文精神内蕴；徽派语文开放空间，引导学生体验自然的美；徽派语文活化课堂，组织张弛有序的教学实践活动；徽派语文力求语文生活化、生活语文化，积极培育学生人本化的心理。武宏钧积极倡导的徽派语文课致力于培养学生的语言文字运用能力，他的课堂教学以语言文字的基本元素为基础，以字、词、句、段、语、修、逻、文为主要训练手段（字、词、句、段、语、修、逻、文为语文教学的八大内容，语、修、逻、文又专指语法、修辞、逻辑、文采），以追求语文的工具性与人文性统一为全过程，以促进学生和谐的语文生活为终极目标。武宏钧的课堂教学要求用语文的方法教语文，而不是把语文教学固化为一种模式。作为徽派语文教师的杰出代表，武宏钧的教学方法：一是遵循语文课程特点、语文学习规律的方法，二是符合汉语言文字特点的方法，三是用语文思维思考问题的方法。在他指导下的课堂教学不是只适合部分学生，而是面向全体学生，注重培养学生自然、健康的表达习惯，注重培养学生自由、个性的心理品质，注重培养学生独立创造的人格特征，让学生具备一定的逻辑思维能力，让学生了解国学知识，让学生热爱中华优秀传统文化。

2015年，《徽派语文研究》、《徽派语文的阜阳智慧》和《徽派语文的习作教学设计》（上、下）等教育理论著作的出版，标志着武宏钧的教育智慧又取得了阶段性的创新成果。

二、武宏钧教学智慧的思想内核

（一）语文教育的人本高度

笔者近年来有幸接触到语文教学名师武宏钧的教学文本，并对他进行过多次课堂观察和深度访谈。从他的言谈举止中，笔者深感武宏钧已经从关注教学技巧本身转向了关注教学的始源性因素——人。如何促进人的成长和发展这一问题被放置在他读书、思考和实践的核心位置。从教师专业发展阶段的角度来看，人本意识的觉醒恰好是武宏钧作为一位专家型教师的明显标志。思想决定教学的境界和高度，名师的特质就在于他是一位思想者。武宏钧在学习中思考、在思考中实践、在实践中反思，在这一过程中刻画出教育生命的轨迹，最终形成自己精深的教学见解和主张。武宏钧的教学主张主要表现在以下几个方面。一是写作教学的“成人”本色。人在本质上是一个语言存在物。人创造了语言，但是语言也塑造和成就了人本身。语言对人的塑造和成就具有重要的本体论意义，它使人类超脱自然生命而获得了区别于其他动物的言语生命。人的生命是一个多维整体，但言语生命是最为基础的要素。德国哲学家雅斯贝尔斯曾经指出，“（人）通过语言的传承而成为人。要成为人，需靠语言的传承方能达到”。语文教学（尤其是写作教学）作为言语教学的主体，无疑具有成就人性、为人的生命成长奠基的本体功能和应然价值。二是写作教学的“解放”旨趣。身心的自由和解放，是生命茁壮成长的必需条件。笔者有感于部分中小学写作教学对学生的束缚太多、捆绑太严，以致禁锢了学生的思想，僵化了学生的语言。早在20世纪80年代，武宏钧就提出“自由作文”这一理念。武宏钧认为，习作应当是天籁自鸣，是个人情感、灵性的自然流露。只有自由，才能写出个性，才能抒发真情，才能“我手写我口，我口言我心”。因此，武宏钧的写作教学虽行之有法、持之有序，却不模式化，他积极倡导在入门模式指导下的自由作文，主张学生自主写作。在作文指导的过程中，力求做到情感开放“零约束”。

武宏钧多次宣示他的写作教学的“解放”旨趣：（1）“解放儿童的头脑”，为学生营造一个乐于写作、敢于自由表达的宽松环境；（2）“解放儿童的双眼”“解放儿童的空间”，把教学的触角延伸到课外、校外，引导学生学会留心生活、观察社会、亲近自然，为写作积累真实的情感体验和丰富的第一手素材；（3）“解放儿童的双手”，指导学生编辑手抄报、设计广告词、撰写春联等，采用多种形式让孩子们快快乐乐地动手写作文，在实践中提高作文能力。写作教学的解放，还原了儿童的主体地位，激发了儿童的生命潜力，也为写作教学注入了无穷活力。

（二）语文教育的生活立场

武宏钧认为，生活体验是作文的源泉，开放阅读是作文的基础，情趣是作文的动力，窍门是作文的路径。因此，他所创立的写作教学主张从生活入手，以情趣观察、情趣阅读为基础，以情趣思维训练为突破口，以章法指导为抓手，将情趣激发、思维训练和写作技巧有机地结合起来，指导学生又快又好地练习写作。写作教学追求综合效应，把写作教学看成是师生共同体验成功、充满情趣、发展生命的过程，小学生观察能力、思维能力、情感能力和听、说、读、写能力整体发展、同步提升的过程，“以激情为本、以设趣为经、以导窍为技”的三位一体的、综合的、系统的、开放式的实践过程。写作教学秉持自觉的开放意识，认为“天地大课堂，课堂小天地；生活大文章，文章小生活”，主张作文与生活、社会对接，即跳出教材练作文、跳出课堂练作文、跳出作文练作文。写作教学的艺术追求还在于：营造美的课堂氛围，拨动心灵的琴弦，激发心灵的共振，做好空间的文章；激活学生的思维，鼓励学生发散思维、创新思维，提高习作效率，做好时间的文章。

（三）语文教育的智慧视野

武宏钧认为，读写结合是学语文的有效途径，然而以往人们对“读”的界定十分狭窄，仅仅局限于文章的阅读。读的作用是什么？是吸收、感悟、借鉴，是信息的摄取过程。狭义范围的读，使作文信息获取的量严重不足，借鉴面狭小。阅读这条小胡同，人们早就应该从中走出来！武宏钧认为的“读”，是一种生活体验，是一种广义的阅读体验。具体地说，读应该是读小说，读散文，读诗歌；应该是读电视，读电影，读网络；应该是读音乐，读美术，读体育；应该是读人，读事件，读景物，读事物。一句话，读是阅读生活，体验生活，感悟生活。读的过程应该是一个体验、学习、感悟、借鉴的过程，我们应该强调体验中的启迪、感悟，强调作文的智慧。武宏钧的开放通道学语文，可以有各种各样的读法。教师除了应指导学生用眼睛读，还应指导学生用耳朵读、用手读、用心读、用鼻子读、用口来读等。此外，教师除了引导学生读文字，还可以引导学生读音像作品。如欣赏科幻影片，让学生描述其中精彩情节；观看其他音像作品，让学生表演精彩片段；听广播节目，让学生就感兴趣的话题发表观点。另外，教师还可以模仿广播电视媒体的语言形式，举办"焦点访谈""实话实说""今日说法""挑战主持人"等活动，让学生担任主持人、嘉宾和观众，讨论学生最关心的热点和难点问题，让学生在讨论中充分发表意见，并能在尊重他人的前提下，乐于表现自己。这样利用多媒体创设的情境，具有生动、形象、逼真的特点，给学生一种身临其境的感觉，学生自然十分感兴趣。

武宏钧认为，新的课程观改造了知识与人的关系，也必将改变人在课程中的命运。课程不是知识的载体或学习内容的运输线，而是人与知识相遇的场域。它不是被给定的，而是由人建构的。课程在某种程度上可以被事先设计，但其最后的完成必定依赖于学习者与知识的现实相遇。好的课程给人的理解创造尽可能大的空间，它总能吸引人，并在人与知识的每一次相遇中创造出更多的期遇。因此，武宏钧树立开放式的大阅读观念，解放老师、解放学生、解放课本，使大家从阅读的小胡同里走出来，把阅读理念的触角伸向教学的四面八方，形成开放式的阅读新理念、新氛围、新环境。新理念的阅读教学应该有各种各样的读法。武宏钧认为，读写相宜，随文练笔，要读中变，变中练，决不能拘泥于教材中固定的内容与格式，我们应该根据教材提供的例子，变换角度，八方延伸，拓宽思路，给学生创造一个民主活泼的课堂，让学生畅所欲言，各抒己见，摆事实找依据。凡言之有理者，应允许有多种答案。学生可以针对例子进行种种猜测和推想，这样在培养学生思维的广阔性和灵活性上，进行定向的思维和联想，进而达到读写结合零脱节的美好境界。

（四）语文教育的自然境界

“师法自然”是武宏钧追求的自然境界。大树都是先长主干再长侧枝，这样才能保证大树能够成材。这是大树的顶端优势，因为只有一直向上生长，大树才有更大的生长空间。没有一棵大树只向旁边长，长胖不长高；一定是先长主干再长细枝，互有空间，绝不结结；越向上长，空间越大，越能成为一棵大树！园艺师都有这样的心得体会：多余的残枝只能装点暂时的茂盛，而对大树的最终成材而言却是累赘；大树之所以能成栋梁，是因为有人不断地修剪其枝叶。所以大树要想壮大必须这样，只有这样才能使树干和每个细枝拥有更大的空间，才能拥有更多的阳光滋养！现代教育的本质，就是“变态”——改变受教者的原生态，使之变得深刻，使之变得渊博。这种本质要求受教者首先是一个亲自的存在品，如果游离，效果就会大打折扣甚至无效果。因此，自然就成了现代教育的本质存在的强力保证。教学以育人为先，育人以育德为本。人自身就有一种积极向上的力量，这就是人成长的“顶端优势”，学生要强化和壮大这种自身成长的“顶端优势”；同时，教育有引导和“修剪侧枝”的功能，学生要在家长和老师的教导下，剪掉影响自己成材的“枝丫”，保证正确的成长方向，给自身更大的成长和发展空间。武宏钧积极倡导一种“森林式”的语文教育。“森林式”语文教育为学生的求知与进步提供了广泛的自主性，为学生的多元化发展开拓渠道，重在培养学生成人、成才的素质与品德。我们的教育目的是真正做到根据学生的特点，挖掘学生的潜力，引导和促进每一个学生的终身发展，培养其终身学习的能力，并惠及学生的一生。“森林式”语文教育关注教育对象的主体性，从不同学生的差异出发，有的放矢地进行有差别的教学，使每个学生都能扬长避短，获得最佳发展机会，这与孔子提出的“因材施教”“有教无类”是一致的。“森林式”语文教育给每一个教育对象提供了有尊严、富有个性、平等的空间。森林为鸟儿提供了绿荫，涵养了水源，汇聚了营养；为鸟儿准备好了一切，包括必需的挫折和创伤。森林虽然比鸟笼更适合成长，但是它仍不是鸟儿最后的天堂。“森林式”语文教育的课堂注视鸟儿飞向更高、更远、更美的地方，森林会永远守望鸟儿的智慧，放飞鸟儿的希望。“森林式”语文教育的课堂就应该是像森林一样的地方，为学生提供适合其发展和需要的教育。“森林式”语文教育应该是广袤的森林，为每一只鸟儿的歌唱、休憩与飞翔提供多种所需，保护它们，养育它们，放飞它们。

（五）语文教育的文化构建

武宏钧认为，大树的年轮镌刻着成长的历史印记，记录着成长历程中气温、湿度等环境变化的轨迹，大树成材就是通过长期的积淀，最后不断变得丰实厚重的结果。人的成长与大树一样，需要通过知识、经验、阅历的不断积累，使自己不断变得厚重，最终自然会厚积薄发，成就一番事业。岁月的年轮就是人成长的足迹，在不断的积累中，人会变得学识渊博、充满智慧，最终成为社会的栋梁之才。从语言环境来看，所有优异学习的路径、行径，本质上无外乎是“体”和“用”二字。“体”，包括体认、体验、体悟（即识得、习得、悟得）;“用”，包括储存后的调用、仿用、化用、活用等。从本质上讲，“体”和“用”要求学生入境，即都要求直抵自然。武宏钧的语文教学注重文化的构建，遵循熏陶浸染、积淀涵养、感悟体验、运用提升等语文学习规律，培养学生热爱母语的情感、关注语文的敏感与领悟语言的语感，从而协同渐进地提升学生的听、说、读、写、思等素养与能力，并养成学生终身学习的良好行为习惯。在语文教学中武宏钧不断地将学生的视线引向校园、社会和家庭，引向图书室、阅览室、展览馆、博物馆及各种纪念馆，引向大型工厂、桥梁工地、饲养厂及农家小院，引向著名的研究室、实验室……有时讲课的不是任课教师，而是学生自己，是科学家、各方面专家，是工人，是农民……武宏钧时常带领学生参加社会团体举办的各种活动，进行一系列的采访和社会调查，增强学生的感性认识，激发其情感；带领学生到广阔的大自然中去，观察日月星辰的变化，欣赏花鸟虫鱼的可爱，陶冶其情感；带领学生主动地参与到社会现实生活和科学研究中去，触及社会焦点，追踪时事话题，表达个人观点，培养其理性情感。积淀并积累，方能厚积而薄发。语文养成教育是一种理念，实施起来得从常态的语文学习生活入手，得从语文学习的细节入手。武宏钧多年来坚持让学生每日必修“五个一”，即日正一字，日积一词，日摘一句，日读一文，日写一记。（1）日正一字。所订正的是自己或别人容易读错或写错的常用字。这其实源于日常生活，所以要求学生读书、书写、交谈、看电视、参与公共活动时留意误读误写的字，并及时记录在专门的本子上。（2）日积一词。主要是从语用的角度出发，积累经常使用却容易出现错误的词语（包括成语），也积累一些自己以前没有掌握的新词语。（3）日摘一句。所摘句子来自自己读书见闻，或极富文采，或极有哲理，或极具激励作用。（4）日读一文。以千字文为宜，以名家时文为佳，可在晨读时朗读，可在就寝前赏读，可在学习间隙做调节性的阅读。（5）日写一记。三五句话，几十上百个字，可写与大家分享的新闻，可发表对当日见闻的评论，可记录自己突发的灵思妙想。内容不限，形式灵活，突出个性。武宏钧长期立足于学生语文文化素养的养成与构建，在国内独树一帜。

三、武宏钧教学智慧的艺术呈现

（一）情感交流零距离

语文教学是一种师生之间情感交流的活动。这种情感交流在多大程度上产生共鸣是判断课堂气氛是否和谐的主要因素。教师饱含热情的教态能使学生对学习产生强大的动力，能促使学生努力克服学习中的困难。情感是连接知识、行为和信念的桥梁，通过情感作用，把知识活化在人的血肉之中，使之产生内心体验和态度，然后付诸行动。武宏钧在语文课堂上，与学生一起做游戏，一起讨论，一起辩论，一起商量，一起研究，甚至是开怀大笑、嬉戏欢闹。武宏钧在潇洒活泼的神态中透出灵气和浪漫，在灵活自然的教态中，用亲切的语言、商量的口气同学生侃侃而谈，使每一句话都具有启发性，使学生听了感到特别舒服。这使教师和学生在课堂上打成一片。

（二）师生互动零差距

语文新课程让课堂教学更加开放，应用新的教学方法和授课模式来培养学生的创新意识，减少因为不和谐的师生关系而造成的课堂教学形式的僵化。武宏钧在教学活动中，全程体现师生互动，而不是单向的灌知识。他在整个教学过程中，不是高高在上，而是通过巧设情境，引导学生，使师生之间没有距离。师生互动的创新思维在民主和谐的气氛中展开。在语文教学中，武宏钧与学生共同协商，交流生活的体验，谈论人生的意义，探讨习作的窍门和方法等。在武宏钧的课堂上，通过师生、同伴、文本、生活的多向对话，课堂真正成了自主、合作、探究的场所。学生虽身处教室，但可以思接千载、浮想联翩、异想天开，甚至可以胡思乱想，从而力求达到文思泉涌、下笔如有神。

（三）语文评价零功利

在应试教育观念下的以分数为标准的考试和评价方法异化了相当一部分学生的人格。传统的语文评价是以分数高低判优劣，学生看到的是一个分数，形成了功利观念，缺失了其体验发展的过程。武宏钧教语文，尽量减少语文考试和评价的功利色彩，弱化考试的等级划分和筛选功能，强化评价的及时分析判断和及时反馈的功能，使评价成为因材施教的调节手段。多年来，武宏钧一直在语文评价内容、评价形式、试题设置、评价标准等方面进行探索改革，致力于使评价既有利于学生的身心健康，又能使学生掌握基本的知识和技能。武宏钧倡导的语文绿色评价以发展为宗旨，构建开放的评价体系，努力做到全员评价、全程评价、全面评价，师生共同参与评价的全过程，形成零功利评价。以阳光评价（公开、公平、快乐）为载体，通过评价引导学生体验习作的乐趣，他让学生体验成功的过程，体验习作发展的成功。

（四）指导优化零损失

武宏钧在语文教学中积极倡导指导过程的最优化，拒绝无效练习，力求把课堂损失降低为零。要实现语文教学效益的零损失，教师在设计教学过程时不仅要安排好教的活动，而且要安排好学的活动，最重要的是要着重安排好教和学活动的有机配合。武宏钧教语文强调树立生活的大语文观，努力做到生活语文化和语文生活化，引导学生快速观察、快速思考、快速阅读、快速写作；引导学生走进生活发现美，描绘生活展示美，创新生活创造美;引导学生快乐地体验生活、感悟生活、描述生活。他在指导过程中不仅进行知识信息的交流，而且重视情感的交流，选择适当的教学方法，扬长避短，尽可能地创设最优的教学条件，并使各种教学条件协调发挥作用，达到最大的教学效益。

（五）读写结合零脱节

武宏钧的语文教学读书观是大阅读观。他指导学生读书，不仅指导学生读文字的书，而且指导学生阅读生活的书、实践的书，阅读音乐书，阅读图画书，阅读有声的书，阅读影视的书，阅读方方面面的书。武宏钧的语文读书观有各种各样的读法，努力达到“三读”：读中仿，仿中创，连接读写结合的思维通道；读中变，变中练，架起读写结合的桥梁；读后感，悟中练，搜索读写结合的灵感信息。做到导中读写，读中悟写，悟中练写，评后创新写。学生可以通过读的练习，向古人学智慧，向今人学文笔；通过写的练习，为做人而语文，在内容上求真；以语文促做人，在章法上求善；以语文述做人，在语言上求美；力求达到读写结合零脱节的美好境界。

（六）情感开放零约束

武宏钧认为，学生的习作应当是自鸣天籁，是个人情感、灵性的外化。古往今来，脍炙人口的、感人的作品，大多是真情实感的自然流露。只有自由，才能写出个性，才能抒发真情，才能“我手写我口，我口言我心”。因此，武宏钧在作文教学中实施模式教学而不模式化，他积极倡导在入门模式指导下的自由作文，主张学生自主写作。他指导学生用自己的眼睛去观察周围的世界，用自己的心灵去感受周围的世界，然后将自己的观察感受所得形成语言文字。他在作文指导的过程中，力求做到情感开放零约束。

（七）语文教育“三为本”

武宏钧认为，教育的重要任务是帮助受教育者成长和提升智慧。教育的使命就是培养人格完善、身心愉悦、个性充盈、智慧和谐的人。简而言之，教育要为学生的智慧人生奠基。所谓智慧课堂就是“教智慧、学智慧”和“智慧地教、智慧地学”的教育。只有把这两个方面结合起来，在感受智慧中进行智慧内容、智慧观的教育，智慧语文的课堂才能实现完整的意义。在智慧语文教学中只要做到“三为本”，即具有“以促进学生全面发展为本”的教育理念，“以提高学生语文素养为本”的课程理念，“以指导学生练习运用为本”的操作理念，就能够简简单单教语文。实践出真知。武宏钧探索总结出的“三为本”新理念，以促进学生的生命发展为核心，着眼于学生的情智发展，着力于语文实践活动，着重于语言的内化进程，融聚集纳先哲之智慧，兼容交汇当代新科学，吸纳综合各派新方法，展示语文课程新理念。

（八）智慧阅读“三感悟”

武宏钧认为，智慧语文教学的阅读过程是一个有生命的过程，如果说理解性阅读是给生命提供养料的话，那么阅读的感悟则是对生命高度的提升。悟，是在整体把握文章的理解、评价、读写结合的拓展、思想认识的同构等因素的基础上，通过分析、比较、综合、联想等思维活动，发现新问题、开拓新思路、产生新认识。在阅读教学实践中，武宏钧认为教师应该巧辟蹊径，指导学生入题时引导悟，导读时点拨悟（由小处悟到大处，由正面悟到反面，由点悟到面，由现在悟到过去，由远处悟到近处，由有限悟到无限，由实处悟到虚处，由空白处悟到生活处），结尾时升华悟（升华情感创新悟、引导想象发散悟、联系全文总结悟、一言心得抒情悟）。通过读中悟、悟中读，学生能提升阅读质量，领略生命之巅的秀丽风光。

（九）智慧课堂“六引领”

武宏钧的引领式智慧语文生态课堂，是以教师引导为前提，以学生自主学习为主线，以终生受益为目的，将课堂由教师的讲堂变成基本上由学生自学的学堂。在教学中武宏钧努力做到：兴趣引领，未成曲调先有情；目标引领，把握要点方向明；问题引领，生态课堂模式新；方法引领，比较对比智慧生；习惯引领，奠基终生重养成；状态引领，情趣激扬动态生。武宏钧的引领式智慧语文生态课堂教学模式的课堂教学改革，不只是把被压抑、被控制的生命解放出来，更重要的是一切为了学生，高度尊重和全面依靠学生，把大自然所赐的全部资源调动和发挥出来，从控制生命转向激扬生命。引领式的智慧语文生态课堂的教学最终目的就是把教师如何教转变为如何引领学生学，通过教师的引领，促进学生自主高效地学习。引领式的智慧语文生态课堂教学模式告别了内容分析式的教学。

（十）智慧课堂“十拓展”

武宏钧认为，走向生本的智慧语文生态课堂，可以唤醒学生沉睡的潜能，点燃学生智慧的火花，能够成为师生互动、心灵对话的舞台，把主要依靠教师的教转化为在教师的帮助下主要依靠学生的学，把课堂办成真正的促进学生自主学习的学堂而不是讲堂。在课堂教学中，武宏钧采取激扬生命的拓展方式，引领学生感悟并体验语文课具有的情感温度、文化宽度和思想深度，从而"成为生命的诗意存在"。武宏钧教学智慧强调把握好教学之度：一是创设情境，拓展激发情趣的乐度；二是层次练习，拓展攀登知识的梯度；三是滋润心田，拓展徜徉文化的宽度；四是创新超越，拓展思想拔节的深度；五是促进发展，强化智慧引导的活度；六是多元设计，增加润泽生命的温度；七是融入童趣，凸显快乐学习的靓度（精彩的程度）；八是循序渐进，拓展习惯养成的厚度；九是活力无限，拓展慎思明辨的悟度；十是教学相长，拓展自育自学的力度。武宏钧的语文生态课堂练习绝不是脱离生活实际的纯技术训练，而是应生活之需、切生活之用，为真情而学习，为兴趣而学习，为交际而学习，为实用而学习的能力训练。这样的练习能积极引导学生生成有我之情、有我之思、有我之心，让学生在做中学，通过拓展、挖掘、思考、感悟，激发其自主性、主动性和创造性。语文的课堂始终要动静结合，动中寓静，静中含动，动静相宜，引导学生的学习要与经历、经验和生活发生联系，最终形成彻悟，把知识和技能内化为智慧。

四、武宏钧教学智慧精品片段聚焦

片段一：

由远处悟到近处

语文课本有些历史题材的课文内容，离我们的生活现实比较遥远，在导读中我们可以引导学生由远处悟到近处，从而产生情感的共鸣，加深对课文的理解。比如《我的战友邱少云》一文中有这样一段话："我不敢朝他那儿看，不忍眼巴巴地看着我的战友被活活地烧死。但是我忍不住不看，我盼望出现什么奇迹——火突然间熄灭。我的心像刀绞一般，泪水迷糊了我的眼睛。"1989年，武宏钧在参加安徽省阜阳市的优质课教学比赛中就设计了"如果你在战斗现场……你的心情会怎样"这一个悟的环节。

师：请同学们反复诵读这段文字，想象一下，如果你在战斗现场，亲眼看见战友邱少云在烈火中忍受煎熬，你的心情会怎样？

生：我的心像刀绞一般。

师：请细细体味这一“绞”字，那会是一种怎样的感觉？

生 1：痛。

生 2：刀刺进胸膛，再来回搅几下的那种戳心的、无法忍受的痛。

师：有刀吗？文中指什么像刀绞一般“绞”着“我”的心？

生 1：眼睁睁地看着与自己生死与共的战友活活地被火烧而不能救他，这种心情如刀绞一般“绞”着“我”的心。

生 2：看到战友烈火烧身，想象到他一定痛苦得如“刀绞一般”，所以“我”的心里也如“刀绞一般”。

生 3：“我”既无法忍受战友被大火活活折磨，又担心战斗会受影响，这矛盾的心情如刀绞一般折磨着“我”。

生 4：“我”有一种说不出的难过，好想哭，“我”的心碎了，这样的战友不能死……

师：是的，这样伟大的战友不能死，他怎会离我们而去？他将永远活在我们的心中。让我们来练习读这一小节，读出感情来。

【品评】

在这个悟的教学环节中，武宏钧先让学生在创设的教学情境中反复诵读课文，然后从“绞”字入手感悟，由过去悟到现在，由远处悟到近处，让学生谈自己的感受。学生在联系生活经验和知识基础对“绞”做了感性化的理解后，又在武宏钧的引导下，结合课文内容，逐步感受“我的心像刀绞一般”，体味这生离死别、刻骨铭心的人间真情。最后学生的感情已完全沉浸于课文之中。所以，当武宏钧要求学生读出感情的时候，有的学生流下了眼泪，这是真情的流露。

片段二：

开开心心玩中练

暑假刚刚接到一个新班，开学第一天，来了十多位家长。有一位家长直接就问：“老师，你可会教作文？我们的孩子最怕写作文了。”

武宏钧笑了笑，说：“试试看吧。”

他随即在班上做了一次小调查，让学生写一写自己最害怕的事情，58 人中竟然有 45 人怕写作文，11 人怕考试，还有怕背书、怕挨打的。

第一节作文应该怎么上？武宏钧观察了两天，思索了两天。他发现校园里流行一种吹泡泡的游戏。一到下课，许多小朋友都跑到操场上吹泡泡。武宏钧眉头一动，计上心来。

星期四下午是作文课。上午放学的时候，武宏钧布置了一项特殊的作业——每个人都要准备好吹泡泡的工具，因为下午班级要举行一次吹泡泡大赛。

同学们一听，顿时欢呼雀跃。

下午的游戏进行得十分顺利，一切都按照武宏钧设计的比赛程序进行。

第一局比赛，男生比赛，比谁吹得大。

第二局比赛，女生比赛，比谁吹得多。

第三局比赛，男女生混合，4人一组，比谁吹得又大又多。

看到同学们比赛之后还没有尽兴，武宏钧干脆带领学生到操场上自由自在地吹泡泡。

当同学们都沉浸在快乐的气氛中时，武宏钧及时引导学生把自己看到的、听到的、想到的都写出来。30分钟左右，大部分同学都洋洋洒洒地写了500多字。其中最怕写作文的赵静同学的作文是这样的——

有趣的吹泡泡

今天上午，武老师宣布下午举行吹泡泡比赛，同学们听了高兴得一蹦三尺高。中午放学后，我一回到家就准备了吹泡泡的工具。

比赛开始了，武老师讲了比赛的要求一是看谁吹得大，二是看谁吹得多。我们每组各选一个代表来决定胜负。你瞧，吹出来的泡泡形态各异。男选手们蘸了一下肥皂水，把管送到嘴边，鼓着腮帮子，使足劲却怎么也吹不出来。这可急坏了他们那组的同学，这些小选手看看别人，他们的腮帮子没鼓，脸没憋红，怎么能吹出来呢？原来，吹泡泡要慢慢地吹，轻轻地吹。随着微风吹动，泡泡也徐徐上升。同学们纷纷拍手叫好，个个欢呼起来。

下一轮的比赛又开始了，参赛的小选手有的歪着头吹，有的仰着脸吹，有的笑着吹。大的、小的、长的、扁的、单个的、成串的……泡泡在教室中翩翩起舞。随着我们的歌声，伴着一阵又一阵的笑声，小泡泡们在笑声中尽情地漫天飞舞。

我们禁不住心中的愉快，跑到外面进行吹泡泡比赛。你瞧，泡泡晶莹透亮，一起飞上天，又一起落下来，落下来时如同天上撒下的万颗珍珠，花花绿绿，不计其数。泡泡大的像气球，小的像珍珠，还有连成串的像冰糖葫芦。在阳光的照耀下光彩夺目，婀娜多姿，五彩缤纷，淡淡的柠檬黄、翡翠绿、玛瑙红……变幻莫测，美丽极了。

啊！有趣的吹泡泡比赛，是我们小学生活中最鲜亮的一页，是最生动的音符，是最开心的时刻。吹泡泡吹出了欢乐，吹出了情趣，吹出了幸福。

【品评】

小作者按照活动先后的顺序，细致地描述了一次有趣的吹泡泡活动。作文将写人、写景融为一体，生动有趣地再现了当时的情景。结尾抒情，升华了文章的意境，揭示了文章的中心。

武宏钧认为游戏是一种富有乐趣的活动。大家喜欢游戏，而且玩得很多，无论在校内还是校外，在课内还是课外，上幼儿园还是读小学，大家都玩过游戏。武宏钧的游戏内容丰富，形式多样，有体育游戏，如老鹰抓小鸡、猫捉老鼠、跳骆驼、骑山羊、丢手绢等；有文娱性游戏，如猜谜语唱歌、击鼓传花等；有智力游戏，如成语接龙、数数等；有科学游戏，如吹泡泡、科学小实验等。根据年龄、年级的不同，所玩的游戏也不一样，如中低年级学生玩体育游戏、文娱性游戏较多，高年级学生玩智力游戏、科学游戏较多。虽然游戏的内容与形式不同，不同的游戏又有不同的特点，但玩任何一种游戏都有一个过程。武宏钧认为，指导学生记一次游戏活动，不仅要写出游戏的时间、地点、人物和玩什么游戏，而且要侧重记叙游戏活动的过程，把游戏的特点，别人怎么玩，自己怎么玩，以及游戏过程中自己的心情和感受、别人的动作、神态和语言都记叙清楚。由于各人的兴趣爱好不同，在玩过的各种各样的游戏中，总有自己最爱玩的一种游戏。需要说明的是，作文指导的游戏可不是普通的游戏，武宏钧的每一个游戏都是经过精心编排的，都是为了训练作文的某一项特定的技能而用心设计的。主要的游戏有以下几种。（1）科学实验：纸杯烧水、鸡蛋游泳、烧不烂的手帕。（2）生活体验：小“长征”、包饺子、水果展销会。（3）快乐游戏：吃西瓜（活动场面写出来）、木头人（心理活动学几招）、吹泡泡（巧用修辞、描写生动）、爆玉米花（观察要细致）。（4）心理训练：踩报纸、聋哑人、哭哭哭、笑笑笑。（5）社会实践：爱心义卖、当法官……实践证明，武宏钧用以上这些方法给学生上三至五次课，就帮助他们摆脱了对作文的畏惧；上十次课左右，学生就喜欢上了作文；上完一个学期，学生的作文水平就发生了根本的变化。武宏钧的写作指导课成了学生的一种思考或者说是一种习惯，还能使学生以平常的心态去应对需要语言表达所进行的比赛，让学生尽情地享受写作成功所带来的乐趣！

五、武宏钧教学智慧经典课堂实录

画龙点睛

第一环节：引趣，亲情融融（导入）

师：早就听说 ×× 小学的学生又聪明又漂亮，今天一见，果然名不虚传。你看那女学生长得……男学生长得……（夸外貌漂亮）

（生笑）

师（问男生）：刚才校长告诉我，我们班级的男生最聪明，对吗？

生：对！

师（问女生）：但是，刚才主任也告诉我，我们班级的女生最聪明，是吗？

生：是！

师：到底是真聪明还是假聪明呢，我想写个字让大家认一认，好不好？

生：好！

（老师板书“红”和“军”两个字分别让学生组词）

生：红色、红旗……军队、军事……

师：真聪明！我再写个难的字让大家组词。（写一个“武”）

生：武器、武功、武装……

师（暗示）：谁能组一个是人名的词？《水浒传》上有一个……

生：武松。

师：武松是一个打虎英雄。他姓武，我也姓武。他是打虎大英雄，我也是一个打虎英雄。不过，他打的是真老虎，我打的是假老虎，是纸老虎。

（生大笑）

师：这个纸老虎就是作文。（板书）

师：同学们怕不怕写作文呀？

生1：不怕。

生2：怕。

师：作文是个纸老虎，一点也不可怕。我是打虎大英雄，你们是打虎小英雄。咱们一起来打倒作文这个纸老虎，好不好？

生（情绪高涨起来了）：好！

师：看来同学们是真聪明！我想请你们猜一猜，这一节上什么课？

生：作文课——

师：错了——错了——

（生迷惑不解）

师：我今天上的是画画课！

生：咦！嘘……

（教学策略：从激发小学生的情趣入手，开头就巧妙地创设了一个有趣的情境，一下子就抓住了小学生的注意力，引爆了小学生情感思维的火花，使小学生处于一种兴奋的状态中。不仅解决了无话可说的问题，而且恰到好处地为下面的写作指导做好铺垫、埋好伏笔。一个游戏和简笔画，形象地画出行文的思路图，三段式直观易懂、易学、易记，轻巧地引导小学生打开了习作的思路，巧妙地解决了作文难的问题）

第二环节：给力，情趣无限（激情）

师（一边在黑板的两边画两条龙，一边讲《画龙点睛》的故事）：话说南北朝时期，金陵建造了一座寺庙，叫安乐寺……这个故事就是《画龙点睛》。“画龙点睛”是一个成语，比喻作文或说话时在关键地方加上精辟的语句，使内容更加生动传神。（讲故事和画龙是为下面的游戏做铺垫。例如：这画龙点睛的一笔，有力地表明了主题。板书“画龙点睛”）老师不敢画眼睛，因为怕这两条龙也飞上天空。谁能来帮助老师给龙画上眼睛？我们选一个“白马王子”，一个“白雪公主”为代表，比赛一下好吗？

生：好。

师（找两名同学上台，一男一女。他们将蒙上眼睛给龙画眼睛）：下面我们男同学为“白马王子”当啦啦队，女同学为“白雪公主”当啦啦队，好不好？

生：好！

师：下面的同学请注意，男生就是“白马王子”啦啦队，女生呢？是“白雪公主”啦啦队。我们大家给他们加油助威好吗？

生：好！

师：为了比赛，为了画得有趣，我建议给“白雪公主”和“白马王子”蒙上眼睛，好吗？

师：只准提示上下左右。（让两名同学交换位置，画眼睛）

（生呼喊提示，教室里气氛空前活跃）

（两名同学慢慢地画眼睛，结果画错了位置。当他们扯下用来蒙眼睛的红领巾时，不好意思地笑了，下面的同学大笑）

（教学策略："白雪公主"和"白马王子"尝试画眼睛，其他同学呐喊助威。两名同学战战兢兢地画眼睛。在这里，以小游戏为抓手，创设情境，既活跃了课堂气氛，又可以从观察体验入手进行指导，“珍惜学生独特的感受”，“贴近学生实际让学生易于动笔，乐于表达”。这为学生的习作提供了有趣的素材，解决了无话可写的问题）

第三环节：导窍，开启心路（启思）

师：同学们想一想，他们为什么会画错了？

生：因为蒙上了眼睛。

师：对！眼睛是心灵的窗户。美不美，看眼睛。快速作文就是从观察开始，（板书）观察不仅仅是用眼睛看，还包括用耳朵——

生：听。

师：用心——

生：想。

师：用手——

生：摸。

师：用嘴——

生：尝。

师：对！（板书：看　听　想　摸　尝）

师：你们刚才看到了吗？

生：看到了。

师：听到了吗？

生：听到了。

师：动脑筋想了吗？

生：想了。

师：其实，写作文并不难，只是把我们看到的、听到的、想到的内容写出来而已。写作文就是用笔在说话，我手写我口，我口言我心。（板书）你自己心里是怎么想的，用笔写出来，就是作文了。

（生注意听讲）

师：那么我们怎样才能把刚才看到的、听到的、想到的写出来呢？

（生思考）

师：同学们，刚才这个小游戏有趣吗？

生：有趣。

师：这么有趣的游戏如果不写下来是不是太可惜了？我们怎样才能把这个故事生动有趣地写出来呢？（提示引导，形成板书）

师：故事有了，应该写一个什么题目呢？（引导学生自由命题）

（师生对话，边讲边画，完成板书如下）

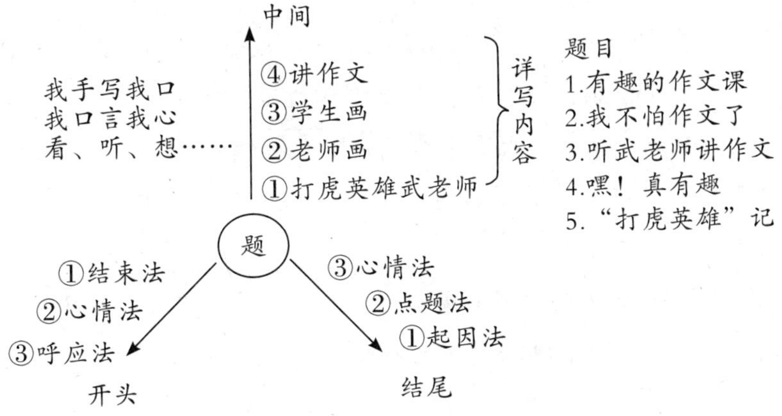

（教学策略：作文教学，贵在开窍之功。通过老师的引导、诱导、点拨，学生就有话可说。这一环节的指导，能比较快捷地帮助学生打开行文的思路，抓住写作的重点，做到个性化地思考、个性化地体验、个性化地表达。以智慧启迪智慧，以情感激发情感，以思想碰撞思想，以个性化的指导指导学生写出个性化的文章。激发情趣事事皆可成文，张扬个性人人能做妙章。这样的作文教学让学生在“开窍”的过程中唤醒自我、确立自我、提升自我、解放自我）

第四环节：激情，提示快写（导写）

师：下面请同学们根据老师讲的内容，自选一个题目，想一想，与同桌交流一下，说一说自己打算怎样写。

（生同桌交流）

师：下面我们来比一比，是男生聪明还是女生聪明。请大家用最快的速度写一篇作文，看谁写得又快又好！不会写的字可用拼音代替。下面开始倒计时——

生：10——9——8……3——2——1！开始习作。

（学生习作，教师巡视指导，并随时留意学生写出来的精彩的亮点，以利评点）

第五环节：评议，放大亮点（点评）

（一）展示佳作，评价作文

1. 学生完成习作的顺序有先有后。根据学生的习作，教师快速浏览，找出习作的亮点。

2. 亮点归类：好的开头，好的结尾，好的过渡句，好的段落，精彩的细节或句子（如抒情的句子、想象的句子、成语的使用等）。

师：刚才同学们一鼓作气，行云流水般地快速写完了作文。下面，我们一起来交流一下，让大家来分享一下成功的快乐，好吗？谁来朗读一下自己感到最满意、最精彩的文章或段落？（学生朗读自己的佳作，教师现场点评）

（教学策略：此环节的目的是引领学生在“愿意将自己的习作读给别人听，与他人分享习作的快乐”的过程中，逐步养成终生受用的自改能力。

学生把自己的作文读给别人听，可以征询别人的意见，把作文修改得更好）

（二）总结交流，体验快乐

师：同学们，马上就要下课了。你觉得这一节作文课快乐吗，有趣吗？

生：有趣。

师：下面我们来举行“画龙点睛一句话大赛”，好不好？请你把自己心里的话写出来。你可以写自己的感受，写给老师的建议，写自己的快乐体验……比一比，看看是“白雪公主”写得好，还是“白马王子”写得棒。

（学生交流展示“画龙点睛一句话”活动的习作，教师及时评价）

教师分类展评习作，放大亮点，点评出彩的地方。师生交流评议。

第六环节：定格，二次习作

1. 趁热打铁，提示学生完成二次习作。在习作中学生可以学习和借鉴别人的好句子、好段落，可以自己创新写出更好的句子或段落。

2. 学生完成二次习作。师生进行二次评议。

第七环节：变格，创新习作

师：同学们，我们的祖国就是一条腾飞的巨龙。在我们奔向小康生活的过程中，有许许多多的“龙”等待大家去画。我希望大家认真学习，练好本领，长大后用自己的智慧来描绘祖国之龙，描绘幸福生活之龙，描绘快乐之龙……课后，我希望大家换一种方式或换一个题目练习写这一件有趣的事情（写日记）。下课。

（武雪　余亮）

参考文献

［1］田耘，武宏钧．幸福课堂的理论与实践［M］．北京：现代教育出版社，2011．

[2] 田耘，武宏钧．幸福课堂的36个创意[M]．北京：现代教育出版社，2012.

[3] 苗维爱，武宏钧．兴趣课堂的理论与实践[M]．北京：现代教育出版社，2014.

[4] 苗维爱，武宏钧．兴趣课堂的校本教研[M]．北京：现代教育出版社，2014.

[5] 倪士昌，丁虎，武宏钧．自然课堂的理论与实践[M]．北京：现代教育出版社，2014.

[6] 倪士昌，丁虎，武宏钧．自然课堂的教育智慧[M]．北京：现代教育出版社，2015.

[7] 武宏钧．基础作文教学的理论与实践[M]．郑州：文心出版社，2013.

[8] 武宏钧．武宏钧教写作[M]．郑州：文心出版社，2013.

[9] 武宏钧，李克荣，周鹏．徽派语文的阜阳智慧[M]．北京：现代教育出版社，2015.

[10] 武宏钧，李安国．徽派语文的习作教学设计（上学期）[M]．北京：现代教育出版社，2015.

[11] 武宏钧，李安国．徽派语文的习作教学设计（下学期）[M]．北京：现代教育出版社，2015.

[12] 武宏钧，崔征．幸福教师制胜之道[M]．北京：现代教育出版社，2014.

[13] 武宏钧，韩震．幸福体验式作业设计[M]．北京：现代教育出版社，2014.

[14] 武宏钧，武方，董世伟．小学和雅课堂的理论与实践[M]．北京：现代教育出版社，2014.

[15] 武宏钧，徐玉勇．幸福课堂的心理辅导[M]．北京：现代教育出版社，2013.

[16] 武宏钧，张水荣．语文教师的智慧方程式[M]．北京：现代教育出版社，2013.

[17] 徐玉勇，武宏钧，田耘．幸福课堂的班主任技巧[M]．北京：现代教育出版社，2012.

[18] 徐玉勇，武宏钧. 幸福课堂的习作教学 [M]. 北京:现代教育出版社，2013.

[19] 徐玉勇，武宏钧. 幸福课堂的管理细节 [M]. 北京:现代教育出版社，2013.

第七篇　熊生贵教学智慧研究

熊生贵，1963年生，四川省泸州市江阳区教研培训中心教研员，特级教师，中学高级教师，基础教育课程改革国家级培训者，国家及省“国培计划”授课专家，四川省课程改革师资培训讲师团成员，泸州市课程改革专家组成员，西南大学教育学硕士生导师，成都大学特聘教师继续教育授课专家，2007年被评为中国小学语文十大年度人物，被列为四川省首批（1991年）青年骨干教师，先后被评为泸州市有突出贡献的拔尖人才、泸州市优秀青年、泸州市知名教师。

熊生贵在30多年的教育生涯中，围绕语文教育教学，展开了全面的研究与改革实践，积累了丰厚的理论与实践成果，其中独树一帜的是“练能教育”。他创立的“练能教育”模式，内核是“生命觉解，自主练能”，模式是展练式自主课堂以及自主化的立体练能体系。

熊生贵在国内各级刊物上发表文章500多篇，出版论著36部、学生学习用书19种，围绕“练能教育”的代表专著有《练能教育与自主课堂》《教学转向练能》《“读练”式自主课堂》等，其他代表性著作有《新课程：生命课堂的诞生》《新课程：教学创新新视点》《新课程：做行动研究者》《理想的语文课》《小学语文教学法新编》《有效教学，和谐课堂——小学语文》《语文教学实施指南（小学卷）》《新课程怎么教（北师大版小学语文第一册教师用书）》《奇妙的创新作文》《创新教室》《新途径作文》等。10余年来，他到全国各地讲课讲学300多场。他参与的主研多项教育科研课题分别获得国家、省、市大奖。他成功指导过不少参赛课、公开课、研究课，培养出不少中青年名师、骨干教师。他还成功地指导了一些中小学建立教学改革模式，创建学校文化和特色学校。

一、熊生贵教学智慧的探索历程

熊生贵的教育教学探索历程，是一个青年教师励志与专业成长的典型案例，他几十年努力探寻属于自己的一套教育方法的人生，也正是他的教育教学智慧的发展轨迹。

（一）缘起：遭遇尴尬、本领恐慌与朴素的起誓

熊生贵1982年参加工作时，只有一个中等师范生的底子，教育教学本领不高，不要说搞研究，就连简单的材料、论文都写不好。

1984年，他自发地将学校里喜欢书法、绘画的几十个学生组织起来，进行义务辅导，通过新颖的培训活动发展他们的特长。这一举动受到了领导的关注，教育局决定抓这个典型评先进。校长让他自己写总结材料，他煞费苦心地写出了几千字的事迹材料，呈报上去。先进评上了，校长很高兴，大加宣传。有一天，教育局领导跟校长谈话，问道："你们这个先进事迹真不错，材料是谁写的？"校长很得意地说："材料是一个年轻有为的青年教师所写。"谁知那位领导却生气地批评道："那材料写得实在是太差了！"得知此讯后，熊生贵羞愧难当，于是发誓："我一定要学会写文章！"

同年，熊生贵在惊愕、无措、推托无果之后，惶恐地当上了学校副教导主任。次年在更加惶恐中，他被提拔为学校副校长，上任时还没满22岁。当上领导的他，提出他的想法——上数学课，却遭到校长断然拒绝，因为有一位语文老师退休了，要他顶上去。从此，他就走上了语文教学之路。

走马上任后，全校语文老师约定要听熊生贵的课。对第一次公开课，熊生贵高度重视，认真备课，把课堂上要说的每一句话都写了下来。正式上课那天，面对二三十个语文老师，他背书式地讲课。不知是因为紧张讲得太快，还是将时间看错了，他以为讲完正好要下课，可实际上讲完时下课铃声并没有响。他只好站在讲台上傻傻地等待，一等就是10分钟。那等待的尴尬真是度秒如年。在无比羞愧之后，他再次发誓："我一定要学习、研究，成为教育教学的内行！"

从那以后，熊生贵开始拼命地学习，参加自修大学攻读汉语专科；购买大量教育学、心理学专著，订阅多种教育期刊；他规定自己每天不

能在晚上十二点之前睡觉；他要求自己天天都写东西，每周写两篇论文（尽管谈不上论文）；他将自己所写的文章投递出去，希望自己的名字能成为铅字，但是“失望绵绵无绝期”。

1985—1986年，因朋友相约，熊生贵与另外三人共同发起，成立了“泸州市青年教协”（这个自主自培的教育民间团体，后来闻名全国，成员发展到2000多人，以下简称为“青年教协”）。因为感到自己基础差、底子薄，他便在组织中主动担当多项工作，比如担任会刊《教海新探》的主编。在会刊首期上，他发表了一篇励志文章——《要有自己的“一套”》。他给自己的教育人生立下志向：要探寻、建构自己的“一套”。那么，这“一套”是什么？何处能够寻觅得到？

（二）在一波三折中追寻理想的语文教学

在20世纪即将结束之际，熊生贵整理了自己的语文教学探索成果，编成一本个人专著《理想的语文课》（已出版）。他梳理了自己的语文教学教研之路——“在追寻中发展，在发展中追寻”。他的教学之路经历了以下阶段：

（1）空洞期。初上语文，一片茫然，备课依赖教案参考，在课堂上背教案，基本不知为何教学、如何教学。

（2）朦胧期。1986年前后，他觉得自己是在“教”书了，明白教书不仅在于教会学生读一篇篇文章，更重要的是要培养学生的语文能力，并且还要挖掘学生的非智力因素。能力的培养、非智力因素的挖掘，都是通过讲解、问答等启发式来实现的。这一时期，他在吸纳中尝试写作，偶有文章发表。如1987年第一次在全国刊物上发表文章《朱自清论阅读教学一斑》（载于《小学语文教学》1987年第7—8期），给予了他极大鼓励。

（3）迷惘期。20世纪80年代后期，全国的小学语文教学改革风起云涌，各种改革思潮（包括一些西方理论的引入）扑面而来，让人应接不暇，乱花迷眼。他认为，好的语文课仅是讲得精彩是不够的。

（4）过渡期。20世纪90年代开始，泸州市青年教协得到四川教育报刊社的垂青与扶助，熊生贵因此得到了一些教育行家的牵引，青年教协被推向全省，后来影响全国。1991年，他迎来了一个成果面世的小高潮，仅在四川教育报刊社的刊物上就发表了7篇文章。

（5）清晰期。1992 年 10 月，熊生贵调到四川省泸江市江阳区教研部门，从事语文教研工作。从贯彻落实 1992 年版小学语文大纲做起，他在总结实践经验中认为理想的语文课就是训练扎实的课。1995 年，受中国教育学会小学语文教学专业委员会刊主编特邀，他到山西太原参加全国小语教改热点难点研讨会，与来自全国各地的专家、学者切磋。在激烈的思想碰撞之后，他对语文教学有了新的认识：语文课，训练不应是其好课的全部。这一时期，他编写出专著《语言训练纵横论》《小学生口才训练法》，拟出版（后因故未出版）。到这一时期，他深感对语文教学有了自己的主意和成套的见解，并在这以后帮助广大语文教师策划了大量优质课。

（6）升华期。认识与探索永无止境。20 世纪末，熊生贵认为合乎真正意义上的、立足于实施素质教育的小学语文课，要把握住一些基本的东西，即要追求让学生自主学习，自主发展；要通过丰富多彩、学生喜闻乐见的活动来组织语文学习；要让学生在实实在在的语文学习与运用中感悟与积淀语感，语言积累是学生形成语文素养的一条重要途径；在学习活动中要关注学生人格的全方位发展，其中创造力的培育是其重要的价值取向等。这就是他当时的教育理想。

（三）新课程：步入生命关注、构筑生命课堂的视野

21 世纪到来了，随着新课程的改革实施，熊生贵的教学改革研究步入了生命发展关注的视野。随后的 10 年，他的专业提升达到了飞跃式的发展。

他在围绕新课程改革而疯狂学习之际，迅速思考、整理自己的思想体系与改革经验，出版了“新课程三部曲”——《新课程：生命课堂的诞生》《新课程：教学创新新视点》《新课程：做行动研究者》。2001—2010 年这 10 年间，他出版专著 14 部、学生用书 19 种，在各级刊物上发表文章（论文）近 160 篇。值得一提的是，受有关部门特约，熊生贵编写出版的《语文教学实施指南（小学卷）》一书，作为全国小学语文教师实施新课程的培训教材，发行量逾 80 万册，被评为教育部新课程培训优秀课程资源。此外，《新课程：生命课堂的诞生》一书被列入四川省新课程实施教师选读书目。他在这 10 年间，经教育部培训后成为新课程国家级和省级培训者及授课专家，到全国各地讲学，极大地扩大了自己的影响。

这时，他认为，教育教学必须为学生（亦含教师）生命的发展服务：

展示学生生命的活力，提高学生的生命质量，提升学生的生命价值。这种发展即生长，是生命主体的发展，是生命的全面和谐发展，是生命的可持续发展，是生命的个性化发展，当然也是自主的生动活泼的发展。教学的根本性指向是着力于唤醒主体精神，即让学生的自主性、能动性和创造性得到充分的发展和展示。语文课堂应该构建成一种生命课堂，它是生命生长的苗圃、生命享受的乐园、生命创造的天地。

为了更立体、全面地阐述这些观点，熊生贵编写、出版了《唤醒沉睡的主体》等专著。2007 年所写的教材《小学语文教学法新编》，以及后来为广大语文教师继续教育所写的培训教材《有效教学，和谐课堂——小学语文》《有效上课——问题・探究・对策（小学语文）》等，都是他站在新视野下研究所得的成果。

（四）“练能”：让熊生贵的“一套”独树一帜

当熊生贵的改革与研究日渐成为一个博大的体系，成果日益丰硕之后，一个问题始终萦绕着他：在语文教学这个领域中，自己的主攻点何在？与众不同的“一套”是什么？

2008—2009 年，在有效教学、有效课堂（乃至高效教学、高效课堂）的研讨中，熊生贵为根本性地扭转语文教学的流弊，在《语文教学通讯（小学刊）》上发表《“语文”应该是“言语”——兼与徐林祥教授商榷》阐述观点，并于 2011 年在《小学语文教学》上发表《语文教学低效症结：没有搞清楚三个问题》，强调根治症结在于教学转向为“重能力”，不要在人文旗帜下使语文的质与本虚空了。随着 2011 年《国家中长期教育改革和发展规划纲要》的发布，基于其“能力为重”的思想与改革导向，熊生贵提出必须将“教知”“教懂”型的教学变为“练能”型的教学。于是一个新概念被提出来了，重磅文章《阅读教学新定位：由“教懂”变为“练能”》在《语文教学通讯（小学刊）》上发表，紧接着 2012 年初，在《小学语文教学》上推出《变“教知”为“练能”，实现自主学习的常态化》（被人大复印报刊资料《小学语文教与学》全文转载）。由此，“练能”在全国小语界推出，独树一帜。

也是在 2011 年，熊生贵在为一个专家的专著《名家引路：小学语文特级教师评介》撰稿时，梳理出他主张的教学理想状态：一是教学的终级追求，即唤醒生命主体精神；二是教学的操作妙境，即学生在自主学习中训练能力；三是教学的技艺关键，即围绕“自主练能”的有效教学。紧接着，他整理出自己的文稿，形成了一本专著《生命觉解，自主练能》。

在接下来的三年间，熊生贵在深入研究《义务教育语文课程标准（2011年版）》的基础上，大力开展“练能”课堂改革实践，获得了大量的实践成果。以教学改革实践为基础的专著《教学转向练能》于2013年出版。随着将传统语文课堂嬗变为“练能”课堂，将“练能”的思想理念由语文推衍至其他学科，并延展至教育的多个层面，“练能教育”的概念应运而生，“练能教育”的体系逐渐形成。以2014年熊生贵主编的专著《练能教育与自主课堂》为标志，“练能”教育体系建构成型。

现在，“练能教育”作为省级教育科研课题，在教育行政部门支持下组建的熊生贵工作室（同时也是“练能”工作室）的努力下，改革实践正在如火如荼地开展。一批批操作“练能”改革的优秀教师正在快速进步，一个个实施“练能”教育的改革学校正在脱颖而出，一届届享受自主“练能”的学生正在活泼地幸福成长。

二、熊生贵教学智慧的思想内核

“练能”是相对于当今的中小学课堂绝大多数处于“教知”（或“教懂”）状态而言的，旨在强调在课堂教学中，教师要以知识学习为载体，着力培养学生的能力，能力培养成为教学的硬指标，“教知”（或“教懂”）成为教学的附产品。“教知”（或“教懂”）的教学以知识为中心，而“练能”教学强调以能力为中心。

“练能教育”是指以培养学生能力为主的教育（或者说以能力为中心的教育）。“练能教育改革”即在主体教育理念的指导下，通过建构富有主体性教育文化特征的练能式班级管理、练能式自主课堂、练能式学科学习全程、练能式拓展学习活动、练能式教育活动以及练能式生活化学习，构建立体练能模式，实现学生自主管理和自主学习，从而快乐、自信地成长。自主课堂是“练能教育”模式最主要、最突出、最常态的表现方式，它颠覆了传统课堂模式，充分显现学生是课堂的主人，课堂充满生命的活力，教师教得轻松，学生学得更好，课堂成为师生享受教与学的天地。

"练能"之"练"，通常会让人联想到训练。其实，"练能"之"练"，有训练的含义,但又不简单等同于训练。它是一个含有"习练""操作""表现"等意蕴的活动或实践的概念。

"练能"之"能"，简单地说，是技能，是能力。语文教学须练之"能"直接指向的是语文学科技能性能力——听、说、读、写（或识字写字能力、阅读能力、写作能力、口语交际能力），同时还要通过画、唱、演、算、记、议、做（实验、操作）等历练所学的外显能力。实质上，"练能"之"能"，主要是学习能力、实践能力和创新能力。

（一）"练能教育"的基本理念

（1）主体精神的唤醒。"练能教育"追求的是主体性教育，是主体性教育的实现途径，它的目的是唤醒学生的主体精神，培养学生的主体意识，历练其彰显主体性（含自主性、能动性和创造性等）的能力与非智力因素，成就其个性与人格，使学生努力发展成为拥有高质量生命品质的人。

（2）能力为重。能力为重不仅是"练能教育"的重要理念，而且是中国教育改革的大方向和大趋势。其基本含义就是在教育教学中，要高度重视对能力的培养，把能力培养摆在重中之重的位置。

（3）"平民"教育。它强调要关注每一个学生，特别是对容易被忽略的学生应当给予足够重视。它主张人人参与"练能"，个个上台表现，全员快乐成长。

（4）真正实现"教是为了不教"。"教是为了不教"是著名教育家叶圣陶的名言。为了实现"不教"，教师就要教学生学会自主学习和合作展练，将学习的全程交给学生来自主掌控，让学生进行独立自主学习和集体机制下的合作学习，即集体性自主学习，实现全程化。

（5）做幸福型教师。"练能"教学特别是自主"练能教育"状态的实现，要达到教师教得轻松，学生学得愉快、发展得更好的目标，从而让教师在其中拥有幸福感。

（二）"练能"教学的两种操作模式

学生课堂学习"练能"，有两种操作方式，一是教师牵引"练能"，二是学生自主"练能"。

教师牵引学生"练能"，要求教师要有强烈的凭借知识或课文学习来历练学生能力的意识，在教学过程中，以能力训练为目标，以能力训练为教学操作过程。教学的效果是，在学生获得能力的同时，使其获得知识或促进其对课文的理解。

以语文阅读教学来说，一般的以“教懂课文内容”为方向、路径、操作方式的设定是错误的，是导致语文教学低效的根由所在，因此必须将“教懂”型阅读教学转变为“练能”型阅读教学。

阅读教学在“练能”与“教懂”的不同定位上，教学思维大相径庭。“练能”课凭借文本，尽可能多地让学生进行言语学习运用（积累）和听说读写训练。在这个过程中教师顺带“教懂”文本。“练能”为显，“教懂”为隐；“练能”为主，“教懂”为辅。“教懂”是在“练能”的过程中实现的。“练能”是目标与过程，“教懂”是中介与桥梁。着力“练能”，课堂就实；偏重“教懂”，课堂就虚。“教懂”只为一“鱼”（这一篇课文）而事，“练能”则为所有“鱼”（天下文章）而事“渔”，获得语文能力甚至学习能力，何惧这一篇或那一篇文章没有教懂。

（三）立体“练能”模式

该模式包括：（1）班级自主管理“练能”；（2）“自学—展练”“练能”课堂；（3）学科学习全程的自主“练能”；（4）拓展多途径学习活动“练能”；（5）自主教育活动“练能”；（6）校外生活学习“练能”。

以上多个方面，构成如下图的立体结构：

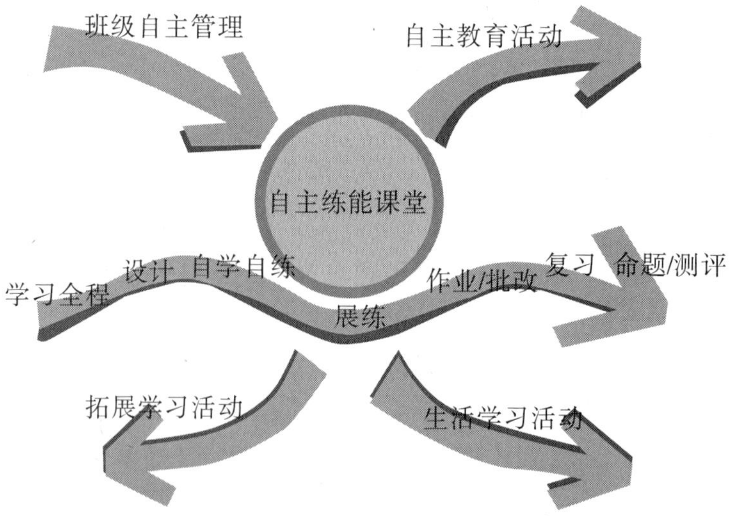

图 7–1

上述结构中，练能式自主课堂是立体练能的切入点和基本突破口。练能式自主课堂中，又以“展练”为注释概念。“展练”基于展示，是展示的改造与升级。“展练”是自我展示加共同训练，展示者同时担当小老师角色，带领大家共同学习、解决问题，实现教师在课堂上真正的放手，自主学习全程化，充分彰显学生是学习的主人。以练能式自主课堂为基础，拓展到学科学习全程自主，让学生的主体精神得以唤醒；学生由课堂教学的主人，再推衍到教育（如班级管理及班级教育活动）的主人，主体性的外延得以丰富，同时主体性的其他因素（如能动性、创造性等），也随之得到发生和发展。于是，主体性教育就完整地实现了。所以，立体“练能”体系是实现主体性教育的重要载体。

三、熊生贵教学智慧的艺术呈现

（一）牵引练能

在都是以教师为主角的课堂教学中，有两种差异极大的操作模式：一是通过问答、讲述，使学生听懂内容；二是相对于“教懂”（教知）型教学偏重视 / 听（或“听 + 视 + 作业”），无练、弱练、浅练，教师通过组织学生活动，在活动中操练技能、历练能力。后者的教学方式就是牵引练能式的教学。前者以教师为中心，教师占据的活动时空较多，后者以学生为主角，力求学生活动时空最大化。

牵引练能之“牵引”，强调教师组织、引导、点拨和激励等作用。牵引练能之“练”，可以理解成训练。“训”是指教师的设计、指导、启发、示范和必要的讲解，“练”是指学生听说读写算及其他实践活动。二者的关系是：训之目的是使其想练、会练、练好；以训导练，以练为主，训练结合，这样就能实现知识的掌握和能力的提高。训练不是机械地训练，是有效地训练，融会了自主参与、情感意志和生活实践，凸显新课程强调的关键要义，即自主、探究、情境、活动、感悟、开放、生活性等。

强调训练之“训”（主要站在教师角度牵引）的练的方式有：激练、教练、示（示范）练、导练、牵练、扶练、放练、检练、评练等。强调训练之“练”（主要站在学生角度活动）的练的方式有：自练、互练、展（展示）练、学练、赛练、评练、强练、测练等。

牵引练能的策略有：选点练能策略、任务导练策略、组块教学策略，点上推进策略、面上延展策略等。

关于选点练能，强调对一篇课文不要面面俱到地讲、去理解，在整体把握课文内容与文章结构后，要精选练能点，深入理解课文并扎实练能。练能点可以是一个文段，也可以是一个问题或话题。以文段来说，教师可选择或能很好地结合语文环境进行识字训练的文段，或能很好地进行词句品悟与运用的文段，或能很好地进行精彩朗读（美读）的文段，或能很好地结合文段学习进行说话或口语交际训练的文段，或能很好地在文段学习中进行补白或延伸性练笔的文段，或能很好地展现某种学习方法、学用结合的文段，或能很好地进行思维训练的文段，或能很好地将精彩词句现场积累（背诵）下来的文段。

选好了练能点，怎么组织实施练能呢？这要革除串讲式、问答式教学将课堂环节设计得多而零碎的做法，将课堂设计成大环节、大组块，每一组块设计成任务导练方式。比如《爬山虎的脚》的教学：

针对课文第二、第三、第四、第五自然段，设计四大活动。第一活动（学第二自然段）：读与背，老师引导学生体会读的语气和背的技巧，主要由学生操练。第二活动（学第三自然段）：画画，学生根据书中描述自由画“脚”，相互评判画得正确与否。第三活动（学第四自然段）：模拟，以臂代“脚”，以桌代墙，表演模拟爬山虎的脚究竟是怎么爬的，从何知道应该这么爬。第四活动（学第五自然段）：自学、复述，分组进行后再抽查。

这四大活动，构成整堂课的四个大板块。整堂课的环节不要太繁杂。而且进入每一个板块后，也不要有太多的小环节，不要将学习活动搞得太零碎。应该是这样：

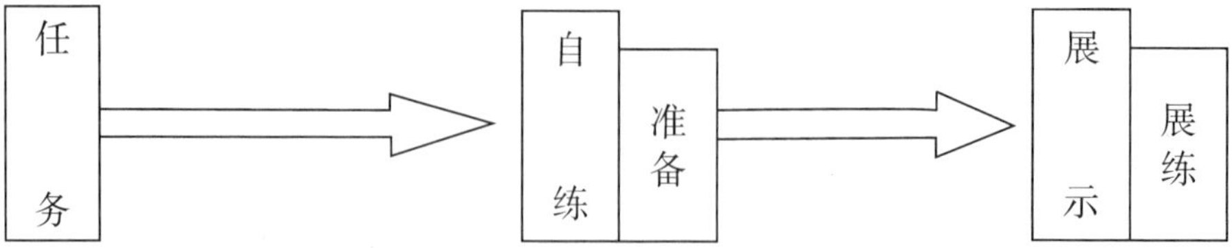

图 7–2

任务要目标明确，学习提示清晰，学生自练。教师要留给学生足够的时空，督促学生充分自学自练，准备好展示。展示是指将完成的任务完整地展示。为层层推进，扎实练能，可以这样操作：展示—评价补充建议—再强化训练—抽检展示。

关于推进与延展，主要是强调训练不要浮光掠影、浅尝辄止，也不要只是少数学生得到锻炼，务求让每一个学生都扎实地得以练能。前者是理解、感悟，通过朗读还原意义由浅入深、层层推进的问题，后者是由少数学生操练到位推及全体学生都得到操练的问题。

面对文章，选到练能点，怎么做“点”，怎么才能做扎实呢？这里有一个单纯做“事”的设计思想。阅读课堂可选择做七件事：（1）层层推进读到位；（2）词句理解兼运用；（3）由点到面练口才；（4）巧选时机当堂写；（5）学法指导重迁移；（6）思维训练促创新；（7）积累词句增素养。下面例说两点：

怎么练读才是层层推进读到位？一位教师教《风筝》时有如下环节。读课文，注意读准字音，读通句子，边读边思考：课文围绕“风筝”讲了哪几件事？接下来，学生读书，书一读完，教师就抽问上述问题中的“几件事”，学生答出“做风筝、放风筝、找风筝”。很显然，教师在这里要的就是学生理解课文内容，不是看学生是否将课文读准、读通、读顺，这就不是练读了。

“练能”型的读，为读好而读，为提升读的能力而读。“练能”型的读有层次性：读正确→读流利→读出感情。层层推进，人人得到读好的锻炼。例如，一位教师教《猫》第一自然段时，用了15分钟完成读的两个环节：一是读正确、读流利，二是读出感情。第一环节的操作是：

师：语文学习，通常是从读书开始。读正确、读流利是最基本的要求。要把握三个关键点：字音、停顿、节奏。

（全体学生自读，师再抽一生试读）

师：你们要集中精力倾听，并做记录，教室保持安静。

（一生试读时，大家点评正音）

师：点评者要语言简洁，态度诚恳。

师：“老实吧”“有时候”“暖和”“什么事”“玩玩”“怎么”“的确是呀”“多么”等词中轻声字要读到位，“钟头”的“头”不能读轻声。“任凭”“尽职”“屏息凝视”有前后鼻音混杂其间，应该如何读呢？

（教师示范后学生自行练读，再全体齐读巩固）

如何练说才是由点到面的练口才？比如关于《鲸》的教学。

一位教师在教《鲸》时，导入环节，营造了一个精彩的情境：

同学们，为了给大家上好《鲸》这一课，这几天在家里备课时，我时不时谈到鲸。我那不满三岁的儿子说："妈妈，我们家里也养一头鲸吧。"我告诉他说："孩子，家里不能养鲸。"儿子问："家里养猫养狗都可以，为什么不能养鲸呢？"

同学们，课前你们已经预习了课文，现在大家回忆一下课文内容，用事实回答我的儿子，家里能不能养鲸。

于是，学生陆续发言。

生 1：鲸太大了。

生 2：鲸适宜在海里生活。

生 3：鲸的"饭"量好大哟！

生 4：鲸呼吸要喷水，喷得一屋子都是水。

生 5：鲸休息时要几头在一起，养一头都难，养几头更难了。

师：那我们来看……

这个教学环节停留于此，有什么问题？问题在于：一是"教懂"型的，不是"练能"型的；二是学生的活动是问答型的，而且是只言片语，不是练说型的。这么多年来，为什么我们的学生发言只能是只言片语，不会是滔滔不绝，不会整段整段且思维清晰地进行表达？原因就是教师缺乏练说的意识，在阅读教学的过程中，难以好好地让学生练说。

如果上述教学环节，按熊生贵的设计再往下做一步，让学生练说，就精彩而扎实了。

师：刚才，同学们都说出了家里不能养鲸的理由。但是每一位同学都只是说了一部分理由，而且有一些表述也不是很清晰、完整和流畅。能不能把大家说的连起来，完整地说出家里不能养鲸的三点理由？说清楚了，我可以将大家说的话带回去告诉我的儿子，让他完全明白这个道理。好不好？请大家先自由练说，同桌互说，待会儿展示。

（学生练说。展示）

生：老师，我们的家里是不能养鲸的。第一，鲸太大了，像我们家的两室一厅，根本放不下几万公斤重的鲸。第二，鲸适宜在海里生活，就算哪家的屋子够大，能够做出这样一个大池子装下它，也养活不了它，它怎么能够适应池子的生活呢？第三，鲸的“饭”量很大，一顿要吃好多东西，我们普通的家庭根本承受不起那么巨大的开销。第四，鲸呼吸时要喷水，养在屋子里，它一喷水，满屋子都是水，那我们日常的生活就麻烦了。第五，鲸休息时要几头聚在一起，这是它们的习性，要照顾它们的这种习性，就得多养几头鲸，养一头都困难，要养几头就更难了。

如果每一名学生都说得清楚，头头是道，那么他们的语言与思维就得到了很好的历练，久而久之，学生的思维能力和语言表达能力还会不强吗？

（二）自主展练

熊生贵创立的自学－展练式教学，从课堂模式看，是自主课堂，是练能课堂，也是翻转课堂。

自学－展练式课堂的基本操作模式是：课前，学生按教师给出的目标指向与引领路径进行自学与合作准备；课堂上，学生完全成为主人，在全展练的过程中学习。这种新课堂，第一，可以实现学生全程自主学习，“自主”的状态可以让教师充分放手，教师可以只在学生自学和展现的过程中做“设计”“点拨”和“评价”的工作，甚至就是教师什么都不讲不做，学生也能自动地进行学习与展现；第二，学生在知识学习和技能操练的过程中可以实现充分练能，而且参与面大（人人参与），学习的效果是有效甚至高效的。

如何才能建构自学－展练新课堂？

1. 建设体制机制，班级中人人都是主角

自学－展练教学模型，最起码的体制是大班中建立小班，小班看似类似过去的小组，但并不等同于小组。小班的成员一般以 4 人、6 人或 8 人为宜，最好是 4 人。小班不同于小组的是，小班内人人都是主角，都担当着管理学习的职务，履行着相应的职责，每位教师都可按自己的想法设置这些角色，如有的将小班设置为 4 人制，4 人分别是语文委员、数学委员、诵读委员、纪检委员。为了保障小班乃至全班自学－展练学习活动正常持续地开展，必须建立相应的评价激励机制。

2. 设计自学模式，实现学生自学自练

自学－展练教学模型基础的环节是实现学生自学，并让学生在自学中自练。使学生自学自练的“拐杖”主要是两种，一是展练案式，一是“套路”式。

以展练案的方式导学，熊生贵主张学案与传统的教案合一。展练案的主要内容是学习内容、学习目标、学习时间安排、自学自练、课堂展练建议、巩固与检测等。

以固定套路的方式实现学生自学，不必制订展练案，只需教给学生面对一般课文（或章节知识）都适用的学习步骤与方法，让学生形成一种学习习惯。同时，教师也可以对学生进行必要的展练提示（即建议），为学生做好合作排练的准备。

3. 训练展练学习，打造学生互动扎实练能的状态

大班展练是自学－展练教学模型的关键环节。说它关键，是因为它是自学自练后的展示，没有或缺乏自学后的展示，自学是难以得到延伸和保障的，就失去了动力、目标、控制、检验与巩固。另外，这里用的说法是“大班展练”，而不是“大班展示”，展练意味着展示者不是单向的信息输出，而是自己展示与共同训练。这就强调了展示的学生要带领台下的同学充分练能——共同处于读、说、写、思、做、记等状态之中，于是台上台下就形成互动学习的状态，学生自主学习与合作学习在此环节得到充分的彰显。当学生展练能力较强、参与习惯成自觉时，教师的牵引者角色就可以淡化甚至淡出，学生全程自主就成为可能，自主学习的有效性（即全体学生都学得扎实）也就得到了保证。

语文自学－展练教学模型的全程结构是：字词和篇章自学自练、合作排练→字词展练→篇章展练。

为实现这种课堂或教学模型，熊生贵探索出了一整套经验系统。从展练方式上讲，展式有讲、问、读（背诵）、说、写、画、唱、演（表演、演示）、记、算、做（实验、操作）等；练式有练听、练读、练说、练记（记录、记忆）、练批（批注、勾画）、练写、练画、练唱、练演（比划、表演、演示、操作）、练算、议论、质疑、补充、点评等。展练原则是 32 字法

则：我展共练，先展后练；重展辅练，全展点练；主动大方，创新表现；追求高效，抓紧时间。在训练学生展练时所运用的策略有仪态规范策略、开讲模式策略、展说套语策略、引练套语策略、展式变异策略、展开评议策略、激励互动策略、小班评比策略等。

（三）立体练能

在熊生贵探索建构的立体“练能”体系中，自学－展练式课堂是其中心点和练能主阵地。因为在学生的学习经历中，课堂始终是最重要、占据时空最多的板块。这一板块没有实现自主，没有突出练能，那学生的能力提高和综合发展将会大受影响，没有充分发挥主阵地的作用，只靠其他途径来弥补，显然是不足的。所以在“练能”体系中，教师必须首先突破课堂的改革、改变这一关。

但是，孤立地进行课堂改革，片面地实施课堂练能，难以实现理想的练能状态，也难以实现学生全面地更好地发展。为此，教师必须同步拓展多条路径，开展相应的练能活动，让整个“练能”体系运作起来，才能取得更好的教育教学效果。

（1）班级自主管理练能。班级自主管理既是实施自学－展练式课堂的基础保障，也是让学生历练管理、组织、实践等能力的重要途径。为实现小学（或初中）班级的自主管理，一般要建立相应的管理体制与评价机制。

（2）学科学习全程的自主练能。孤立地只在课堂层面实施改革是困难的。实际上，课堂是学科学习全程“课前准备—上课—练习、批改—复习—测试、评卷—反思”中的主要环节，它不能脱离全程而简单存在。于是，自主练能课堂要着力于这个学科学习活动全程的变革而实施改革。练能教学实现的状态就是自主设计展练案，自主展练，自主设计练习，自练与自主批改，自主复习，自主设计检测试题，自主评卷，自主反思。

（3）拓展多途径学习活动练能。现在的学校教学改革，常常是主要学科（如小学的语文、数学）进展得较好，其他学科则比较欠缺。练能改革主张让尽量多的学科教学都按自主展练的方式进行，所以学生的锻炼机会就会大大增加，能力发展就会增效。比如语文教师兼有其他学科课程或通过语文教师的影响来实现：品德与生活（或社会）自主练能课堂、生活生命与安全自主练能课堂、健康教育自主练能课堂等。因此，学生的历练机会就增加了。不仅如此，教师还要开辟练能途径，竭力拓展学生展示的舞台，如早间新闻播报、午休论坛、“托管”练能园、晚间论坛、读书交流会、特长展示台等，这样就会尽快地培养出每一个学生大方、自信的表现能力，同时也可以促进学生学科学习能力和课堂展练能力的提高。

（4）自主教育活动练能。自主教育活动是指将班级的常规途径教育活动和创新型的教育活动用合作展练的方式来组织完成，让每一个学生充分参与其中，在活动中练能。比如展练式班会、队会，展练式家长会，练能评比月报课，“班级法庭”，以及各种配合时令开展的教育活动等。

（5）校外生活学习练能。教师要与学生共同设计，常态化地开展丰富多彩的走向生活的语文学习活动和社会实践活动，在这些活动中历练综合能力，当然也包括提高语文能力。如“每日一观察”与“生活积累套餐”，系列阅读设计与实施，系统化的写作活动建构，快乐日记天天练，每期一个主题写作活动……

四、熊生贵教学智慧精品片段聚焦

威尼斯的小艇

（第二课时）

师提出自学自练要求：

（1）认真阅读第四自然段，标注表现船夫驾驶技术好的词语（教师预设:“极快”“操纵自如”“毫不”“左拐右拐”“挤”“穿过”“急转弯”）。

（2）把课文中的语言转化成自己的语言（上述重点词），选择以下展示方式表现船夫驾驶技术好（可自练，可同伴互练，也可小组合作排练）。

方式一：导游介绍式。

方式二：记者采访式。（可采访船夫，可采访游客）

方式三：船老板拉客式。

请同学们认真准备。准备完毕，个体或合作展示（展练）：按要求选择方式一、方式二、方式三中的一种形式进行。

展示片段一：两个学生上台展示记者采访式言说。

生1和生2表演采访：

生1做出刚下船的样子。

生2（“记者”迎上）：先生，你好！

生1（有点疑惑）：你好，有什么事吗？

生2（出示“记者证”，礼貌地说）：我是旅游电视台的记者，打扰一下，你方便接受我们的采访吗？

生1（看过“记者证”，有点意外）：哦，可以呀！我很荣幸！

生2（认真地说）：看你满面笑容地下小艇，坐小艇的感觉好吗？

生1（兴奋起来）：好极了，坐在小艇上极其享受，行船的速度极快，简直如同飞起来一般。

生2（担心地问）：是吗？这么快，那你不担心安全吗？

生1（信心满满）：安全得很！船夫的驾驶技术特别好，不用担心。

生2（详细地询问）：真的吗？你能为观众朋友们具体描述一下船夫是怎么驾驶的吗？

生1（娓娓道来）：可以呀！坐在船上，只见船夫操纵自如，没有丝毫手忙脚乱。不管水面上的船只多么拥挤，他总能左拐右拐地挤过去。遇到极窄的地方，他也能平稳地穿过去，而且速度非常快，还能做急转弯。两边的建筑飞一般地往后倒退，我的眼睛忙极了，都不知道看哪一处好。

生2（面对观众）：观众朋友们，听见了吗？威尼斯的小艇正等着你哟！（面对被访者）谢谢你！

展示片段二：两个学生上台展示船老板拉客式言说。

（生3上，做欲坐船状）

生4（速迎上）：先生要坐小艇吗？来来来，坐我这个小艇！

（生3犹豫）

生4（急切地）：包你满意！我们船夫的驾驶技术可谓精湛。他开小艇都十几年了，对小艇，他操纵自如。

生3（兴奋起来）：我希望刺激点，要坐着享受极快、如飞的感觉。

生4（更起劲）：对对对，慢了，我们还开不习惯呢！坐上来，你就能感觉船夫的技术有多好了。你看这河上船多吧，不管多么拥挤，他总能左拐右拐地挤过去，遇到极窄的地方，他会像梭子一样嗖地穿过去，如果遇到前面有船或建筑物挡路，他会急转弯，比赛车手还转得好。

生3（担心起来）：这么快，安不安全呀？

生4（拍胸，信心满满）：那是绝对安全的，你坐的小艇快得如飞，但你感觉是非常平稳的，不会有任何危险！包你满意！走嘛！试试就知道了！不满意不要钱！

【品评】

这样的课堂状态与一般的问答式教学不同，通过任务—自练—展示来展开学习活动，课堂的主体过程是学生在练能。就言说而言，结合着其他多种练能方式，学生的结构化言说成为阅读课堂的重要活动。通过扎实有效的言说，不仅促进了学生对文本的理解感悟，而且增强了学习语言、运用语言和积累语言的效率。同时，全方位促进学生语文能力、思维能力的提高。

五、熊生贵教学智慧经典课堂实录

“自学－展练”课《爱如茉莉》

展示学生：四川省泸州市江阳西路学校六（3）班，该班叫作“幸福乐园”，其中的小班叫小区。

原班执教语文教师：刘丹。

课堂现场执教：熊生贵。

上课时间：2013年3月12日上午9：05—10：40。

现场观摩者：江阳区语文教师（主体是五、六年级的），部分区外语文教师。

［熊生贵先对会场的老师说：“老师们，今天我们在此举办一个别开生面的教研活动，共同考查、见证西路学校六（3）班的同学面对一篇新课文，怎么自学、展练，看看他们的自学与合作表现的能力、习惯怎样。为体现客观，本活动由我主持，截至此时此刻，孩子们（包括他们的老师）都不知道今天要学什么，更没做任何准备。建议大家以热烈的掌声欢迎六（3）班的同学们。”］

（全场掌声起）

师：欢迎六（3）班的孩子们，上课。

生（全体起立）：起立。

师：同学们好。

生：老师早上好！（诵“幸福乐园”班训）幸福生活，快乐学习，超越自我，共创奇迹。

生：行礼！（全体向老师鞠躬）

师：请坐。（全体坐下）好，同学们，刚才我已经说了，我们要用一篇新课文，有难度的课文——和那天我在你们学校给你们学的那篇课文比起来更有难度，来考查大家的自主学习和合作表现能力，看你们的自学能力和合作展练的水平如何。大家有没有信心好好表现？

生：有！

师：我怎么感觉不到你们的信心呢？

生（大声地说）：有！

师：我们开始，有请我的助手来给大家发课文。

（学生助手发纸质课文）

师：嗯，得到课文的同学就先做这件事情，请看多媒体：自读课文两遍，第一遍，默读。如果有不认识的字、不理解的词，可以问同学，当然也可以问我，也可以问你们后面的刘老师。第二遍，放声读，尽量读准字音、读通句子。现在开始读第一遍。（学生默读课文）

师：我看到某些同学已经拿起了笔，进行适当的勾画、批注，很好！

（生继续默读课文）

师：不认识的字或者不理解的词语，同桌交流一下，互相启发一下，也是可以的。好，有的同学已经把第一遍读完了。第二遍可以放声读，一定要放声朗读！

（生放声朗读课文）

师：好，现在，请助手同学把展练案发给大家，请各位同学认真地把展练案看一遍，当然也可以读，放声读也可以。（学生助手发展练案）

（生默读展练案）

师：把学案从头到尾都仔细地看一遍。（两分钟后）看完了没有？

生：看完了。

师：好，现在，我们就得分小区（即小班）进行准备了！各小区的同学按照展练案上的提示，自学、合作、排练。请大家注意抓紧时间，大约有25分钟。

（各小区合作学习，自主排练。大家看到各小区自学、自练活动组织得非常有序，每一个同学都非常投入，尤其是自主排练，安排角色，分配任务。每个成员怎么展，怎么模拟互动训练，以及要书写什么，一切都在井井有条地进行）

（这个过程较长，但是真实地展现了全班学生的自学自练、合作共练的习惯，学生们表现出极强的自主能力）

（24分钟后）

师：大家感觉准备得怎么样了，准备好了没有？

生：准备好了。

师：基本准备好了，是吧？下面，我们就进入展练学习阶段！现在我们有请今天的主持人彭小丫。请丫丫同学为大家主持！

主持人：请同学们坐好了。今天全国著名的小学语文专家熊博士来和我们一起学习，我们感到非常荣幸。下面我们正式进入今天学习的展练部分。接下来请选择第一个部分展练的小区同学举手，好，请6小区和大家一起学习。请你们注意抓紧时间，展练时间约为7分钟。其他小区的同学一会儿也可以进行补充。

（6小区展练）

齐：概括主要内容，轻松把握整体！

王雨萌：大家好，现在由我们6小区为大家展练本课的主要内容这个板块。首先由1号同学为大家展练。

黄洲：大家好！现在由我来为大家展练。什么叫“抓四要素”？抓四要素就是抓住一篇文章的四个要素，一篇文章的四个要素主要包括时间、地点、人物、事件。而事件又包括起因、经过、结果。大家明白了吗？（生：明白了）这篇文章的四要素如下：本文的时间是一天傍晚。地点是作者的家里。起因是“我”问妈妈真爱是什么，妈妈一本正经地答道：“真爱如茉莉。”经过是妈妈生病住进了医院，“我”看见爸爸对妈妈无微不至的关怀。结果是通过妈妈的话语“我”感受到了真爱如茉莉。于是，我们小区概括了以下主要内容——

齐：本文主要写了一个黄昏，“我”忽然问妈妈真爱是什么，妈妈一本正经地回答“真爱如茉莉”，后来妈妈生病住进了医院。一个清晨“我”看见爸爸对妈妈那无微不至的关怀，趁爸爸去洗漱的时候，“我”蹑手蹑脚地溜进病房，把茉莉花插进瓶里，通过妈妈的话语，“我”感受到了真爱是什么，真爱就如茉莉。

王馨语：听完我们小区概括的主要内容，请大家再回顾一下，本文有四要素吗？（生：有）

（小区成员再次强调了“四要素”的内容）

黄洲：我们小区概括的主要内容就是这样。现在请大家交流一下自己概括的主要内容。可以用不同的方法来概括。有哪个小区或同学来说一说自己概括的主要内容？有请古斯予所在的小区。

古斯予：我代表我们小区进行交流。在一个美丽的黄昏，“我”从妈妈口中得知真爱就像茉莉。在爸爸出差归来的前一个晚上，妈妈患急病住进了医院。爸爸没心思吃“我”买的饺子，直奔到了医院。一个清晨，“我”剪了一把茉莉花带到医院去，见一切都是那么静谧美好。爸爸不忍心吵醒妈妈，妈妈也不想惊醒爸爸，他们的爱是那么平凡、美好。病房里，那束茉莉花更加洁白纯净。哦，爱如茉莉。

（全场响起了掌声）

黄洲：非常好！那么再请孙婉榕同学来说说。

（孙婉榕讲述略）

黄洲：说得不错！

主持人：现在请雷世嘉同学来展示一下。

雷世嘉：我概括的主要内容是这样的：在一个美丽的黄昏，“我”问妈妈真爱是什么，妈妈一本正经地说“真爱如茉莉”。在爸爸出差归来的前一个晚上，妈妈患急病住进了医院，爸爸没有听“我”的谎言，奔向了医院。在一个清晨，“我”剪了一大把茉莉花去看望妈妈，当“我”推开病房的门时，便被这美丽的情景惊住了。爸爸关心妈妈，妈妈关心爸爸，这就是爱如茉莉啊！

师：接下来，请同伴之间互相说说主要内容。

（同学们自己练说主要内容）

6小区全体成员：谢谢大家，我们展练完毕！

主持人：好，听完他们的交流，大家有什么意见要提出来吗？现在请大家为6小区点评。请你点评一下。

王施远：我认为他们小区展练时语速过快，没有强调清楚主要内容的关键部分。

凌一菠：黄洲他们小区概括的主要内容并不是很具体。

主持人：好，还是我来做点评吧。先说优点，6小区的每位同学上台都自信大方，不足之处是每位同学的语速都快了。请同学们给他们评价打分。（全体举手评分）好，4分。

主持人：接下来，有请选择第二个内容的小区举手。请9小区和大家一起学习。

小区主持人：大家好！下面由我们9小区带领大家一起学习导学案的第二大题，下面有请小区1号同学王施远为大家展练。

王施远：首先，请大家看导学案，第一小题"在文中找出一处词句"与第二小题"再找出一处词句"，需要同学们找出的这两句话是相对应的。所以，我们小区认为这两句话是在文中第12自然段和第16自然段。请大家把这两句话勾画下来。（生动手勾画句子）勾好了吗？（生：好了）首先请和我一起读一遍第12自然段。（全班齐读："爸爸边打哈欠边说……"）请大家看到爸爸边打哈欠边说中的"打哈欠"三个字，从这三个字中可以看出爸爸昨晚没有睡好，这一点可以从第11自然段的第一句话"望着爸爸憔悴的脸和布满血丝的眼睛"得到证明。请大家把关键词圈在书上。这一句话中还有一个重点句："她一动我就惊醒了。"从这句话可以看出爸爸十分关心妈妈。下面有请下一位同学为大家展练。

凌一菠：接下来，由我为大家展练。请大家看课文的第16自然段，请大家跟着我一起读一遍。（生齐读第16自然段）这段话中的"不知不觉手脚都麻木了"是重点句，说明妈妈十分关心爸爸，看见爸爸处于熟睡之中，不忍惊动他，怕惊醒他，即使手脚都麻木了也不忍惊动他。从这句话中可以看出，平淡无奇的茉莉花代表着简单平淡但纯净的爱情。正如平淡的生活是爱情的载体。平平淡淡才是真，这是我们小区所理解的爱的含义。

9小区全体成员：谢谢大家，我们小区的展练完毕。

主持人：他们展练的大家听懂了吗？雷世嘉同学，请你来说一说，你对爱的理解是什么？

雷世嘉：我理解的爱是这样的，爱是平淡无奇的，可是你可以感觉到那份浓浓的情。

主持人：不错。

主持人：现在我们来为9小区做出点评，请杜文茜同学来点评吧。

杜文茜：他们小区的每个同学展练时都很大方、得体；他们展练的内容——理解爱的含义也说得很清楚，很具体。不足的是，我认为他们应该让同学们一起练说，让每个人都能说出自己对爱的理解，这样大班展练才有意义。

主持人：请同学们为9小区做出评价。（大家举手打分）好，3.9分。

主持人：我们进入下一个板块，请选择这个板块的小区举手。好，请11小区和我们一起学习。

叶情缘：大家好！现在由我们11小区为大家展练，我们展练的内容是第三个板块——找出文中最感人的一处细节，讲述你感悟到的“爱如茉莉”和为什么被感动。首先请同学们和我们一起朗读一遍文中的第9自然段。

（生齐读：一天清晨，我按照爸爸的叮嘱，剪了一大把茉莉花带到医院去。当我推开病房的门，不禁怔住了：妈妈睡在病床上，嘴角挂着恬静的微笑；爸爸坐在床前的椅子上，一只手紧握着妈妈的手，头伏在床沿边睡着了。初升的阳光从窗外悄悄地探了进来，轻轻柔柔地笼罩着他们。一切都是那么静谧美好，一切都浸润在生命的芬芳与光泽里）

彭云鹤：下面由1号叶情缘同学为大家展练。

叶情缘：大家好，现在由我为大家展练。请大家看到第9自然段，这段中我们小区觉得“叮嘱”是一个关键词，请大家在文中圈出来。大家圈好了吗？（生：圈好了）因为从“叮嘱”这个动词中我们可以看出爸爸十分细心，他知道妈妈喜欢茉莉花，所以特地叫“我”剪一大把茉莉花拿去医院，希望妈妈的病可以好得更快一些。下面请2号常栊莲为大家展练。

常栊莲：大家好，现在由我为大家展练。首先请大家圈出两个动词，分别是第9自然段第三行的“紧握”，和第二页第一行的“伏在”，圈好了吗？（生：圈好了）我们可以从这两个词中体会到爸爸对妈妈无微不至的关心和爱护，他怕妈妈有事不叫他，所以没有睡在陪床上，而是一只手紧握着妈妈的手，伏在床沿边睡，这样妈妈一有事，他就会惊醒。所以，这两个动词表明了爸爸对妈妈的爱。下面由3号余梦琪同学为大家展练。

余梦琪：下面由我和余详为大家展练，我展练的内容是第三小题：概述你从这一文段或句子感悟到的“爱如茉莉”和为什么被感动。我先来说我感悟到的“爱如茉莉”。为什么说爸爸对妈妈的爱如茉莉？那是因为茉莉是一种平淡无奇、清香的花，爸爸对妈妈的爱也是平淡无奇的，从爸爸对妈妈无微不至的关爱中就体现出来了。有请下一位4号余详同学继续展练。

余详：大家好！现在由我跟大家交流，我交流的是第三个问题，为什么被感动。这可以从文中的三个词中体现出来。这三个词分别是“叮嘱”“紧握”“伏在”，这三个词语体现出爸爸对妈妈的爱，就如茉莉那样清香，平平淡淡，让人久久地回味其中。

余梦琪：下面由我们小区的三位女生为大家示范朗读一遍。

（三名女生深情地朗读）

主持人：现在请同学们先自由练读，一会儿请大家展示。

（各小区自由练读）

主持人：现在有哪个小区来读一遍？要求读出感情。

（9小区朗读）

（掌声）

主持人：非常好！有谁能比他们小区读得更好？

（8小区朗读）

主持人：不错！看起来大家对这一自然段很感兴趣，那请大家一起读一遍。

（全班朗读）

11小区全体成员：谢谢大家，我们小区的展练完毕！

主持人：打断一下，除了11小区交流的第9自然段，其他展练第三部分的小区还可以做补充吗？还有没有其他小区找到其他句子呢？（这时，勇敢的3小区举起了手）

主持人：好！有请3小区展练！

（3小区展练）

郑雨霏：大家好！下面由我们3小区为大家展练第三个板块。首先由王云翔和陈淼为大家展练。

王云翔：大家好，下面由我和陈淼示范朗读第17、第18自然段……病房里，那簇茉莉显得更加洁白纯净。它送来的缕缕幽香，袅袅地钻到我们的心中。哦，爱如茉莉，爱如茉莉。

王云翔：接下来请大家和我们一起读一遍，注意语速要慢一些，“病房里……”，预备起——（读略）

王云翔：下面有请杜越为大家展练。

杜越：大家好！下面由我来为大家展练，我展练的内容是第17、第18自然段中的重点词语。首先，我觉得这两段应该带着浓浓的情感去朗读。这两段中的重点词语有：洁白纯净、缕缕幽香、袅袅和爱如茉莉。大家同意吗？（生：同意）那么请把它们勾画在书上，标上重点符号。洁白纯净（停一会儿）、缕缕幽香（停一会儿）、袅袅（停一会儿）和爱如茉莉（停一会儿）。大家勾好了吗？（生：勾画好了）那么下面由我带领大家进入更深层次的理解。首先请大家看“洁白纯净”这个词，这个词从表面上理解是茉莉变得更洁白了，但是大家有没有想过茉莉花为什么变得更洁白了呢？杜文茜，请你回答。

杜文茜：因为爸爸妈妈的爱是纯净的，留给读者的感觉就像茉莉花一样洁白，而茉莉花也是纯净的，所以茉莉花看上去变得更洁白了。（全场响起掌声）

杜越：是的，茉莉花之所以显得洁白纯净，就是因为爸爸妈妈那种为对方无私奉献、毫无杂质的爱让“我”产生的感觉。你们再来看看“缕缕幽香”和“袅袅”这两个词，“缕缕幽香”表面上是指茉莉花的香气，实际上指的是作者父母为对方无私地付出的感情。再看“袅袅”这个词，它是一个形容词，表示很飘飘幽幽的感觉。下面请大家想象一下，对父母那份爱的感动伴随着茉莉花的清香缓缓地飘进我们的心里，看似没有分量，却深深地烙在了我们的心中，大家体会到了吗？（生：体会到了）最后请大家看“爱如茉莉”这个短语，这个短语其实表示的是作者的一个观点，其实前面也提到茉莉代表的是那种为对方无私付出、毫无杂质的爱，也就是说作者认为爱就应该像茉莉一样为对方无私付出，毫无杂质……（这时台下响起了热烈的掌声）请大家把我说的重点记在书上。

郑雨霏（补充）：大家只要记下“无私付出”和“毫无杂质”就行了。

杜越：大家都记好了吗？（生：记好了！）谢谢，我的展练完毕，下面由吴雨繁为大家展练。

吴雨繁：大家好。现在由我为大家展练。请大家看到第 17 自然段（读一遍）。我认为，这一段之所以让我感动，是因为病房里的那束茉莉，它衬托了爸爸妈妈那份纯洁、纯净的爱。下面有请赖文菲为大家展练。

赖文菲：大家好！请大家看最后一个自然段：“哦，爱如茉莉，爱如茉莉。”这个自然段的两个“爱如茉莉”点明了中心，再次强调了爸爸妈妈那份如茉莉般芬芳清香的爱。下面有请郑雨霏为大家展练。

郑雨霏：大家好！下面由我为大家展练第四个内容：将你的感悟和感动，通过朗读表达，示范读，带领全班读。首先我为大家示范朗读一遍。（朗读略）那么，接下来请大家和我一起读一读，要读出一种洁白纯净、没有杂质的感觉，注意要读慢一点。“病房里……”，预备起——（全班齐读）同学们读得很精彩。那么，哪个小区能在全班展示一下呢？李卓所在的小区来吧！（朗读略）很好！哪个小区不服气？来挑战一下吧！彭小丫所在的小区。（朗读略）同样很不错！那好！最后，请同学们和我们一起朗读。（“病房里……”，全班朗读）同学们读得不错！我们小区的展练完毕。谢谢大家！

主持人：请同学们先为 11 小区刚才的展练做点评。

王施远：我认为他们小区的不足是每位成员上场时比较凌乱，小区长没有安排得很好。

凌一菠：他们小区成员不够自信，彭云鹤同学讲述十分程式化。

主持人：请同学们为 3 小区刚才的展练做点评。

刘馨忆：3 小区的优点是对这个问题讲述得很具体。不足的是他们小区的成员活动分配不当。因为感觉王云翔和陈森除了他们展练的那一部分就没什么事可干了一样，就那样呆呆地站着。

王施远：我在刘馨忆评价的基础上补充一下，他们的优点还有一点，是讲得十分细致，但缺点也有，朗读时有些同学的字音没咬准。

主持人：我来点评3小区。先说优点，3小区的优点在于他们小区每位成员的语言都非常流畅；不足的是，成员在安排任务上分配得不均衡。请大家为他们评分。（全班同学用手势打分）11小区4分，3小区4.5分。

主持人：请大家看到学案中的第二大题，根据这两个句式，自己选择一个填上，我们会让每个小区请一位同学来展示。好，开始！

（全班练写）

主持人：下面由2小区来说说他们是怎样写的。

易秋宇：真爱像蜂蜜，虽然昂贵，却美好而又甜蜜。（全班同学笑了）

主持人：接下来3小区来吧，郑雨霏来！

郑雨霏：我们小区展示三个句子：爱如酒心糖，它外表坚硬，内心却柔情似水。真爱像一把伞，它守护着天下有情人，让他们不离不弃，虽然伞下人难免会遭受风雨袭击，但这份爱温暖人心。真爱像泰坦尼克号的沉没，它虽然有很多苦涩，却终会让人感到丝丝的甜蜜。

主持人：你们小区表现得很出色，可以得到一枚奖章！4小区在哪里？请许玲展示。

许玲：我们小区选的是“深情造句”的第2题。我是这样写的：真爱像一杯浓浓的咖啡，它虽极其苦涩，却会在你劳累的时候，给你提提醒。

主持人（微笑）：好，继续！6小区……哦，不，5小区！

（冯欣站起来）

主持人：冯欣，说吧！

冯欣（深情地）：爱如梦，它让人心醉，不愿醒来，但又那么美妙。真爱像水，它清澈透明，却蕴含着生命的奥秘。真爱像椰子，它虽然外壳坚硬冷峻，却有着美味的椰汁，品尝即是享受。

（掌声响起）

主持人（边鼓掌边说）：冯欣所在的小区加一枚奖章！下面请7小区展示。我代表我们小区展示，与大家分享两句：爱如梅花，它经历了风吹雨打后依然美丽地绽放着。真爱像茉莉，它虽然没有芍药那么妖艳，也没有牡丹那么雍容华贵，但它总悄然无声地散发出缕缕淡淡的清香……大家说得太精彩了！下面继续。8小区的同学你们来说一说吧。

杜文茜：爱如蒲公英，它纷纷扬扬，撒满大地，温暖人间。真爱像蜜蜂，它勤勤恳恳地从百花园中采集了蜂蜜，却是为他人辛苦，为他人甜。

（掌声）

主持人：时间关系，我们的展练与交流就到这儿。今天的课……

师（走过来，接口）：今天的课就上到这里。

（全场笑）

师（对老师们）：老师们，六（3）班的同学们表现得怎么样啊？

（全场再次响起热烈的掌声）

生（全体）：起立。谢谢老师！老师辛苦了！

师：同学们辛苦了！谢谢大家！

参考文献

[1] 熊生贵. 理想的语文课[M]. 成都：四川大学出版社，2002.

[2] 熊生贵. 练能教育与自主课堂[M]. 北京：现代教育出版社，2014.

[3] 熊生贵. 小学语文教学法新编[M]. 武汉：华中师范大学出版社，2007.

[4] 熊生贵. 新课程：做行动研究者[M]. 成都：四川大学出版社，2005.

[5] 熊生贵，等. 教学转向练能[M]. 北京：光明日报出版社，2013.

[6] 张先华. 名家引路：小学语文特级教师评介[M]. 成都：四川大学出版社，2013.

[7] 程燕，熊生贵. 怎样才能将阅读教学课堂做实[J]. 语文教学通讯，2010（3）.

[8] 何斐，熊生贵. 语文课堂自主展练的价值分析[J]. 语文教学通讯，2014（36）.

[9] 熊生贵. 回顾与展望：小学语文课程与教学 [J]. 语文教学通讯，2003（34）.

[10] 熊生贵. 让课堂充满生命活力 [J]. 四川教育，2004（4）.

[11] 熊生贵. 新课程学习：在情境中展开，在活动中推进 [J]. 语文教学通讯，2004（9）.

[12] 熊生贵. 教学方式的嬗变：走向建构式教学——语文教学的历史、现在和未来 [J]. 语文教学通讯，2007（36）.

[13] 熊生贵. 关注教师的生命幸福 [J]. 江西教育，2009（8）.

[14] 熊生贵. 从"千万次地问"到精问、大问乃至"无问" [J]. 小学教学研究，2010（3）.

[15] 熊生贵. 阅读教学当以能力为重 [J]. 语文教学与研究，2010（9）.

[16] 熊生贵. 定位"能力为重"教学常态巨变 [J]. 四川教育，2011（2-3）.

[17] 熊生贵. 语文教学低效症结：没有搞清楚三个问题 [J]. 小学语文教学，2011（10）.

[18] 熊生贵. 教学大扭转：过去、现在和未来 [J]. 语文教学通讯，2011（18）.

[19] 熊生贵. 阅读教学新定位：由"教懂"变为"练能" [J]. 语文教学通讯，2011（36）.

[20] 熊生贵. 变"教知"为"练能"，实现自主学习的常态化 [J]. 小学语文教学，2012（1）.

[21] 熊生贵.《义务教育语文课程标准（实验稿）》的修订与教学指引 [J]. 江西教育，2012（14）.

[22] 熊生贵. 语文教师需补一课：语用学——试用语用学解读新课标 [J]. 小学教学设计（语文），2013（1）.

[23] 熊生贵，刘诗珍. 对话：全程自主，扎实"练能" [J]. 小学教学设计（语文），2013（6）.

[24] 熊生贵. 提高展练环节的练能实效性 [J]. 语文教学通讯，2013（30）.

[25] 熊生贵，潘春梅. 构建低年级自助练能课堂的雏形 [J]. 小学语文教学

2014（9）.

［26］熊生贵．阅读课要让学生“说清楚”［J］．语文教学通讯，2015（6）.

［27］熊生贵，谭文丽．走向生命关注［J］．四川教育，2004（12）.

［28］熊生贵，陈艳．要注重培养学生结构化言说的能力［J］．小学语文教学，2015（5）.

第八篇　薛法根教学智慧研究

薛法根，1968年生，现任江苏省苏州市盛泽实验小学校长、苏州市教科院副院长。中学高级教师、小学语文特级教师。曾被评为江苏省首届名教师、江苏省优秀教育工作者、全国模范教师，曾获全国“十杰教师”提名奖和江苏省“最美教师”、全国小语界“十大年度人物”等荣誉称号。

薛法根1988年从教以来，扎根乡镇教育，潜心语文研究，提出“组块教学”，主张“为发展学生的言语智能而教”。他的语文课堂“教得轻松，学得扎实”，形成了“清简、厚实、睿智”的教学风格。《卧薪尝胆》《爱如茉莉》等经典课例广为传颂，讲学足迹遍及大江南北。

主要著作有《薛法根教学思想与经典课堂》《为言语智能而教——薛法根与语文组块教学》《现在开始上语文课——薛法根课堂教学实录》《做一个大写的教师》《薛法根教阅读》。先后在《人民教育》《小学语文教师》《小学语文教学》《语文教学通讯》等教育期刊发表了200多篇教学论文。

一、薛法根教学智慧的探索历程

（一）1993年，薛法根的语文教学走向成熟期的起点

薛法根语文教学开始走向成熟，主要体现在一系列作文教学的探索上：从“素描作文教学”研究，到“课内素描作文、课外循环日记”双轨运行的作文教学新思路的确定，再到“顺应儿童言语心理的三段式作文教学序列”的构建。这是薛法根语文教学研究的第一个高峰期。

1988 年 10 月，薛法根所在的学校与苏州市吴县东山实验小学、昆山蓬朗中心小学开展友好校际交流活动，薛法根被领导指定上一节公开课。这是他教学生涯中的第一堂公开课，获得了一致好评。这也是薛法根语文教学研究的起点，时任吴江市小语教研员的周建华老师在课后把“视听训练”的研究任务交给了他。

在接下来两年的实践研究中，薛法根借助视听训练教材，选择学生喜闻乐见的各类故事、美文，制作精美的幻灯片，录制配乐朗诵，每周给中学年段的学生上一节视听课。由于课堂内容新鲜、形式活泼，学生学得轻松,学生的听说能力也得到了明显提高。经过这些视听训练的学生，耳朵变得特别灵敏，对语言的感受特别敏感，在语文课堂上更善于观察与倾听，并且更善于想象、思考与表达。

1990 年，薛法根所在的学校聘请华东师范大学杜殿坤教授、上海师范大学吴立岗教授为学校的教育科研顾问。在两位教授的指导下，薛法根开始了“素描作文教学”课题研究。薛法根一边钻研素描作文教学理论，一边认真琢磨素描作文教学的代表——贾志敏老师的教学录像，同时在自己的班级模仿实践。

1993 年，在泰兴举办的江苏省“教海探航”征文颁奖大会上，薛法根上了一堂自己构思的素描作文课“奇妙的魔术”，得到了在场听课的 3000 多名教师的一致好评。正如薛法根自己所说：“三年的验证性课题研究，使我有了一种脱胎换骨的感觉。科研，的确能改变一个人的思想，也能改变一个人的行为，只要你真正把它融入教学的每个细节里。”

继“素描作文教学”研究成功之后,薛法根又构想了“课内素描作文、课外循环日记”双轨运行的作文教学新思路。他把班级学生分组，每组

5名学生，一个小组共用一个日记本，每周小组围绕一个共同商定的话题进行交流，组员每天轮流用日记的形式写一篇作文。后一名学生在写前须阅读前一名同学的作文，写上自己的阅读评语，然后再写自己的作文。如此循环，周一由老师对作文进行综合阅览点评，并在班里传阅交流。学生们在这样的写作方式中体验到了作文不是写给老师看的，而是进行相互交流的，在生活化的语言交际活动中获得写作的内生动力——为交际而写。

薛法根在此基础上进一步引申，于1993年构建了“顺应儿童言语心理的三段式作文教学序列”，即低学年段的童话作文、中学年段的素描作文、高学年段的生活作文。由于低学年段学生以形象思维为主导，童话作文旨在发挥学生丰富的想象力，自由而浪漫地用语言表达自己的情思；由于中学年段学生处于观察能力发展的关键期，素描作文旨在培养学生的写实能力，夯实表达的各项基本技能；由于高学年段学生具有表达情感的需要，生活作文旨在鼓励学生运用作文表情达意，与人更好地交流。基于这样的作文教学认识，薛法根在作文课堂教学实践中探索了“五三三式”作文教学新模式，即“五法”“三课型”和“三部曲”。“五法”指以激发情感为动力，片段训练为基础，激发表象为中介，丰富生活储备为源泉，发展学生的言语交际功能为主线；“三课型”指读写迁移课、观察素描课、情境交际课；“三部曲”指写真、练实、用活。这一阶段的课题研究，已不仅仅停留在移植和模仿上，有借鉴、有融合，更多的是薛法根带着问题进行新的探索。相对于交际的主动来说，训练带有鲜明的被动色彩，而语文教学应站在学生的立场，以让学生成为语文学习的主人为核心，带领学生由愿学、乐学、好学、勤学，最终走向独立学习。当学生运用语文让自己的生活变得更加美好的时候，他们不但增强了学习的情感动力，而且获得了独立学习的智慧力量。语文教学的终极关怀，应指向学生的言语智慧。

（二）1999年，提出小学语文组块教学的设想

1994年9月，薛法根参加了苏州市首届小学语文、数学骨干教师高级研修班，师从庄杏珍老师。庄杏珍老师曾经三次进京，在人民教育出版社编写全国小学语文教材，与叶圣陶、袁微子等共事多年，对语文教

育有深刻而独到的见解。庄杏珍老师的耳提面命、谆谆教诲，让薛法根走上了语文教学的本真之路，那就是从儿童学习语文的规律入手，始终保持语文的本色，坚守“语文教学要着眼于学生的整体发展，着力于语言文字训练，着重于学生语文素质的内化”。

1998 年，薛法根被评为当时江苏省最年轻的小学语文特级教师。面对语文教学中的“沉疴”，这位年轻的特级教师决心沉下心来好好做一番思考，以寻找自己的研究立足点与突破口。经过仔细爬梳，他发现语文教学“高耗低效”的问题主要表现在内容缺失、方法贫乏、收效甚微等方面。

正是基于这些思考与认识，薛法根于 1999 年提出了小学语文组块教学的设想，试图实现小学语文教学内容结构化、方法科学化、过程最优化，突破“高耗低效”的束缚，创造适合学生语言智能发展的语文智慧教学。

（三）2000—2009年，沉潜组块教学研究成果丰硕的十年

薛法根的组块教学研究大体上经历了以下三个阶段。

第一阶段：2000—2004 年。薛法根在总结以往成功经验的基础上，借鉴相似理论、图式理论等，将“组块”这一心理学中的概念赋予新的内涵，原创性地提出小学语文组块教学实验构想。后来该构想被批准立项为江苏省“十五”教育科研立项课题。这一阶段的研究着重在语文教学方法和课堂教学结构方面，倡导简约，追求智慧，提出了组块课堂教学的简约美，从教学目标、内容、环节、媒介、评价等方面，体现返璞归真、大道至简的教学主张，形成了鲜明的教学特色和风格，推出了《卧薪尝胆》《螳螂捕蝉》等经典课例，出版了专著《薛法根教学思想与经典课堂》。

第二阶段：2005—2009 年。薛法根的研究重心逐步转移到教学内容的确定和教学策略的选择上。“智慧解放理念下小学组块教学实验研究”被正式立项为江苏省“十一五”教育科研重点课题。该课题提出了“组块设计、智慧教学”的新理念。薛法根着力以下三个方面的研究：一是根据不同的文体，从不同文体不同读法的视角，确定适宜的教学内容。他重点研究了小说、散文、诗歌等文体的阅读策略及教学内容设计，并提出了基于组块原理的阅读教学和作文教学策略，具有很强的操作性。

二是变革备课方式，摒弃线性的环节设计，采用板块式设计。他深入研读教材文本，提出了用三种眼光看教材的思想：从儿童的眼光来解读、用教学的眼光来审视、用生活的眼光来选择。他还根据教材文本语言的三个层次（适合儿童现时交流的伙伴语言，适合儿童发展的目标语言，适合文学作品的精粹语言），发现文本中适合学生学习的语言要素，重组整合为相应的语言学习内容板块，每个板块围绕一个核心目标，设计多项教学活动，提高教学目标的达成度，从而提高教学效益。板块式备课使教学目标、教学内容与实际开展的教学活动实现了一致性。三是课例的分类研究，将所上的《爱如茉莉》《我和祖父的园子》等典型课例按照文体进行归类研究，从中寻找该类文体的教学内容、结构和确定策略；对同一文体的典型课例按照年段进行纵向比较研究，从中发现年段之间在教学内容、教学目标上的差异，建立合理的内容序列。

第三阶段：2009 年始，组块教学从儿童言语智慧潜能发展规律出发，探究语文教学内容的生成性和策略的适切性，实现儿童语文的智慧教学，奠定组块教学独创性的理论基础——言语智慧教学论。

（四）2010年，明确个人教学主张，形成鲜明的教学风格的关键期

2010 年，薛法根对小学语文组块教学 10 年的研究成果加以梳理，逐渐明晰了自己的教学主张，提炼出行之有效的组块教学方法与模式，也形成了自己的教学风格。

薛法根的教学主张是语文教学应以发展学生的语言智能为核心，走向生活、走向综合、走向运用、走向智慧。发展学生的智慧潜能是教育的价值追求，发展学生的语言智能是语文学科的独当之任。语文教学应该重视“双基”，但知识不等于智慧，技能也不等于智慧。语文教学必须超越知识和技能，走向智慧，建立在三根支柱（鲜明的思想、活生生的语言、儿童的创造精神）上。

在 20 多年的教学实践中，薛法根逐渐形成了具有自身特色的教学风格——简约而不简单，清简、厚实、睿智。

（五）2011年，进一步探索学生言语智慧的发展问题

2011 年，薛法根在教学实践中紧紧围绕“发展学生的言语智能”这

个核心任务，把教学重心从课文的思想内容转移到语文能力的发展上，真正摆脱“跟着课文内容跑”的怪圈。

薛法根从教学论视角，进一步探索学生语文能力发展及言语智慧形成的内在规律，探寻适合学生发展需要的课堂教学策略。他着力于学生学习方法与方式的变革，着力于语文教学活动的板块化设计，着力于语文课堂教学结构的优化，以实现儿童立场的语文智慧教学，构建“言语智慧教学论”，回答“怎么教”的实际问题。

（六）2012年，提出并构建“慧心课程”

薛法根从课程论视角进行思考与探索，以语文教材为蓝本，立足教材文本，运用组块策略，确定适宜的语文教学内容；充分发挥语文教师的专业特长，开发适合学生发展需要的拓展性教学内容，并与教材的教学内容整合为语文“慧心课程”。

这样的“慧心课程”基于语文课程标准，不仅带有教师鲜明的个性特征，适合学生的学习需要，而且促进了教师的专业发展。薛法根以此解答了“教什么”的问题。

二、薛法根教学智慧的思想内核

（一）基于多元智能理论的儿童发展观

薛法根有着强烈的儿童主体意识与鲜明的为儿童发展而教的教学价值观。他认为，作为教育者，我们要无限地相信每个孩子都有学习的愿望，无限地相信每个孩子都有学好的潜能，无限地相信每个孩子都有学会的时刻。教育应该努力让每个孩子都能成为最好的自己。这样的儿童发展观不仅是我们的教育理念，而且要成为我们的教育信念。唯有成为教育信念，才具有教育的力量。

他主张语文教学要有闲适，让学生享受学习，获得灵性、悟性与智性的和谐发展；要有游戏的精神，母语学习要有情趣；学生有犯错的权利，课堂上允许学生犯错，鼓励学生在错误中成长。

（二）基于言语交际功能的语文课程观

语文课程的课程内容、教材内容、教学内容没有完整的科学体系，而是散落在以文本为载体的教材课文中，需要教师自己去发掘、确定。

面对这种现状，薛法根提出，语文课程内容应该基于儿童的言语交际活动，从儿童的言语交际需要出发来选择适合儿童的语文课程内容。

薛法根认为，课程结构决定人的素质结构，在课程结构相对确定的情况下，决定儿童素质高低的是课程内容及教学效果，而教什么比怎么教显得更为重要。他说，在语文课程的建设上，一是要重视课程内容的生活化，要善于将儿童生活中喜闻乐见的语言现象纳入语文课程，使之成为鲜活的学习内容；二是要重视课程内容的结构化，语文学习就是要从众多纷杂的语言现象中发现并提炼出具有交际功能的言语结构，通过对言语结构的学习和掌握，改善大脑的言语认知结构，从而使零散的语文知识（程序性知识）学习结构化、序列化；三是要重视课程内容的问题化，言语智能生长于特定的问题语境中的言语实践活动，学生在具体的语境中学得言语结构，在新的问题化语境中运用，才能实现言语交际能力的增长。

（三）基于大脑功能科学的课堂教学观

薛法根重视语文教学的科学性，在不断学习、吸收当代脑科学研究的新发现、新成果的基础上，建立了基于大脑功能科学的课堂教学观。他说："我们对大脑的理解越充分，就越能设计更好的课堂教学活动促进脑的最优化学习。认识大脑，解放大脑，才能解放儿童的学习智慧。"

薛法根认为，课堂教学要有情感力，宽松的课堂氛围、积极的情感体验具有推动力，可以打开儿童智力活动的闸门，促使儿童主动地学习，迸发学习的智慧；课堂教学要有思维力，教学的目的是引导和促进学生的大脑形成神经联结，而改善工作记忆的容量和保持时间，是提高思维品质和学习质量的生理密码；课堂教学要有实践力，儿童是在实践中，是在游戏般的活动中学习和生长的。在《薛法根教阅读》一书中，他这样说道："情感推动、思维发动、实践促动的智慧教学，着力于儿童智慧潜能的充分而自由的发展，是教学的理想和追求。"

（四）基于现代学习心理的组块教学思想

小学语文组块教学是建立在现代学习心理学原理上的一种教学思想与策略，是薛法根教学思想与智慧的集中体现。它以发展学生的语文运用能力为主线，将散乱的教学内容整合成有序的实践板块，促进学生言语智慧的充分生长。

组块教学的基本特点：（1）在内容上基于教材，植根于生活，将鲜活的生活素材融入课文、引进课堂，及时充实、调整、重组教学内容，具有开放性；（2）在结构上突破线性思路，采取板块式的教学结构，凸现教学重点，拓宽教学时空，更具灵活性；（3）在功效上，实现一个板块活动达成多个教学目标，减少无效劳动，具有增值性。

组块教学从教学内容、语文活动、课堂结构、课型分类四个方面进行实践。

组块教学的优势在于小学语文组块教学是常态化的教学样式，具有便教利学、学以致用、用能有效的特点。

（五）基于儿童的作文教学

薛法根主张好的作文教学应该建立在对儿童精神世界、儿童话语方式、儿童生长需要的基础上。任何背离或脱离儿童的作文教学，都是一种精神伤害。

从儿童出发，为了儿童的发展，是薛法根作文教学的基本思想。他的作文教学呈现出全面、全程变革的特点。他强调作文命题要贴近学生的实际生活，触及学生内心的生活感受和情感积淀；作文内容要贴近"现场"，摆脱作文的文学化倾向，让作文更贴近生活的现场，帮助学生更好地生活；作文教学要虚实相生，既倡导写真实生活，也要注意对学生想象力的培养；作文指导要有针对性的切实指导，重视针对具体问题的指导，反对程式化的泛泛而论。他主张读写结合，既关注读中的写，也关注写中的读。

薛法根特别重视对学生作文兴趣的培养与信心的呵护，他认为对学生所写的作文要及时地反馈，以满足学生的心理期待，激发学生的作文热情；运用当代写作心理学成果，通过限时作文来培养学生的作文习惯；学生学习作文，教师要耐心等待，抱有希望并把这份希望传递给学生。他还特别主张教师写下水文，通过亲身实践体验写作的各种滋味，积累指导方法。

三、薛法根教学智慧的艺术呈现

（一）重构适宜的教学内容

语文教师备课耗时较多，而备课时感到困惑的主要是选择与确定教学内容，即教什么与学什么的问题。薛法根通过对课程标准以及教材的深入细致的解读、梳理，对隐含的教学内容进行深入的研究与判别，甄选出适合学生的语文教学内容。

与其他学科的课程标准不同的是，语文课程标准中的目标，属于能力目标，或者叫素养目标，描述的是学生的学习行为结果状态。这与历史、地理等课程的内容目标有很大的差异，历史、地理等课程的内容目标一般较为具体、直接地规定了课程与教学内容。而能力目标则没有明确学生要习得这样的语文能力，语文教师需要教哪些与能力习得有关的知识、方法、策略等，是一个值得研究的问题。

薛法根以“能用普通话正确、流利、有感情地朗读课文”这个目标为例，对其进行了细致的解读。他认为在思考“教师究竟教些什么才能促使学生逐步达到这个目标”这个问题之前，我们必须先正确地解读这个目标中的相关概念，诸如“朗读”“正确地朗读”“流利地朗读”“有感情地朗读”等，对其都要有正确而清晰的认识。如果教师连关涉“朗读”的这些层递性的基本概念都区分不清，就会造成教学内容上的偏差，甚至错误。此外，我们必须运用课程标准中的阶段目标，一条一条地比照具体的课文，从中发现、探究能促成目标达成的教学内容。如“流利地朗读”，就是要做到停顿自然恰当、语气连贯畅通。要达到这样的目标，各学段分别要侧重教什么？学生要学什么？练习什么？教师要带着这些问题，在教具体的某篇课文时，不断地寻找适合教的内容。对同样的课程目标，教师选择的教学内容应该尽可能一致，而具体的教学过程和训练方式，可以是千姿百态的。

我们知道每一篇课文自身都有两个方面的价值。其中之一是课文本身的阅读价值，即文中蕴含的思想感情、人生哲理、态度价值、人文信息等。薛法根认为，正确理解课文的思想内容、切实体验课文的情感态度，是语文教学内容的应有之义，但不是全部和唯一。我们的阅读教学内容应主要集中在课文蕴含的教学价值上。这种教学价值体现在与学生听说读写能力发展相关的语文知识的呈现中，即“关于语言和言语、文章和文学的听说读写的事实、概念、原理、技能、策略、态度”（王荣生，2005），表现为语识和语感两种状态。越是重要的教学价值，越隐藏在课文（文本）的深处，也就越难被发现，需要教师用心下功夫，自己朗读、独立思辨，在朗读中善于发现文本中陌生的语言材料。有陌生感的地方往往隐藏着富有教学价值的教学内容。

薛法根认为，教材文本的教学价值和教师重组的教学内容，应该是体现文本核心的教学价值，是文本教学功能的最优化，所开发并最终确定的教学内容也应该是尽可能一致的、精当的，而不是五花八门的、杂乱无章的，更不是臆断的、随意的。这就逐步将教学内容的重构纳入科学的轨道，回归语文学科的本真。

（二）确立精简的教学目标

如果教师缺乏明确的目标意识，所组织的教学活动就难以达到教学的预期效果。教师仅仅知道教学内容，而不清楚教学目标，往往会事倍功半，甚至徒劳无功。薛法根认为要准确地定位教学目标，首先应该做到“明确”，明确教学目标规定教到什么程度，学到什么水平。

要准确地定位教学目标，还应该做到“集中”。课堂教学的时间是一个常数，因此教学目标的相对集中就显得至关重要。如果一堂课的教学目标贪多求全，样样都要实现，其结果就是蜻蜓点水，样样都没有达成。

精简教学目标，使其明确而集中，教学过程的展开就可以充分一些，学生就可以学得相对深入一些。如果教学目标弥散，学生无法确定自己究竟有没有长进，无法确定自己长进了多少，那么教学就失去了激励性，也失去了有效性。

（三）整合有效的教学活动

语文教学旨在培养学生以听说读写能力为核心的语文素养，而听说读写能力必然需要在相应的听说读写实践活动中逐步形成。怎样的教学活动才能有效地促进学生听说读写能力的发展？薛法根总结，一次成功的课堂教学活动应表现为三个特点：一是教学活动对应目标，二是教学活动整合化，三是教学活动具有明确的向度。

薛法根认为教学活动要对应目标，这样教学目标才能有依托，才能落到实处。例如在《小露珠》一课的教学中，他围绕“在教师的指导下用普通话正确、流利地朗读课文”这个教学目标，设计了一系列朗读训练活动，包括熟读短语、读通课文、情境演读。文中出现了大量的短语，如“闪亮的小露珠”，这些短语数量多，又有多个修饰语，学生一时难以正确停顿、流利朗读。唯有进行专门的层级训练，学生才能逐步掌握短语的基本结构，以及停顿、粘连、重音的朗读技巧，达到正确、流利地朗读短语。

熟读短语、读通课文、情境演读三项朗读教学活动，分别被安排在教学的不同阶段，并且都对应着朗读教学的目标。教学活动扎实有效，朗读教学目标的实现自然水到渠成。如果放任学生自己去读，教师没有切实地指导和有目的地训练，学生朗读能力就难以得到显著的提高。

我们的阅读教学活动多为单一性的，比较散乱，往往一个活动还未充分展开又要转到下一个活动。薛法根对这种单一性的教学活动加以整合，使之形成一个个教学活动板块，一堂课三四个教学板块，每个教学板块围绕核心目标，有充分的展开时间。

（四）智慧灵活多元的教学策略

教学艺术需要具体的策略支撑，可以说，正是能解决问题而且善于解决问题，才使一批教师成为有全国影响力的名师。薛法根基于组块及组块教学研究，探索了比较有效且清晰的多元阅读教学策略，包括板块识记、形成期待、比照联想、语境还原、陌生文本、组块破解、迁移运用等。

板块识记就是按一定规律或意图组合词语，以词串的形式，发挥识记、积累语料或促进文本理解等多个作用。如薛法根教学《小露珠》一文时的识记板块，层次感与重点都很突出：（1）小露珠；（2）闪亮的小露珠，透明的小露珠，圆润的小露珠；（3）像钻石那么闪亮的小露珠，像水晶那么透明的小露珠，像珍珠那么圆润的小露珠。

形成期待就是将学生的阅读经验结构和文本的阅读召唤结构联系起来，形成学生对文本的阅读期待，推动阅读向纵深掘进，以获得更为丰富与深层的言语智慧。如教学小说《爱之链》，薛法根以主问题：“这篇小说很有意思，你一读就知道。而故事中的人物呢？他们什么都不知道。你知道哪些情节是你知道而他们不知道的吗？”引发了学生的阅读兴趣与阅读期待，取得了良好的教学效果。

薛法根认为以语言为核心的比照联想是阅读教学的有效策略，字词之间、句段之间、言语内容与言语形式之间、言外之意与言中之情都可以比照联想。在教《天游峰的扫路人》时，薛法根让学生比照着阅读文中对老人的两处外貌描写，引导学生发现课文对老人的两次外貌描写，由外而内，由表及里，逐步展现了老人的精神风貌，老人热情、爽朗、豁达、自信的性格特点自然而然地从中流露出来，既不突兀，也不虚假。看似普通的外貌描写蕴含着深刻的意味与艺术。

读者凭借作品中的语言描述，设身处地地去想、去写，就能最大限度地感受作品中蕴含的独特思想与情意，进而能更加真切地领会作者如此说、如此写、如此遣词造句的奥妙所在，这个过程就叫语境还原。教学古诗《夜雪》时，薛法根设计了三个问题——“当时诗人在哪儿”“怎么知道外面下雪了”“这是一场小雪还是大雪”，适时引导学生还原语境，将一首小诗演绎得情趣盎然、言意尽得滋味。

（五）幽默生动的教学风格

幽默而富有情趣的语文课堂能营造一个有利于学生打开心扉、活跃思维、展开想象的特定时空，使学生的语文学习过程得到身心的愉悦感，让学生的表情变得丰富和生动起来。薛法根的语文课广受赞誉与他的幽默风趣是分不开的，幽默也是他个人的教学品质追求。薛法根的教学幽默表现为以下三方面：

（1）善良。没有爱就没有教育，没有爱也没有幽默。薛法根幽默的课堂是建立在爱的基石上的，他认为面对学生层出不穷的问题，甚至屡教难改的问题，我们应持有善良的心地、柔软的心肠，话语要有人情味。如听写词语，学生一时没有集中注意力，写了前面两个词语，后面的忘记了，或者某个生字一时写不出来了，薛法根会说：“默写不出可以偷看，只能偷偷地看一眼自己的书，不能看别人的，小心别人的答案是错的哦！”学生会心一笑，一扫那种默写时写不出的紧张和不安，快速地偷看起来，而且看得特别仔细，记得也就特别牢固。

（2）深刻。薛法根的课堂幽默不是为了搞笑、玩噱头，而是要促进学生的语文学习，使学生在轻松愉悦的氛围中自然而然地获得语文知识和能力。这就需要语文教师对语文教学有深刻的理解，对语文教材和教学有本质的把握，能提炼出核心的语文知识内容，并进行艺术化的精心设计，化难为易、化繁为简、化枯燥为有趣。教师有了深入的研究功夫，才可能在课堂教学中左右逢源、随机应变、妙趣横生。

（3）生活。幽默来自活生生的现实，来自课堂教学的师生生活，来自教师敏锐的观察。如学生在描述“我”和“祖父”的关系时，总是说“好”字，薛法根便使用故错法，将几个“好”字集中起来说话，制造成一种笑料：

这个词比刚才那个词好多了。今后我们用词不要总是用“好”，好不好？（众大笑）现在不只用“好”了，那就好了。（众又大笑）

笑声中，学生切实感受到了语言单调重复的可笑之处，过后类似的问题再也没有出现。这就是生活化的幽默的妙用。

（六）清晰的语文本体意识

现在部分阅读课仍未走出“跟着课文内容跑”的圈子，课文内容是什么，我们就教什么，教得模糊甚或糊涂。薛法根认为必须让语文课清晰起来，把阅读课的重心转移到语文知识、语文能力的习得上，通过课文内容学习其中的语文知识，通过相应的语文实践，培养并发展学生的语文能力，把目光聚焦在语言文字上，走“带着学生学语文”（学知识长能力）的路子。他认为小学阅读教学有别于中学语文教学、大学语文教学，首要的任务还是应该聚焦在语言文字上，教得清晰一点，透彻一点，实在一点。

薛法根教《燕子》一课时，将教学目标定位于四项：（1）学习课文中的生字词，联系生活或课文具体语境理解意思，并在教师的指导下体会关键字词所表达的特定意思。（2）练习概括段意，进而把握课文的主要内容。（3）在教师的指导下，初步感受燕子的优美形象及优美的词句。（4）练习有感情地朗读课文，并背诵课文。

为了对应这四项教学目标，薛法根设计了四个板块的教学活动：（1）正确认读课文中的 9 个生词及多音字“晕”“杆”；在教师的指导下朗读 6 个定中词组，把握重音及体会节奏之美，以此为学生朗读课文定下轻快的基调。（2）用一个恰当的词语概括每个自然段的内容，重点指导学生运用“抓住句与句之间的联系”的方法，准确概括第 2 自然段的意思，进而把握课文的主要内容。（3）朗读并初步感受春光之美和燕子的外形之美、飞行及停歇之美；围绕作者是怎么写出外形之美，从抓住特点和用词优美两个角度理解课文的表达方法与语言形式，通过置换比较和对比朗读感受 4 个定中词组的排列结构及节奏音韵之美，通过故漏法领会“小”字的独特意蕴及表达规律。（4）从怎么写的角度，探究其他段落语言形式的表达规律，加深对抓住特点和用词优美这一表达方法的理解与体会，并能有感情地朗读课文，运用关键词记忆法练习背诵课文段落。

在实际教学中，薛法根所教的和学生所学的基本一致，集中表现在：认读生字词；练习概括；发现并抓住事物的特点，掌握用优美的词语描述的表达方法；朗读背诵，积累语言素材。而这些教学内容，正切合了语文课程标准 3—4 学段的阅读教学目标。

对此，上海师范大学吴忠豪教授评价道，薛法根设计的是一种“语言学习型”的教学流程，就是按照语文知识或方法的学习规律设计教学流程，按照“领会知识（方法）—指导运用”的步骤设计教学。这才是学语文的教学流程。

而这正源于薛法根清晰的语文课程意识与语文本体教学意识以及高超的语文教学艺术。“为言语智能而教”是薛法根语文智慧教学哲学最集中的表达。

四、薛法根教学智慧精品片段聚焦

槐香五月

师（板书：五月，是槐花飘香的季节，__________。）：你能引用课文中的内容，将“槐花飘香”四个字的意思说具体吗？

生：五月，是槐花飘香的季节，这时候，连风打的旋儿都香气扑鼻，整个槐乡都浸在香海中了。

师：槐花飘香，让孩子们深深地陶醉了。还可以怎么说？

生 1：五月，是槐花飘香的季节，中午，就摆出了香喷喷的槐花饭，清香、醇香、浓香……

生 2：五月，是槐花飘香的季节，小小子们大大咧咧的，不时就朝嘴里塞上一把，甜丝丝、香喷喷的，可真有口福呢。

生 3：五月，是槐花飘香的季节，小姑娘……

生 4：五月，是槐花飘香的季节，小蜜蜂……

生 5：五月，是槐花飘香的季节，有的槐花抱在一起……

生 6：五月，是槐花飘香的季节，只要哪位小朋友……

生 7：五月，是槐花飘香的季节，啪啪啪……孩子们跑来了……

生 8：五月，是槐花飘香的季节，槐乡的孩子在你走的时候还会送……

师：是呀，槐花是香的，心中是喜的。五月，还是槐乡孩子的季节。（板书：五月，是槐乡孩子的季节，__________。）

生 1：五月，是槐乡孩子的季节，小小子们……

生 2：五月，是槐乡孩子的季节，小朋友临走时……

生 3：五月，是槐乡孩子的季节，小姑娘……

师：你还能从课文中发现，为什么五月是槐乡孩子的季节？能用自己的话来表述吗？

生 1：五月，是槐乡孩子的季节，这时候孩子们可以一起玩耍，无忧无虑、自由自在。

生 2：五月，是槐乡孩子的季节，他们可以采来槐花烧槐花饭，香喷喷的，味道好极了。（众笑）

生 3：五月，是槐乡孩子的季节，小姑娘们都用槐花把自己打扮得更俊俏了。

生 4：……

师：课文最后一个自然段用一句话写出了这篇课文的意义。

（生齐读）

师：发现了吗？这个自然段和前面三个自然段有什么关系？

生：这是一个总结句。

师：开头的话，叫总起句；放在结尾，叫总结句。这样的句子就是文章的中心句。（板书：中心）前面三个自然段的内容都是围绕这句话来写的。

师：如果用这两句话作为开头，你们会写一段话吗？如果换个句子，能围绕它写吗？

生：能！

师（板书：今天是个好日子。________________）：请你围绕这个句子写一段话。

（生自己练笔）

师：听听别人是怎么写的，如果他写得好，老师表扬了，你就赶快把它写到你的本子上，要学会学习。

生：今天是个好日子。一大早，我走进学校的大门，就有同学向我问好，我心里美滋滋的。语文课上，老师又夸我说得好，我心里更是甜丝丝的。回到家，妈妈听到我受到老师的表扬，就奖励我一元钱，我真幸福啊！

师：今天有一元钱的奖励，真的是个好日子。（众大笑）“美滋滋”“甜丝丝”这两个词用得好，好就好在今天刚学了这种形式的词语，你就会造句了！

生：今天是个好日子。一出门，天气晴朗，阳光灿烂。小草绿油油的，小鸟在树枝上欢快地歌唱。我们小朋友一起去放风筝，看到五彩缤纷的风筝飞上了蓝天，我们的心儿也飞上了蓝天。（掌声）

师：最后一句话，像诗一样美！

生：……

师：同学们，今天我们一起学了《槐乡五月》，今天真是一个好日子。下课。

【品评】

薛法根提出并实践着语文组块教学理论，主张为儿童的言语智能而教。这在这个片段中有着经典的呈现：先让学生用“五月，是槐花飘香的季节，________”这个句式把“槐花飘香”四个字的意思说具体，再用“五月，是槐乡孩子的季节，________”把槐乡孩子的快乐说清楚。这看起来是在回顾课文主要所写的两大块内容，属于内容的温习。

但很显然，薛法根用意并不在此，或者说并不主要在此。他接着让学生发现课文最后一个自然段与前面三个自然段的关系，从而认识围绕一个中心意思来写的结构方式，然后让学生迁移运用，即围绕“今天是个好日子。________”写一段话。从课堂呈现出来的结果来看，学生对这种结构掌握得比较到位，特级教师管建刚认为该教学“将表达上的情感积储和课堂上学到的‘表达范式’融合起来了”。

五、薛法根教学智慧经典课堂实录

哪吒闹海

板块一：练习朗读

师：你最初是怎么知道“哪吒闹海”这个故事的？

生1：我是听爸爸妈妈讲的。

生2：我是在电视里面看到的。

生3：我看了妈妈给我的书。

生4：我是在电脑上看到的，五岁的时候。

师：看来小朋友们对这个故事都很熟悉了。有的是从电视里看到的，有的是从书上读到的，有的是从父母那里听到的。那有没有同学是在梦中梦到的？

生（齐笑）：没有！

师：这个故事是明朝一个叫许仲琳的想出来的，他写了一本书叫《封神演义》。“哪吒闹海”这个故事出自第十二回《陈塘关哪吒出世》。谁会读课文？

（生读第一自然段）

师：读得真流利！你还可以读得更好些。这段话当中有些词语很重要，要读重音。哪些词语？“称霸一方”“兴风作浪”“治一治”。

（生再读第一自然段，重音突出了）

师：嗯，有轻有重，就有起伏，就好听了。这就是进步！这一段讲东海龙王父子怎样？

生（齐读）：称霸一方，兴风作浪。

生：治一治。（众大笑）

师：是他们要治一治你，还是你要治一治他们？

生：治一治他们！

师：哎，这就对了！你还知道什么？

生（茫然地）：……

师：啊？不知道了？龙王称霸一方，你被吓坏了是不是？（众笑）

生1：龙王父子害得人们不敢下海捕鱼。

生2：龙王父子欺侮百姓，胡作非为。

师：真好！你这是真的读懂！课文第一自然段就是讲龙王父子——

生（齐读）：称霸一方，兴风作浪，胡作非为。

师：所以哪吒要——

生1：治一治他们！

生2：为老百姓出一口气！

师：我们朗读的时候要一边读，一边想。谁来读第二自然段？

（生读第二自然段）

师：请画出词语“巡海夜叉”。就是专门在海上巡逻、巡视的夜叉，名叫李艮。这里“混天绫”的“混”字读“hún”不读“hùn”。

生（齐读）：混天绫。

师：哪吒还有一件宝物——

生：乾坤圈。

师：嗯，哪吒就是带着这两件法宝去闹海的。这一次，他是怎么闹的？

生：他用混天绫在水里一摆，龙王的水晶宫摇晃起来。

师：你看这个混天绫在水中一摆，便——

生1：便掀起滔天巨浪。

生2：龙王的水晶宫便摇晃起来。

生3：龙王的水晶宫便振动起来。

生4：龙王的水晶宫便晃动起来。

师：哪吒轻轻一摆混天绫，便把龙宫搅得天翻地覆、鸡犬不宁。一闹东海！

（生读第三自然段）

师（反复指导学生读正确，略）：终于读通了，真好！这一回哪吒怎么闹海了？

生：小哪吒随即取下乾坤圈，向夜叉扔去。可别小看这小小的乾坤圈，它比一座大山还重，一下就把夜叉打死了。

师：哪吒二闹东海，只是一扔乾坤圈，便把夜叉给打死了。夜叉该不该死？

生：该死！

师：你怎么知道他该死？

生1：他胡作非为。

生2：谁叫他跟龙王父子一起称霸海洋。

生3：谁叫他跟龙王父子一起祸害百姓。

生4：谁叫他跟龙王父子一起干坏事。

生5：谁叫他一上来便砍。

师：请你画出短语“举起斧头便砍”。你看，他知道哪吒在洗澡，举起斧头便砍。

生1：说明他是坏人。

生2：说明他凶恶。

生3：一见人就杀，很凶残。

生4：他非常残暴。

师：你看这个短语“举起斧头便砍”。他有没有跟人家说话？有没有跟人家讲道理？

生：没有！

师：拿起斧头便砍，说明夜叉残忍无比，杀人不眨眼，不是好人。举枪便刺，好不好？

生：不好！

师：抡起拳头便打呢？

生：不好！

师：张口便骂呢？

生：不好！

师：像这种“什么便什么”的人，都不是好人！（众笑）好，继续往下看。

（生读第四自然段，读到“气得嗷嗷直叫”处）

师（插话）：龙王为什么“气得嗷嗷直叫”？

生1：因为夜叉被哪吒打死了。

生2：夜叉被哪吒用乾坤圈砸死了。

师：对的！这个龙王叫敖光，所以要嗷嗷直叫。（众大笑）

（生继续往下读）

师：第三次如何闹的？

生：哪吒抖出混天绫，混天绫立刻喷出一团团火焰，把三太子紧紧裹住。三太子只好现出原形。

师：哪吒一抖混天绫，便怎样？

生1：便使三太子现出原形。

生2：便把三太子逼出了原形。

师：看最后一个自然段。

（生读第五自然段）

师：这里有两个词很重要。

生："再也""又"。

师：哪吒闹海有三次，一"摆"，一"扔"，一"抖"。你能做一下这三个动作吗？

生：能！（纷纷做动作）

师：你能掀起滔天巨浪吗？

生：不能！

师：你能把夜叉打死吗？

生：不能！

师：你能让龙王三太子现出原形吗？

生：不能！

师：这是为何？

生1：因为哪吒用的是法宝。（众笑）

生2：因为哪吒是神仙。（众笑）

生3：因为这是神话故事。（掌声）

师：现实生活中有没有这样的法宝？有没有这样的神力？

生：没有！

师：这就是神话故事！（引读词句）我们知道龙王父子——称霸一方，胡作非为，经常——兴风作浪。所以哪吒要去——治一治他们。哪吒一摆混天绫，便——掀起滔天巨浪，连龙王的水晶宫也摇晃起来，龙王连忙派巡海夜叉上去察看。哪吒一扔乾坤圈，便——把夜叉给打死了。

哪吒一抖混天绫，便——把三太子逼出了原形。最后老百姓——又过上了太平日子。

板块二：学习概述

师：读完"哪吒闹海"这个故事，我们可以用几句话把它清清楚楚地说出来，这叫概述。不管多么复杂，"哪吒闹海"都可以用三句话概述。哪三句话呢？第一句：哪吒为何闹海？第二句：如何闹海？第三句话：闹后又如何？请你根据这三个问题，概述一下这个故事。

（生练习概述）

师：谁有这个本事？

生：东海龙王父子称霸一方，兴风作浪，哪吒决心治一治他们。（师插话：第一句）他来到海边，一摆混天绫，搅得水晶宫都摇晃起来；（师插话：这里用分号，继续）他一扔乾坤圈，一下子就把夜叉给砸死了；（师插话：还是用分号，继续）他一抖混天绫，就将三太子逼出了原形。（师插话：句号。这是第二句）从此，老百姓又过上了太平日子。（师插话：这是第三句）

师：谁还能说得不一样？

生：哪吒决心治一治胡作非为的东海龙王，（师插话：父子）哪吒决心治一治胡作非为的东海龙王父子，（师插话：第一句简洁明了）便带着乾坤圈和混天绫来到大海边，他就是那么轻轻一摆、一扔、一抖，便打死了夜叉，逼龙王三太子现出了原形。（师插话：了不起！将三闹用三个"一"概括，的确有本事！这是第二句）从此，东海龙王再也不敢胡作非为，老百姓又过上了太平日子。（师插话：第三句）

师：有个小建议，两次用到了"胡作非为"，重复了，可以换一个词语。

生：从此，东海龙王再也不敢兴风作浪了。

师：这样就完美了！谁还能概述一下？

（生概述，略）

师：这三句话：为何闹？是原因。如何闹？是经过。闹后又如何？是结果。把原因、经过、结果说清楚，就把这个故事说得——

生1：完完整整。

生2：具体。

生3：清清楚楚了。

板块三：学习讲述

师：有些同学说这个故事是爸爸妈妈讲给你听的，讲故事可不能这样概括地讲。要讲得——

生1：栩栩如生。

生2：清清楚楚。

生3：讲得完整、具体。

生4：讲得精彩。

师：这个故事讲给谁听比较好？

生1：薛老师。（众笑）

生2：讲给比我们小的弟弟妹妹们听。

生3：讲给不知道这个故事的人听。

师：怎样把一个故事讲得精彩呢？老师有一个法宝。

生（好奇地）：什么？

师：概述的时候，我们把一个故事变成三句话；现在讲故事的时候，我们要把一句话变成三句话。有了这个本事，你就能把故事讲得栩栩如生了。我们一起来练一练吧！就看这一句："夜叉从水底钻出来，只见一个娃娃在洗澡，举起斧头便砍。"怎么变成三句话呢？

生（齐读）：夜叉从水底钻出来。

师（板书）：只见——

生：只见一个白白胖胖的娃娃在洗澡。

师："白白胖胖"，多好玩啊！这叫形象！夜叉看到后，（板书）就大喝一声——

生1：你敢到海里洗澡，看我把你收拾了！

生2：你敢在海里洗澡，我一定要把你杀死！

生3：你敢在这里洗澡，一定是活得不耐烦了！

师：这句话说得真好！因为哪吒把水晶宫搅得不得安宁，天翻地覆，这不是找死吗？

生：你居然在龙王面前洗澡，你不想活啦？（众大笑）

师：谁在龙王面前洗澡啦？（众又大笑）

生1：夜叉大喝一声："哪里来的小娃娃，居然在龙宫前洗澡，你不想活啦？还把我们的水晶宫搞得摇晃起来。"

生2：夜叉大喝一声："哪里来的小娃娃，竟然敢在水晶宫门前撒野？你活得不耐烦了！"

师：大喝一声："呔！"（众大笑）加一个"呔"字，就有声有色了！

生1：夜叉大喝一声："呔！你这个小娃娃，在龙王的地盘上撒野，看我不把你收拾了！"

生2：夜叉大喝一声："呔！你个小娃娃，把我们的龙宫搅得天翻地覆，我看你是不想活了！"

师：（板书）哪吒转身一看，只见——

生1：哪吒转身一看，只见一个凶猛的怪物举起锋利的斧头砍了过来。

生2：哪吒转身一看，只见一个相貌丑陋的怪物，穿着三角裤衩（众大笑），凶神恶煞地向他冲过来，举起斧头便砍。

师：看看课文中的插图——青面獠牙的一个怪物。哪吒怕不怕？

生：一点都不怕！

师：于是，（板书）就笑着说——

生1：哪里来的怪物，想要我的命啊，门都没有！

生2：哈哈，红毛怪物，你也会说人话的吗？

师：人物一开口，故事就生动了！现在，将刚才这几句话连贯地讲一讲。

（生练习讲故事）

师：谁有本事把一句话讲成三句话？

生：夜叉从水底钻出来，只见一个白白胖胖的娃娃在洗澡，便大喝一声："呔！你这个臭娃娃，居然敢在龙王的地盘上撒野，看我不把你收拾了！"哪吒转身一看，只见一个红毛怪物凶神恶煞地盯着他，便笑着说："哈哈，你想打我？还嫩了点。"夜叉一听便火冒三丈，暴跳如雷，举起斧头便向他砍去。（掌声）

（生讲述故事，略）

师：一句话讲成三句话，这就叫具体、生动、形象。如果一个故事，把每一句都变成三句话，好听不好听？

生（齐）：好听！

师：课后，我们要努力把一句话变成三句话。这就是讲故事。

板块四：学习转述

师：课文最后有一句话，说："从此，东海龙王再也不敢胡作非为了，人们又过上了太平日子。"如果你是龙王，会善罢甘休吗？

生1：不会！我会带着虾兵蟹将跟他斗。

生2：我会向其他龙王搬救兵。

生3：我要亲自去收拾哪吒。

师：哪吒是一个7岁的小娃娃，一般小娃娃闯了祸，会找谁？

生：会找他的爸爸妈妈。

师：假如你是龙王，找到了哪吒的父亲李靖，你会怎样？

生：告状。

师：你帮龙王想一想，怎么告状才能让李靖相信是哪吒的错？

生：李靖，你的儿子哪吒犯了滔天大罪！他一摆混天绫，就使得我的龙宫摇晃起来；他一扔乾坤圈，便把我家夜叉打死了；他一抖混天绫，就把我儿三太子的原形逼了出来，最可恨的是他还把三太子的龙筋抽了出来。赶快把你的儿子交给我处置！我要将他碎尸万段！

师：你这么说，我就奇怪了。我的小孩哪吒才7岁啊，怎么会打死夜叉和三太子呢？

生：你不知道吗？他有两件法宝，一件是混天绫，一件是乾坤圈。

师：那他怎么会到大海边去，怎么会把龙宫搞得鸡犬不宁？

生：他干坏事，我什么也没干。（众大笑）

师：你这叫"此地无银三百两"，自露马脚！（众大笑不止）

生：哪吒把我的龙宫摇晃得快塌了，派出去的夜叉又被他打死了，还把我儿三太子的龙筋抽出来送给你做成了腰带。（师插话：哪吒还来不及送呢）所以你要把他交给我处置。不然，我要上玉皇大帝那里告你！

师：龙王是这么说的，那么作为哪吒的父亲，他相不相信？

生：不完全相信。他会马上去问哪吒的。

师：如果你是哪吒，到了父亲面前，你会怎么做？

生1：解释。

生2：向父亲揭露龙王父子的罪行。

生3：和龙王争论。

师：如果你是哪吒，会怎样来说这件事？

生：父亲，你知道吗？龙王父子常常为非作歹，老百姓都不敢下海捕鱼了。我只不过是在海边洗个澡，就出现一个怪物。他举起斧头便砍，我没办法才打了他，但不知道怎么的他死掉了。后来又来了一个人，举枪便刺。我没办法，不小心又把他打死了。

师：两个“没办法”，责任都推在夜叉和三太子身上了。但你说得不太清楚，还能讲得更明白一些吗？

生：父亲，你不知道吧？这龙王父子常常兴风作浪，老百姓都恨透他们了。我在海边洗澡，也不碍他们什么事，却有一个怪物举起斧头便来砍我，我一扔乾坤圈，他就死了；后来又来了一个人，举枪便刺，我只是抖了一下混天绫，他也死了。我不知道他就是三太子。

师：同样一件“哪吒闹海”的事，龙王和哪吒都在李靖面前讲述了一遍，这样的讲述都是对原来这件事情的转述。龙王和哪吒两个讲的一样吗？

生1：不一样，一个是讲哪吒干坏事，一个是讲龙王干坏事。（众笑）

生2：龙王是告状，哪吒是解释。

师：对！因为他们的目的不一样，所以说法也不一样。那么，这篇课文的编者，他是站在谁的角度写的？在帮谁说话？

生：帮哪吒说话。

师：你是怎么看出来的？

生1：“称霸一方”“兴风作浪”“胡作非为”，这些词语都是说龙王是坏人。

生2：坏人都被哪吒打死了，为老百姓出了一口气。

生3：夜叉举起斧头便砍，三太子举枪便刺。这些都不是好人。（众笑）

生4：作者说哪吒有法宝，还把哪吒打死三太子的事情省略了。

师：编者把哪吒当成什么来写的？

生：英雄。

师：对！目的是为了颂扬这样一位英雄。现在我们看一下，一个故事有了三种说法，都因为——

生：目的不同！

师：如果现在有两个同学在你面前说这件事情，一个这样说，另一个同学那样说，两个同学的说法不一样，你相信谁？

（生不知道怎么回答）

师：你糊涂了？（众大笑）

生：相信后面一个。（众笑）

师：后面的都对？

生：谁也不相信！

师：总得相信一个？

生：相信自己！（掌声）

师：对！要相信自己，要学会分辨是非，这样你才能变得有本事。今天我们先是朗读了课文，然后是概述课文，将一件事说成三句话——原因、经过、结果，说得清楚、完整。我们还练习了讲述故事，一句话变成三句。最后我们学习了转述，一个故事有三种说法，目的不同说法不同。那么，“哪吒闹海”这个故事的真相到底是怎样的？我们还是回去读原著《封神演义》吧！

附板书：

哪吒闹海

朗读：两件法宝——三闹东海

龙王父子____________

哪吒闹海

一摆____________，便____________；

一扔____________，便____________；

一抖____________，便____________。

老百姓____________。

概述：一件事——三句话

为何闹？

如何闹？

闹如何？

讲述：一句话——三句话

夜叉从水底钻出来，只见________，便大喝一声__________；

哪吒转身一看，只见________，便笑着说________________；

夜叉一听，便____。

转述：一个故事——三种说法（目的不同，说法不同）

龙王（告状）

哪吒（解释）

编者（颂扬）

参考文献

[1] 薛法根．薛法根教学思想与经典课堂［M］．太原：山西教育出版社，2005.

[2] 薛法根．为言语智能而教——薛法根与语文组块教学［M］．北京：教育科学出版社，2014.

[3] 薛法根．现在开始上语文课——薛法根课堂教学实录［M］．北京：教育科学出版社，2014.

[4] 薛法根．薛法根教阅读［M］．郑州：文心出版社，2014.

[5] 薛法根．做一个大写的教师［M］．北京：教育科学出版社，2014.

[6] 刘恋．薛法根语文教学艺术探析［D］．上海：上海师范大学，2014.

[7] 刘妍萍．语文教师教学智慧研究［D］．西安：陕西师范大学，2012.

[8] 王春晓．小学记叙文课堂教学设问的研究——以于永正、薛法根为例［D］．济南：山东师范大学，2013.

[9] 鲍仲琴．简单中见深度　朴实中显智慧——听薛法根《爱如茉莉》课后感［J］．小学语文教学，2006（2）.

[10] 陈国安．大道至简：漫论薛法根的语文阅读教学［J］．江苏教育研究，2008（24）.

[11] 成尚荣．让言语智慧在语言的屏障上爆发、生长——薛法根语文教学

主张和风格［J］. 江西教育，2013（26）.

［12］戴崇洁，张春燕. 为发展学生的语言智能而教——以薛法根老师执教的《剪枝的学问》为例［J］. 语文教学通讯，2015（9）.

［13］高修军. 阅读力与文本的“解构”与“重构”——薛法根《青海高原一株柳》教学片段赏析［J］. 江西教育，2012（29）.

［14］顾桂荣. 行走在质朴和灵动之间——特级教师薛法根教学《只拣儿童多处行》听后感［J］. 教育科研论坛，2010（7）.

［15］胡修喜. “简约”与“丰满”和谐共生——薛法根课堂教学艺术探微［J］. 云南教育（小学教师），2012（12）.

［16］黄亢美. 浙江特级教师薛法根《我应该感到自豪才对》教学赏析［J］. 广西教育，2004（5）.

［17］黄莉莉. 抓住语文之根，教习语文之法——薛法根《真理诞生在一百个问号之后》赏析［J］. 教学月刊（小学版），2011（9）.

［18］李娜. 守住语文底线　关注生本课堂——薛法根老师“检查字词”教学环节赏析［J］. 小学语文教学，2010（10）.

［19］李雪松. 要重视培养“听”的能力——特级教师薛法根教《我们家的猫》［J］. 小学语文教学，2002（10）.

［20］廖黎莺. 明净的一片天——特级教师薛法根《心田上的百合》教学赏析［J］. 广西教育，2008（1）.

［21］刘剑华. 感知·对话·提升——感悟薛法根教学《天鹅的故事》的三次“写”［J］. 小学语文教学，2008（8）.

［22］马传昌. 薛法根老师课堂对话“接话头”赏析［J］. 语文教学通讯，2010（9）.

［23］屈太侠. 趣味横生　余音绕梁——薛法根老师的幽默艺术［J］. 青年教师，2008（8）.

［24］沈正元. 他在闯作文教学的新路——记吴江市第二实验小学青年教师薛法根［J］. 江苏教育，1996（5）.

［25］谈永康. 从读懂“一篇”走向读懂“一类”——薛法根《埃及的金字塔》教学艺术管窥［J］. 小学语文教学，2013（34）.

［26］谈永康. 喜欢讲故事的人——薛法根语文课堂文化的一个视角［J］.

江苏教育研究，2011（2）.

［27］谈永康. 一堂充满智慧的语文课——薛法根老师教《螳螂捕蝉》［J］. 小学语文教学，2002（4）.

［28］王晓奕，薛法根. 从模糊走向清晰——《水》的教学实录及点评［J］. 语文教学通讯，2010（18）.

［29］王亚敏. 开课便有"语文味"——特级教师薛法根导课片段简析［J］. 小学语文教学，2014（4）.

［30］王亚敏. 听，语文课上的那些笑声——特级教师薛法根"幽默"教学艺术赏析［J］. 小学教学设计，2011（28）.

［31］吴立岗，胡继渊，沈正元. 务实　求活　拓宽　创新——浅析薛法根语文教学风格［J］. 人民教育，1999（1）.

［32］吴罗青. 词语教学　精彩纷呈——赏析特级教师薛法根的词语教学［J］. 小学语文教学，2006（7/8）.

［33］吴秋连. 对语文特级教师薛法根"四字"朗读教学的探究［J］. 基础教育研究，2014（23）.

［34］吴善虎. 精妙·多元——薛法根《猴子种果树》一课词串教学的价值分析［J］. 小学教学研究（理论版），2013（1）.

［35］萧玲. 山还是山，水还是水——记江苏省名教师、小学语文特级教师薛法根［J］. 江苏教育，2003（8）.

［36］徐文姣. 薛法根老师课堂话语的有效性分析［J］. 宁波教育学院学报，2015（4）.

［37］薛法根. 不做重复的自己［J］. 语文建设，2010（10）.

［38］薛法根. 重论阅读教学的四个要素［J］. 江苏教育研究，2008（24）.

［39］薛法根. 从"教课文"到"学语文"——小学阅读教学内容的组块策略［J］. 福建教育（小学版），2015（1）.

［40］薛法根. 从模仿起步［J］. 江苏教育，2000（7）.

［41］薛法根. 错误的价值［J］. 江苏教育，2003（4）.

［42］薛法根.《大海的歌》备课思路［J］. 人民教育，1999（1）.

［43］薛法根. 尴尬的朗读教学［J］. 语文建设，2013（6）.

［44］薛法根. 呼唤游戏精神［J］. 小学教学（语文版），2009（23）.

［45］薛法根. 呼唤智慧的语文教育［J］. 江苏教育研究，2007（1）.

［46］薛法根. 基于课程标准的教学内容研制策略［J］. 江苏教育（小学教学版），2010（10）.

［47］薛法根. 简单的力量——《九色鹿》教学实录及教后感言［J］. 语文教学通讯（小学刊），2012（1）.

［48］薛法根. 简约之美——我的好课设计观［J］. 语文教学通讯（小学刊），2004（10）.

［49］薛法根. 教得轻松，学得扎实——《奇妙的魔术》作文指导纪实及自评［J］. 江苏教育，1993（22）.

［50］薛法根. 教育的名字叫“智慧”［J］. 江苏教育研究，2006（2）.

［51］薛法根. 教育的闲适［J］. 江苏教育研究，2009（3）.

［52］薛法根. 教育的幸福［J］. 人民教育，2003（18）.

［53］薛法根. 教与学的落差［J］. 江苏教育，2014（1）.

［54］薛法根. 看别人如何“说理”——议论文教学策略例谈［J］. 小学教学设计，2012（9）.

［55］薛法根. 课堂教学的审美化改造——《匆匆》教学例谈［J］. 语文教学通讯，2013（12）.

［56］薛法根. 课堂观察：拥有透视课堂的眼睛［J］. 小学教学参考（语文版），2007（7）.

［57］薛法根. 模仿·融合·创新［J］. 江苏教育研究，2007（6）.

［58］薛法根. 悄悄地长大［J］. 人民教育，2005（9）.

［59］薛法根. 让孩子获得作文的自由——基于儿童的作文教学策略［J］. 江苏教育（小学教学版），2011（2）.

［60］薛法根. 让课堂精彩起来［J］. 江苏教育，2001（3）.

［61］薛法根. 让学生获得“拔节”的快感［J］. 小学语文教学，2012（7）.

［62］薛法根. 让语文课清晰起来——《燕子》教学实录［J］. 四川教育，2009（7）.

［63］薛法根. 让作文更自然一些——《人物素描》习作实录及执教感言［J］. 语文教学通讯（小学刊），2007（12）.

［64］薛法根. 诗歌教学的秘密［J］. 语文教学通讯，2015（3）.

[65] 薛法根. 实现三个转化提高课堂效益——《螳螂捕蝉》教学谈 [J]. 江苏教育，2000（12）.

[66] 薛法根. 思考，让语文更智慧 [J]. 语文教学通讯，2011（12）.

[67] 薛法根. 我别无所求 [J]. 江苏教育，1994（11）.

[68] 薛法根. 言语智慧教学——基于组块的阅读教学策略 [J]. 江苏教育，2009（34）.

[69] 薛法根《哪吒闹海》评论集粹 [J]. 江苏教育研究（职教版），2011（2）.

[70] 薛法根. 一路花香——《桂花雨》课堂教学实录和教学谈 [J]. 小学语文教学，2009（12）.

[71] 薛法根. 一课三磨 [J]. 语文教学通讯，2014（15）.

[72] 薛法根. 用儿童的方式教语文——《我选我》教学实录及教学感言 [J]. 小学语文教学，2013（5）.

[73] 薛法根. 永远的追求 [J]. 江苏教育，2008（14）.

[74] 薛法根. 幽默课堂的三个支柱 [J]. 小学语文教学，2010（10）.

[75] 薛法根. 语文教学要着力提高学生的语文素质 [J]. 人民教育，1999（1）.

[76] 薛法根. 欲写惊人句，功夫在诗外 [J]. 江苏教育，1992（13）.

[77] 薛法根. 语言训练要在内化上下工夫 [J]. 江苏教育，2008（14）.

[78] 薛法根. 阅读教学的三个转变——小说《爱之链》教学读后感 [J]. 江苏教育（小学教学版），2010（4）.

[79] 薛法根. 阅读题“考什么” [J]. 小学教学（语文版），2009（10）.

[80] 薛法根. 循环日记——作文教学的好形式 [J]. 江苏教育，1993（13）.

[81] 薛法根. 在主动学习中落实语言训练 [J]. 江苏教育，1999（8-9）.

[82] 薛法根. 智慧教育：让细节充满力量 [J]. 江苏教育研究，2010（6）.

[83] 薛法根. 知其然，知其所以然——谈古诗词教学 [J]. 小学语文教学，2010（9）.

[84] 薛法根. 知识在于运用——以《雾凇》为例看语文知识的教学转化 [J]. 小学教学（语文版），2014（3）.

[85] 薛法根. 追寻教学的逻辑意义——《水》教学实录 [J]. 江苏教育研究，2015（2）.

［86］薛法根. 走进语文新课程［J］. 江苏教育，2002（8）.

［87］薛法根. 组块阅读教学策略（上）［J］. 小学教学（语文版），2010（1）.

［88］薛法根. 组块阅读教学策略（下）［J］. 小学教学（语文版），2010（2）.

［89］薛法根、刘小红. 用故事抓住孩子的心——《猴子种果树》教学实录与评析［J］. 小学教学（语文版），2012（7）.

［90］薛丽芬. 薛法根课堂教学“示弱”艺术赏析［J］. 小学教学研究，2012（1）.

［91］严伯春. 语文的“园子”里应该种上什么——薛法根《我和祖父的园子》教学赏析［J］. 小学教学（语文版），2007（6）.

［92］杨树亚. 享受“草根化”的阅读对话——薛法根老师教学艺术探幽［J］. 小学教学（语文版），2007（1）.

［93］杨伟. 走向充满智慧的语文教学——特级教师薛法根与他的语文组块教学访谈录［J］. 语文教学通讯（小学刊），2004（11）.

［94］杨文华. 追寻理想的课堂——感受特级教师薛法根的教学艺术［J］. 黑龙江教育，2005（10）.

［95］翟敦兵. “字感”培养，智慧领航——摭谈薛法根《猴子种果树》一课的识字教学［J］. 江苏教育研究（实践版），2013（8）.

［96］张晓华. 在走出文本中彰显智慧——薛法根老师两则词语理解教学案例浅思［J］. 教育科学论坛，2014（9）.

［97］周芳. 把握说明性文体的特点——观薛法根老师《真理诞生在一百个问号之后》有感［J］. 小学语文教学，2011（9）.

［98］周莉花. 山还是山，水还是水——评特级教师薛法根执教《天鹅的故事》［J］. 小学教育科学论坛，2004（2）.

［99］朱芹芬. 新课程　新理念　新课堂——听特级教师薛法根执教《雪儿》有感［J］. 小学语文教学，2004（11）.

第九篇　张晨瑛教学智慧研究

张晨瑛，1965年出生，浙江省奉化市教育局教研室语文教研员。宁波市名师，浙江省特级教师，省优秀教师，省优秀教研员。2013年3月获得浙江省首批正高级职称。

在33年的小语教学生涯中，张晨瑛努力通过教学比照与理论研习，在系统论观照下对语文教学逐步形成三项主张。主张之一：建构拼音、识字、阅读三维一体的教学模式。主张之二：构建“语言为本、系统开放”的阅读教学模式。主张之三：探寻“基于习作核心能力”的习作教学体系构架。

主要著作有：《课程改革与学习主题构建》（编著）、《新课程小学语文教学论文撰写与例举》、《砥砺在教学现场》、《发达地区服务型农村教师培养范式研究——以宁波市为例》（参与编写）、《我们的管理视野——19位校长教育管理行思录》（编著）、《小学语文教学内容指要·写话·习作》、《超能作文》、《新体系作文——基于能力的习作教学研究》（合著）。她主要参与编写的教师教学用书有《小学语文拓展阅读精粹》《阅读与表达》《半小时阅读》《小学语文常规课教学研究》。先后在《小学语文教学》《语文教学通讯》《小学语文教师》《小学教学研究》《教学月刊》等十几种杂志发表文章70余篇。

一、张晨瑛教学智慧的探索历程

循着张晨瑛的教学智慧长河溯流而上，可谓一路风光，旖旎绚丽。

（一）1994年，张晨瑛语文教学成熟期的起点

1994 年，宁波市评选教坛中坚，张晨瑛以日臻成熟的“活中求实、实中求活”的思辨性课堂教学风格赢得评委的肯定，成为为数甚少的获评者之一。

张晨瑛认为，阅读行为不过是思维过程的表现形式罢了，无论听、说，还是读、写，所表现的只是外在的能力。而决定这四种外在能力的内在的、核心的东西是学生的思维能力。比如，“在内心里由衷感谢”“热爱自己的祖国”“睡眠三忌：一忌睡前不可烦恼……”等用语重复，其实是在思维层面已认同了这种“错误”。很多从形式上看似是语言的问题，实质上则是思维的问题，是学生还不能正确地理解和运用概念，还不能对事物做出合乎逻辑的判断。所以，张晨瑛倡导把握篇章、段落和句子的内在联系，适当运用类比与比较，在听说读写的过程中突出语言和思维的训练。避免只让学生获得“是什么”或“什么东西怎么样”这样简单的判断，通过学生认知的盲点、疑点等，促进学生去思考“为什么”“为什么是这样”“我的这种感受从何而来”。其最终目的是为了思维与语言和谐发展。

张晨瑛在当时就引领学生发出这样的质疑：同样是写声音，为什么“无边落木”的落下只能用“萧萧”来形容，而“不尽长江”的流淌却要用“滚滚”来模拟？那时候，张晨瑛几乎每个月都会上公开课。对《凡卡》结尾的解构，对《将相和》“和与不和”的激烈交锋，《鸟的天堂》与原文的比较学习，《忆铁人》中对“哦？……咳！”的填补与争辩等，至今还传为佳话。她在宁波市上观摩课《比金钱更重要》，其中的教学片段，至今看来也不失为语用与思维同步发展的经典之作。

师：其实，街头巷尾，车子与车子之间磕磕碰碰的事常有，回到那个深夜，如果你就是课文中那位撞坏他人反光镜的车主，你会怎样做？请你读读课文第 1 至第 3 自然段，结合课文描写的天气、环境与事件，谈谈你的真实想法。

生：我想我赶快逃跑算了。

师：发言时，态度自然，声音也很响亮。你想溜，但为什么想溜？要说明理由。

生：运气真是太不好了，这可怎么办？

师：你为自己的不小心而沮丧。

生：我会一直在红色小汽车旁边等，等车主来。

师：你有勇于承担过失的勇气。能说说等的理由吗？

生1：虽然那辆红色小汽车超过了停车线三四十厘米，但它毕竟是停着的，事故的责任在我，所以我要等。

生2：我会给车主留一张纸条，请他和我联系，这样更加方便。

师：课文中的他也出于这样的考虑，给红色小汽车的车主留了一张纸条，你认为这留言条该写些什么？替他写写。（生写留言条）

大家感叹张晨瑛的课堂充满思辨，充满争论，孩子们往往争得面红耳赤、神情兴奋。她的“求实求活”的教学风格也演化到习作教学中，在她发表的论文《试论作文教学中教师的无为与有为》中可见一斑。当时她执教的口语交际课“问路和指路”得到了200多名观课者的高度赞誉：充分激活表达欲望，充分打开表达思路，充分对接生活素材，充分打破课堂壁垒。该教例发表在《小学语文教师》上。“活中求实、实中求活”思辨式的教学风格在口语交际中也展露无遗。

（二）1999年，提出“球状语文启蒙教育”主张

1999年，张晨瑛获得了中学高级教师职称。这一时期，张晨瑛的目光转向了对语文学习的系统观览。她认为，语文学习是个系统工程，是个球体。这个球体的球心是语文综合素质，而充实球体的要素有“汉语拼音、识字、阅读、表达（写作）及在听说读写过程中显现出来的学习习惯、学习欲望、意志品质、理解能力、情感态度”等。这些要素在球内并不是单一孤立存在，而是相互牵制、互为促进、整体联动的。依据系统论原理，

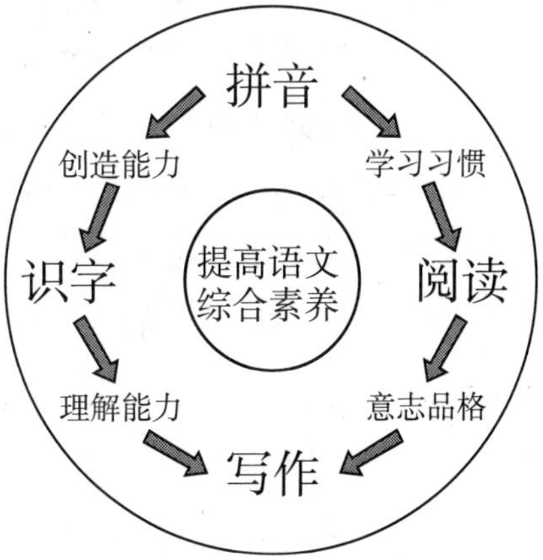

图9-1　球状语文启蒙教育

建构“拼音、识字、阅读”三位一体的多向互动、螺旋上升的教学模式，在“A 促 B、C，B 促 A、C，C 促 A、B”有形的协同发展中得到立体整合之效（如图 9-1 所示）。

张晨瑛根据儿童的认知规律——儿童对复合刺激物的感知，总是先知整体而不是局部；在同一时间内，注意两个以上的客体，或从事两种以上的活动，是完全可能的，其条件是在两种活动中有一种必须是儿童熟悉的，建议把单韵母的教学放在教学的起始阶段。因为刚入学儿童对单韵母最熟悉，单韵母是孩子们拼音体系中认知基础最牢固的部分。如阿姨、鹅等，孩子们早已在无意识地对它们加以运用。根据学情，单韵母的教学可与学念儿歌相结合，与说话训练相结合，与学唱单韵母歌曲相结合。同时，采用编儿歌、制作卡片、游戏竞赛等形式，简化声母的教学，着重引导学生辨析形近声母和音近声母。

将声母和单韵母组合而成的音节的拼读训练，分散到识字和阅读教学之中，以汉字带出相关音节。在练读单韵母与其他声母相拼的音节时，同时显示常用的汉字，比如学习 bā（八）、bá（拔）、bǎ（把）、bà（爸）等，让孩子们既读拼音又识字，一举两得。之后安排学生朗读相应的儿歌，优化课堂教学结构。

其他韵母及音节的拼读也分散于识字、阅读中，不再单独安排其他韵母及音节的拼读教学，而是采用以汉字带音节，以音节带韵母的方法来教学。一般先通过看图说话或跟读儿歌，引出要重点学习的汉字，再带出音节，从音节中提取出韵母，然后进行韵母教学及音节的拼读训练。如学“虫”字时带出音节“chong”，再学习“ong”的四声及发音。随后再读准、读好韵文和儿歌。

张晨瑛努力让孩子们在具体音节中感知音节的组成，把抽象的声母、韵母和有具体意义的汉字建立起有记忆的联系。这样的学习摒弃了成人化的学习模式，让孩子们在认识一些汉字时接触拼音，在学习拼音时识字诵文，在学文中识字、学词、学句。在连续的滚动发展中使儿童原有的语言储备快速地丰富，成为后继阅读和说话写话的强大动力，为全面形成和发展语文素养提供了一个很好的载体。

当然，拼读是一种技能。张晨瑛的做法没有局限于传统的拼读音节，她总是非常巧妙地灵活采用各种方法。在她的班里，孩子会在自己练习本的名字上注上拼音，每一次分发本子的过程就成了孩子们识字、拼读音节、巩固拼音的过程；墙报栏"看谁红花多"的栏目内也注上了拼音，于是孩子们能时时看到音节，时时拼读音节，时时运用音节。她为孩子们创造了联动发展的平台。

同时，张晨瑛开发语文学习资源，拓展识字途径。她引领几个年轻教师自编一年级教材，用以随文识字为主，看图识字、拼音识字为辅的思路进行编排。一年级共补充拓展读物 108 篇。其中儿歌、诗歌 60 篇，散文 15 篇，童话 25 篇，其他 8 篇。二年级共补充拓展读物 124 篇。其中儿歌、诗歌 57 篇，散文 51 篇，童话 6 篇，其他 10 篇。她设计了丰富多彩的语文实践活动，营造出随时随地识汉字、用汉字的意识和氛围。比如：①小朋友，你在哪所学校学习？认一认校牌上的字。②你拿到了几本书？认一认书名。③留心教室、办公室门牌上的字，看谁认识的字多。④你已经上过哪些课了？拿出课程表读一读。⑤你家有几口人？认一认他们的名字。⑥选一种食品包装袋或盒子，认一认上面的字。⑦你家住在哪里？认一认你家的路名及门牌号。⑧和爸爸妈妈一起到超市去，选几样食品，认一认上面的字。⑨你熟悉同班同学吗？去读读他们的名字。

从一定的"量"中提升出"质"来，张晨瑛娴熟地运用这一亘古不变的语文教学规律。

经过四年的实践与探索，张晨瑛的"球状语文启蒙教育的实践与研究"课题获得宁波市一等奖。

（三）2003年，提出"语言为本，系统开放"的教学主张

构建开放性的阅读教学模式，使阅读教学从狭小的一隅走向广阔的天地，这是张晨瑛一直努力的方向。2003 年前后，张晨瑛研究的重点是改革原有的阅读教学模式，改革原有的阅读教材，优化提质，浓缩教时，匀出三分之一的时间用于课内外联动阅读。

理念观照下的实践是艰辛的探索。张晨瑛依据课标要求和学生实际，"块状推进，整合优化"教学内容，将课文转化成若干个相对独立的块状式材料，以专题性的块状材料替代以篇为特征的语言材料形式。单元组块是常用抓手，对一组教材进行重组，或以一课为轴心按一定的系统紧

密型补充拓展，重创单元，或以单元训练重点为核心筛选增补教材，或根据教材内容确定进行某一专题研究（如人物专访、风土调查、事迹考证、说明书专栏等）。这样既有利于减少头绪，构筑张力点，取点成面，也便于引导学生凭借具体可感的语言材料进行自主实践、探究性学习。

教学结构、实施框架的推进，常用形态是整体感知，提取信息—聚焦重点，品读感悟—读写结合，迁移运用—归类提炼，领会文体。当然，根据文体特点，每个框架内的学生学习活动，会有相应的变化。或自主性读、感悟性读、评价性读、释情性读、积累性读，或了解知识、揣摩语言、感受方法、模仿应用，或先熟读文本、片段指导、合作实践、汇报评价、内化表演。

如张晨瑛在送教下乡展示的《航天飞机》一课：框架一，初读后交流对航天飞机的了解；框架二，根据板书中的非连续性文本，结合幻灯片中的图片介绍航天飞机；框架三，阅读同是介绍航天飞机的课外阅读材料，与课文比较写法异同，提炼科普读物的基本写法；框架四，课外找资料，了解航天飞机的新发展，写写“航天飞机的自述”；框架五，联系已经学过的同类文章，如《绿色的卫兵》，变式介绍航天飞机。

优化了以教材为基点的阅读教学，延伸拓展阅读也就有了时间保障。让人心生感叹的是，张晨瑛的拓展不仅仅是相关内容、相关知识、相关背景的拓展，拓展阅读不是平面的材料堆砌，而是立体的比照关联，直指内蕴或表达形式。她从同形异质、同质异形等拓展实践中，总结规律。在链接材料、链接时机、链接视角、链接方法、链接思维、链接策略上进行了多维多向的探索，研究逐渐走向深入系统，形成了具有鲜明风格的开放式阅读教学模式。

如她指导执教研讨课《花的勇气》，用简洁的链接环节激发学生认知冲突，体悟文章的写作特色。“作者用‘泛滥’‘寂寞’来形容这一片没有花的绿地，而老舍面对广阔的草原，则用‘一碧千里’来形容，同样写绿色，有何不同？”在链接对比中，学生进入思维与认知的重构，明白一个词语不仅只是一种意思，更是一份感情。

张晨瑛在紧贴地面的实践探索中，悟得教学的真义，感受心智的洞开，触摸到阅读活动的本质。在此过程中她发表了大量文章，《农村语文教学与语文教改前沿弥合之对策》《关于阅读教学新用语的几点冷思考》《块状推进　整合优化——〈语文课程标准〉之阅读教学应用研究》《穿越文字　活化语言　感悟熏染——“心理视线”在阅读教学中的运用》《悟什么？怎么悟？——对“正确把握语文教育特点”的思考》等文章发表在核心期刊上，编著《我爱奉化》等拓展读物，“构建开放型的阅读教学模式的研究和实践”课题获得宁波市政府基础教育教学成果二等奖。张晨瑛被评为宁波市名师、浙江省特级教师。

（四）2011年，探寻“基于习作核心能力”的习作教学体系构架

2011 年 11 月，张晨瑛带领 29 位学员，根据对习作教学现状的观察与分析，结合中外理论文献的研究与思考，展开了“基于能力的习作教学体系构建”的实践探索。张晨瑛带领团队，通过梳理、分析、解构、整合，将习作能力细分为情意、选材、言语、构思和修改五大领域；下分十二项能力要素，建立了基本框架，并以年级为单位细化了三级、四级评价标准，内在逻辑严密，为《义务教育语文课程标准（2011 年版）》习作目标做了有力的注解，使教学有标、指导有向、目标有序、评价有度、教学有法（见图 9-2）。

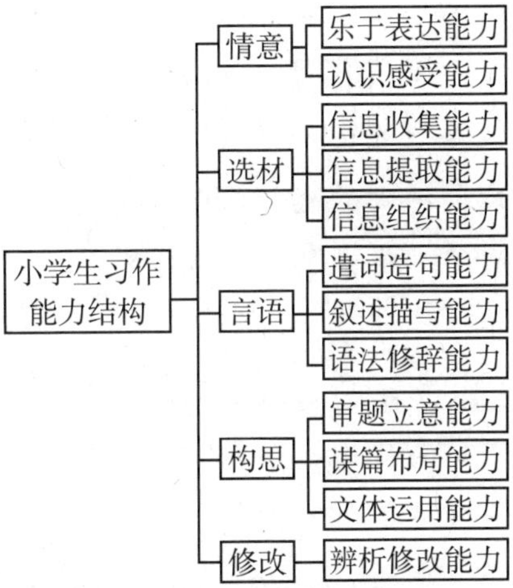

图 9-2　小学生习作能力基本框架

为实化年级能力目标，张晨瑛创造性地拟定了分年级能力训练微课程方案。每学期安排 8 次习作能力专项化微课程内容，小学阶段共 96 次。以四年级习作“构篇”训练为例。四年级上学期由三年级基本构段方式引入，引导学生认识“意义段”，而后进入“意义段”基本构成形态的探究，这是对“构篇”的基本图式的认知。之后主要从开头、结尾、前呼后应、衔接过渡上引导学生建立完整篇章的概念。通过这一系列的微课程训练，学生谋篇布局能力得到了提升，由段的架构上升到篇的架构，达到谋篇布局能力的领会层面。四年级下学期则以写景、叙事、写人三个维度进行巩固训练与细化提升。这时候，谋篇布局能力进入到运用阶段。

那么，如何培养小学生的习作能力？张晨瑛指导团队以习作心理转换理论为基础，以布鲁姆的认知目标为指引，原创性地构建了“导练评”螺旋式教学结构模式和三大体系培养策略，解决了教师在习作课堂上关于指导的困惑(见图9-3和图9-4)。

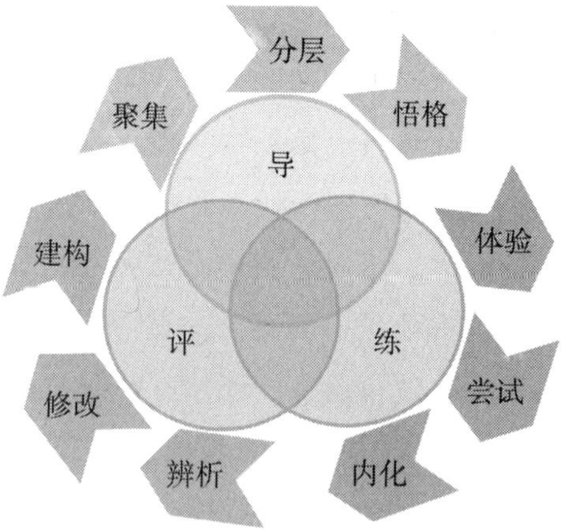

图9-3　习作教学结构模式

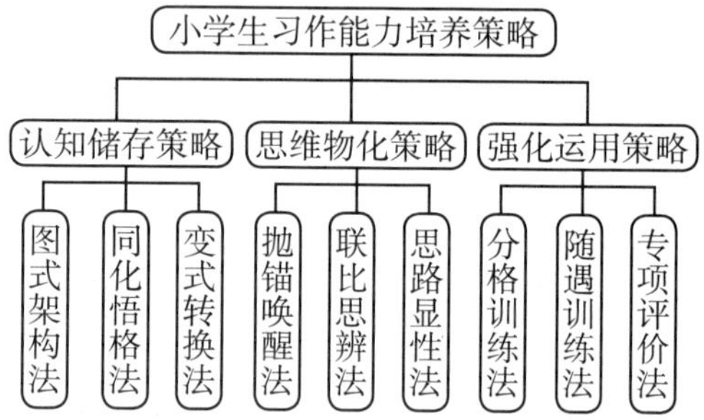

图9-4　小学生习作能力培养策略体系示意

该习作能力培养模式与策略研究行之有效，获得了广大教师的充分认同并努力践行，得到了许多专家的肯定。

华东师范大学胡惠闵教授认为该项习作教学研究具有重要的学术价值，上海师范大学吴立岗教授认为该项研究对广大教师的习作教学具有深远的影响，上海师范大学吴忠豪教授、上海青浦教师进修学校李永元老师、杭州的张化万老师均认为该研究能填补我国当前习作教学研究的空白，具有开创性意义。浙江教育学院汪潮教授认为，这样的研究与实践是对习作教学的巨大贡献，并建议把张晨瑛领衔编著的“超能作文”丛书放在浙江省小学语文博物馆永久珍藏。伴随着这个研究历程，张晨瑛发表相关论文10余篇，她指导团队发表习作教学论文和案例近80篇，在各级各类的研修活动中，团队成员到各地讲学或上课近30场次，她指导李维勇执教的赛课“小蚂蚁历险记”获全国首届新体系作文青年教师教学观摩暨新体系作文论坛活动赛课特等奖第一名。她的“基于目标的小学生习作能力培养研究”获得宁波市教科研优秀成果一等奖、浙江省教研课题一等奖。

二、张晨瑛教学智慧的思想内核

（一）以语文学习规律为准绳

张晨瑛一直践行以语文学习的方式来进行语文练习，以语文练习来促进语文学习。语文学习的方式是什么？从母语教育的规律出发，重视积累、感悟、熏陶，通过品词析句、咬文嚼字、揣摩写法、领悟神韵等语言实践活动，感受语文知识和语法规则，促进语感的培养，并用于读写听说实践。张晨瑛倡导，语文练习的理想境界是将熏陶感悟与言语实践融为一体，将理解领悟与表达训练融为一体。指导学生习得的过程必须遵循从语言内容到语言形式、从潜文涵泳到积累表达、从感知感悟到抽象概括、从模仿迁移到创造运用这些规律，不可颠覆，不可倒序。总而言之，语文练习需要经历从理解到内化、从模仿到创用的认知过程，这符合由形式结构到情境结构再到意向结构的内部心理的发展图式。

在具体实施过程中，张晨瑛一直重视学生个体心理活动的体验过程，保证足够的时空，让学生去感受、思考、体味，保证对语言材料有充分的感知、真切的感受，不停留在对语言的一般意义的解码上，不满足于抽象概念的定位上，从真正意义上完成阅读心理过程的第一阶段。这是理解、品评、领悟的基础，如果没有了充分的感知，对信息的加工改组就成了无源之水，对语言的辨析甄别就成了竭泽之鱼。在此基础上，教师引导学生通过“心理视线”与文本对话，将语言文字还原、再现、想象成各种情节之象、情绪之象、物体之象，从而领略到汉语言具象组合的特殊魅力及感情色彩。从文章外部表现世界的文字符号上感受精神内核，体验、感悟作品中流露出的情和意。

（二）以语文课程意识为基点

张晨瑛认为在现实中，教师们的教学有四种取向：基于教师个人经验的教学，基于教科书的教学，基于课程标准的教学，基于学生经验的教学。基础教育课程的改革促使教师们确立课程意识。张晨瑛总是强调并且身体力行，即在教学的起点考虑应该带给学生什么样的教育经验，包括什么样的知识最有价值；在教学的实施过程中，考虑如何基于学生的经验合理展开学习活动；在教学的反馈阶段考虑如何设计基于目标的教学评价。所以，她常常说，教学不只是一个简单的操作行为，而是基于课程意识的行为。落实在语文教学中，就是要牢牢把握语文教学的核心要素，不要太把教材当作教材，太把课文当作课文。所以，张晨瑛的四句口头禅也就成了至理名言——立足学科特点，守住语文的“根”；凸显文本特色，强化训练的“点”；考虑课标落点，明确发展的“线”；关注学生学理，把握目标的“度”。张晨瑛的团队在她的引领下，渐渐地拥有课程意识，并基于课程意识去把握教学目标，将教学内容具体化为学习目标。

（三）以言语思维同步为旨归

张晨瑛认同“为思考而教学，是优质教育内涵之一”这个观点。所以，她践行以下三点：

第一，从认知心理学层面了解学生学习的思维过程。学生的学习过程伴随着分析性思维、创造性思维和实用性思维。而思维不可能移植，只能靠唤醒、激活、培养。所以，为学生搭建自我发现的平台，让学生经历体验、分析、综合、加工、提炼等过程，才能成就学生思考性的学习。比如，进行概括归纳或者是缩写梗概练习，让学生经历这样的练习过程——列出所有信息、删除无关紧要而无须理解的材料、考虑相关的信息、用高等位词汇替换并列的多个低等位词汇、挑选或者创造一个主题句，让学生思维参与全过程，促使言语与思维同步发展。

第二，提倡以思维为基础的对话策略，多提结构化的问题。就是通过核心问题和追加性问题，展示学生的认知心理过程，学生经历选择性提取、选择性合并和选择性比较的过程，再运用语言或者非语言来表征思考的结果；通过结构化的问题激活思维，点亮思想，推动对话的进程，在学习中学会学习。这样的学习过程，使学生的思维从线性走向非线性。

第三，掌握科学的思维方法，促使学生能够以具有学科特点的思维方法解决学习问题。张晨瑛借助思维导图，帮助学生建立语言图式、内容图式和结构图式，并借助习作平台综合运用这些图式，实现言语与思维同步发展。

（四）以顺学而导为原则

基于认知导学，也就是根据学生的认知规律顺学而导。张晨瑛对教师们经常提醒的话是，教师得读点心理学的书，得懂点心理学。她还说：

“孩子的大脑是个黑箱子，你无法真正地洞悉与穿越。但是我们得了解基本的特点。比如，单是记忆，就可分成听觉记忆型、视觉记忆型、动觉记忆型。有的孩子偏向于听觉记忆型，有的孩子偏向于视觉记忆型，有的孩子倾向于动觉记忆型，我们就可以根据这些进行学习方式的优化组合，让孩子进行学习活动方式的选择，有了选择就有了学习主动权，就有兴趣与欲望，或许就成功了一半。”

关于张晨瑛顺学而导的思想，从她对教材进行“心理还原、强化三联系”也得以佐证。她强调加强新知识与知识源头的联系即纵向联系；加强新知识与相关知识间的联系即横向联系；加强新知识与学生头脑中已有知识及生活和实践经验的联系即基础联系。她说这是最具内在价值的顺学而导。

至于加强预设的活性，于她而言，估计是最基本意义的顺学而导了。她不管是自己上课还是指导其徒弟执教，尽量做到“三预”，即预想、预试和预判，以应对课堂可能出现的动态生成，化解突如其来的意外学情。但是再好的预设，也无法预知课堂教学中的全部细节。所以，张晨瑛说，课堂教学的真正顺学而导就是要处理好预设与生成的关系。借助教师的灵性，运用慧眼和慧心调节预案，积极收集、捕捉和筛选课堂上学生的学习信息，据此来调整自己的教学行为，使课堂上有价值的生成信息成为课堂教学的资源，努力使学生成为秉持着独立思考与判断的操守者。

三、张晨瑛教学智慧的艺术呈现

（一）有声有色地读

张晨瑛的课堂总是那么激情飞扬，充满感染力。孩子们很喜欢她精心搭建的各种朗读平台，如配乐读、诵读、赛读、变调读。通过朗读，课文内容得以立体化、形象化，学生对文章的内容产生真切的感受，从而浸润学生内心，激起情感共鸣，提高他们的语言感受能力。她执教的《万里长城》，化理念为实践，堪称典范。

片段一：

（初读后，学生谈初次印象，教师随机板书：气魄雄伟　年代久远　工程浩大　施工艰难）

师：请把这四个词语与板书上的这句话连起来读一读。（这句话是：万里长城是我国古代最伟大的建筑物）

（学生自由练读，读得投入、认真）

师：同学们读得很认真。谁愿意读给大家听？

生：气魄雄伟、年代久远、工程浩大、施工艰难的万里长城是我国古代最伟大的建筑物。

师："年——代——久——远"念得真好，一听就让人感到真是岁月悠悠啊！大家也念一念。（学生纷纷自由练读，特别是"年代久远"读得非常有质感）

（个体练读后，一男生主动站起来读）

师：你觉得自己什么地方念得最好？请与大家交流一下。

生：我感觉我读"气魄雄伟"时有一股浩气在激荡，很有气势。

（其他学生争先恐后地朗读）

师生共同评点："你把工程浩大、施工艰难的感觉读出来了。""我觉得我读'气魄雄伟'这个词很有男子汉的气魄。""听你的朗读可以知道你对'建筑物'有自己的理解。"

齐读这句话时（学生已经能背了），学生读得声情并茂。

片段二：

（在充分感受语言文字是如何具体表达长城这些特点的基础上，读好抒情句："啊！确实了不起！"）

师：每个登上长城的人都会由衷地发出这样的赞叹——"啊！确实了不起！"，同样的话，感受不同，读起来的体验也就不同。你现在可能是外国游客，可能是导游，可能是建筑大师，可能是国内的游客，或者就是你自己，请选择一种角色读读。

（学生一个接一个地读。摇头晃脑，读得有滋有味。有模仿外国游客语气的，有把自己当作导游的，更多的是仿佛已经登上长城的游客，朗读中带着欣赏和赞叹的语气）

师（随机点评）：这个"啊"读得多有味道。

"了不起"念得非常自豪！

这个"啊"确实发自内心。

“确实”读得多肯定!

你真是读得“确实了不起”!

你的朗读让大家看到了万里长城。

（学生尽情地朗读，展示自己的理解和体验）

师：刚才是面对文字、面对你心中的长城发出赞叹（边说边播放多媒体课件，屏幕上出现了气魄雄伟的万里长城）。现在你来到了长城面前，再来朗读这句，可以加上你自己的赞叹语。

生1：啊，长城真是东方巨龙，确实了不起啊!

生2：长城啊，你确实了不起，真不愧为我国古代最伟大的建筑!

……

通过这两个片段，我们已经可以管中窥豹。张晨瑛以朗读为抓手，并且读悟结合，读议相携，以读促悟，以悟促读。学生学得情溢意浓，读得声情并茂。张晨瑛经常说，朗读既是目的，也是手段，朗读既是一种言语活动，也是一种言语艺术。因此，要求学生运用准确的语音、合理的停顿和语调进行朗读，并表情达意，这是基本要求。特别是低年级学生必须规范朗读，做到语音准确、语调自然，这是朗读的底线。中、高年级学生要把握文章基调、句子节奏，揣摩文章蕴藏的情趣意旨，并有意识地注意语段韵律、语流停延。在强调语用的今天，张晨瑛的话，更让我们受益匪浅。

张晨瑛认为，读要口诵心维，多种感官参与以声释义，所以虽然读有个性，但是不能一味地爱怎么读就怎么读。请看她的《数星星的孩子》教学片段：

“一颗，两颗，一直数到了几百颗。”

（生读，语速过快）

师：咱们的小张衡可不能太着急了，看见了逗号，就用眼睛跟他打个招呼，停一下。来，让我们再试试。

（一生读）

师：像他那样，认认真真、仔仔细细地再数一数。（生边数边读）

师：让我们的朗读声回荡在这晴朗的夜空吧。（生齐读，背诵第一自然段）

张晨瑛用形象生动的语言引导学生读出逗号的停顿，显得生动活泼，又十分有效。标点的停顿、长句的处理、重音的把握等，都是一些朗读的基本功，需要教师导悟。

（二）有心无痕地导

诚然语文学习“熟则能悟，悟则能化”，但教学的运用之功，还在教师的四两拨千斤。张晨瑛正善于“点石成金”“仙人指路”。

如她教学《鸟的天堂》一文中“这是一棵大树！”这一句，张晨瑛先放手让学生朗读，学生出于平时的朗读习惯，想当然地把重音落在“这”上或是“大”上，张晨瑛一语点破：读读后文，再来朗读这句，看看谁读懂了后文，可以通过你的朗读来表达。学生联系下文，就知道了应该把“一棵”读重音。

二年级课文《比尾巴》中写道：“这时场地四周的树上、草地上已经挤满了观看比赛的动物。”张晨瑛缘文而生情，引导学生把“挤满”换成“站满”进行比较。孩子们有的说不能换成“站满”，因为有的动物是挂在树上，不会站。有的说，有的动物只会停。也有的说，“挤”字更能反映动物的多。一个词语的比较，就引发了孩子们对词语的敏感，潜移默化地让孩子们去吸吮文学的营养。可谓“运用之妙，存乎一心”。

张晨瑛说，小学生的心智发展还不成熟，认知水平有限，感受力相对薄弱，对很多内容无法完全独立地感悟，有时思维只停留在表层或比较混乱的状态，这是正常的，这就更需要教师的及时点拨引领。只有当学生的畅所欲言与教师的精当点拨相得益彰时，才能把学生的学习引向深入；只有当教与学双方活动耦合而成时，学习才能增效提质。请看她的《两只小狮子》教学片段：

生（读）：一只小狮子整天练习滚、扑、撕、咬，非常刻苦。

师：怎样的练习叫“整天练习”啊？

学生一愣，接着有学生说：就是每天练习。

生：就是一天到晚地练习。

师（适时地引导）：对啊，太阳刚刚升起——

生：它就滚、扑、撕、咬。

师：太阳当空照着——

生：它也滚、扑、撕、咬。

师：太阳渐渐落山了——

生：它也滚、扑、撕、咬。

师：第二天，天蒙蒙亮——

生：它就滚、扑、撕、咬。

师：这样的练习就叫"整天练习"，所以课文不但说这只小狮子刻苦，而且是用上了"非常"来形容刻苦。

这样的教学让孩子们在感悟语言文字内涵的同时感受勤劳刻苦的精神品质，使语言文字与精神熏陶和谐共振。张晨瑛在教学中尽量避免灌输、说教和机械的概念轰炸，不搞情感专制，而是发挥平等中的"首席"这一角色，一直微笑着倾听学生拥有的新知与创见，感受学生的难点与偏差，在学生山重水复疑无路之时，给予点拨，让学生豁然开朗，柳暗花明。

（三）有情有境地学

张晨瑛的课堂爽朗透气，活跃有气氛，孩子们在她的课堂会很"疯"，这与她注重丰富学习情境是分不开的。她认为语文学习活动离不开生活情境，语文学习应该是开放的系统，应该与生活链接、与活动链接，引领儿童充分地活动，从而使他们习得言语能力。试以她的"自选商场"识字教学片段为例：

多媒体出示：商场（带拼音）。

师：在商场里，有很多等待被卖出去的东西，我们把它叫作——（多媒体展示：商品。其中"品"字注音）

（学生读词。教师提醒注意"商"音准，"品"前鼻音）

师：这些做商品生意或做其他生意的人，也有一个特殊的名字——（多媒体展示：商人）

（学生读词。"商"音准，教师提醒轻声词读法）

（教师要求学生在对话中关注"商场"字形特点，拓展认识"操场、球场、会场"，初感"场"的意思）

师：商人想把商品卖出去，应该让人们知道商品的特点。你们瞧这个"商"字里边有八张嘴呢！这商人啊，要很会说话才行呢！看老师把这个"商"字写到黑板上。（示范板书"商""八口"，用红色粉笔书写）

师：小朋友，给很多商人卖商品的地方，就叫作——

生：商场。

师：你看，“场”的偏旁是“提土旁”（板书：场。偏旁标红色），这个“场”字一般表示一个挺大的地方。我们身边还有很多不同的场地。想一想，平常我们会把做操、上体育课的地方叫作——

生：操场。（多媒体展示：操场。其中“操”注音）

师：那专门用来打球的场地，就叫——

生：球场。（多媒体展示：球场）

师：开会的地方呢——

生：会场。（多媒体出示：会场。其中“会”注音）

师：每一个场地都有自己的用处。

（生齐读课件中的词语）

（多媒体展示：自选商场，“自选”注音。学生读词）

（出示生活中熟悉的大型超市店面照如大润发超市、三江超市、加贝超市，拉近学生与“自选商场”的距离。学生再次读这些超市名字）

（教师提问“你在自选商场里买过什么？”，引导学生用“我在自选商场买过……”的句式把话说完整。教师在关注学生“自选商场”一词读音的同时，评价中有意从学生的回答中提取商品的分类词语，如“哦，你在自选商场里买到过学习用品”，帮助学生形成物品归类意识，引导学生感受自选商场商品种类丰富的特点。）

（多媒体出示带斜杠符号的句子：自选商场里的东西 / 真多。“东西”一词注音）

（学生读句练习）

在这个片段中，张晨瑛旨在帮助学生建立字词个体内部音、形、义三者间的联系。教师采用多种方式，如具体语言描述、直观画面出示等，唤醒学生的生活体验，丰富学习情境，通过连贯的、完整的、有意义的情景描述，让学生结合具体事例来感受字形字义、理解词义，最终达到识字学词、丰富词汇的目的。

张晨瑛深谙知识并不是孤立存在的，每一个知识点都是以结构的状态相互联系地处于一定的系统中，而且是一个动态发展的系统。所以，丰富学习情境，或许能够化难为易，化抽象为具象，使知识镶嵌在生动的情境之中。这样，儿童获得的知识是有背景的、相互联系的，是可以体验、可以感悟、可以应用的。

（四）有滋有味地品

根据文体特点含英咀华、品词斟句是语文教学的常态风景线。问题是品哪些词？为什么要品这些词？品词的什么？怎样引导品？这些深层次的超出技术表层的道道，却是张晨瑛最爱刨根究底的基点，张晨瑛认为品词析句切不能停留在圈画勾勒的形式流动层面。

《燕子》的第二自然段景色优美，描写具体有序。

（课件展示第二自然段）

师：这段话中写到了哪些景物？

（教师还是要根据学情给三年级学生做示范引导。张晨瑛以第一句为例子，请学生圈出：细雨。学生依次一句一句圈出词语：微风、细雨、柳丝、青草、绿叶、花、燕子）

师：哦，原来这段话写了这么多景物啊。那么，老师就用这些词，把这段话变得简单些。（课件展示：细雨、微风、柳丝、青草、绿叶、各色鲜艳的花，构成了光彩夺目的春天。小燕子从南方赶来，为春光增添了许多生机）这么改动，你们觉得好吗？这个问题看似有点无聊，可孩子们，我们读课文的时候确实应该想一想，课文这么写，究竟好在哪里？

（当学生习惯性地说课文好的时候，教师打破学生的思维定势）

师：课文写的就一定好吗？

生：课文具体，课文写得多写得长。

师（顺势引导）：写具体，那么到底是把什么写具体了？

（课件展示第二自然段第一句的批注过程）

师（示范指导）：这一个“蒙蒙”，不正写出了春雨细细的、密密的样子吗？春雨蒙蒙，多美啊！

（教师引导学生回忆夏天的雨、冬天的雨，从而感受到春天的雨的特征——蒙蒙细雨）

师：那么，这句话，我们该怎么读呢？

（教师指导朗读第一句）

师：像这样的词语，在这段话里还有很多呢！

（多媒体展示："才""黄色的嫩叶""柳丝""赶集似的""聚拢来"）

师：读读这些词语，有不理解的吗？

（学生表明大概能够说清楚"赶"字的意思，教师举例说明"集"就是集市，有的地方是逢五逢十为集市日……）

（学生选择一个刚才圈画的词语，填补批注方框"这个词语写出了什么"。填补后同桌交流，教师巡视指导）

（集体交流重点是交流"赶集"，用了写人的词语来写春天的景象，给你什么样的感觉？——热闹、活跃、繁荣的景象。一个词语就把春天到了，万物苏醒的样子写出来了）

教师随机引导，并指导朗读。

以上这样的品读，既有对词意句韵的打磨，又有对构句成段的雕琢；这样的品读，词句的情韵理法与文章的具象意境相得益彰；这样的感悟才是有的放矢，才是有血有肉的品读。

她教《鸟音》时，有一个教学片段"余音绕梁，三日不绝"。课文写"笼中鸟"是"整日里叫个不停，只要有一只先叫，其他的便都跟着叫了起来"；而写"林中鸟"的叫声却是"真是不入鸟林，不知百鸟鸣啭的妙境啊"。同为鸟叫这一物化的状态，一个是僵硬的"叫"字，一个却是令人浮想联翩的"鸣啭"。通过这一点的开掘，学生置身其中，以自己的感官去触摸、品味、体验，学生们独特的心理感受、情感意志、想象理解都在两种鸟的叫声上有了鲜明个性的印痕。同时，汉语言文字的韵致、魅力也在他们的心中熠熠生辉。

（五）有板有眼地练

张晨瑛的课堂干净富有张力，源于她崇尚结构化的课堂教学模式，就是聚焦核心目标，设计核心问题或者核心练习，删繁就简，一以贯之，凸显教学的层次感。如她的《乌塔》板块教学：

第一板块：基于概括能力培养的课文主要内容概括。张晨瑛引导学生先运用课题扩展法以"乌塔"作为主人公进行概括，在此基础上再以文中的"我"的视角来概括。引导学生从不同的视角来概括故事内容，其意义不在于学生是否概括得准确，而在于学生在经历了这个过程后获得或强化了概括方法。

第二板块：基于信息提取与言语表达的教学。围绕问题“你觉得乌塔这样做好不好”，她要求学生阅读相关段落，到文中找出能说明自己观点的根据。提取相关信息后，要求学生组织语言进行辩论。

第三板块：自选言语实践活动。①一分钟演讲，谈谈我们该如何锻炼自己独立自主的能力（结合上网查找资料等途径）。②从乌塔看中外小学生的不同。要求学生通过查找资料分析中小学学生在社会调查能力、动手操作能力、自理能力、家庭责任感等方面的不同，并简单分析造成这种不同的原因，也可列成表格，和小组同学互相交流。③引导学生设计“学乌塔、家乡寻春记”的活动，活动的范围先确定在家乡这一小范围，重在表达清楚：如何准备，才能顺利成行。比如设计外出路线，安排外出设备，准备外出经费等。预设可能遇到的困难，设计解决办法。

从张晨瑛《乌塔》三个板块的教学中，我们不难发现，教学内容结构化策略，旨在改变零打碎敲地肢解文本倾向，破解就情节分析而推进教学的问题。聚焦核心目标，分层练习，使学习呈现结构化的状态，使教学富有张力，富有辐射力。

四、张晨瑛教学智慧精品片段聚焦

片段一：

火烧云

（一）学习第1自然段

师：朗读这段，读着读着，你眼前出现怎样的画面？

（学生自由朗读，读后交流）

生1：我眼前展现的是红霞满天。

生2：我眼前展现的画面是红光四射。天地间瞬间都变了，非常神奇。

生3：我看到了红霞飞舞，天地间金光灿灿、红彤彤一片。

生4：我感觉有熊熊烈火从天际烧过来，大地上一切景象都被染红了，而且闪着金光。

师：大家都用心读了，看到了火烧云上来时大地的变化。来，我们替大自然还原一下，火烧云未上来前，大白狗还是——

生：大白狗。

师：黑母鸡还是——

生：黑母鸡。

师：小白猪就是——

生：小白猪。

师：而火烧云上来后，一切都发生了变化，我们一起再来读读。

师生合作读此段（学生读句子中变化的部分）。

师：读着读着，你发现了吗，这一段一共有几个“了”？

生：7个“了”。

师：我们说文章最忌用词重复，这么一位大作者竟然重复用了7个“了”，真是词穷啊。是这样吗？再读读这段。

生1：我感觉重复运用7个“了”，恰恰说明作者当时非常兴奋、非常新奇。

生2：我认为，当时作者被火烧云上来时候的景象惊呆了，所以找不到其他的词语了。

生3：这7个简单的“了”，让我仿佛听到作者面对壮观景色不断发出呼喊“啊，啊，啊”。

生4：火烧云这么奇特，景色已经够神奇了，用不着词语来点缀了。

生5：这7个重复的“了”，却让我们感受到火烧云上来时的快速，大地景色变化很快。

师：好，真是情到深处才重复啊，再读读这段，读出自己的体会。

（二）学习第4至第6自然段

师：刚才我们已经感受了火烧云形状变化之快之奇。我在想，把第5自然段、第6自然段都改成以“一会儿”开头，这样全文就有9个“一会儿”（原文有7处），不是更能表达火烧云的变化之快吗？

（学生朗读课文后，在小组内做了交流，然后集体交流）

生1：用课文中的连接词，更给人一种快的感觉，因为“忽然、接着”有一种突然的感觉。

生 2：不断地给人新的画面，给人一种兴奋、激动、惊喜的感觉。

生 3：都用“一会儿”，语言太单调、太乏味。

生 4：课文在写颜色变化部分已经连用了 4 个“一会儿”，写形状变化，再多用，真的会让读者腻烦的。

生 5：我倒是感觉，一句话写颜色连用 4 个“一会儿”，的确写出了变化之快之神奇。但是，写形状是一段一个样子，作者是边看边想象，所以用词有些变化更好。而且“忽然”与“接着”，速度有快有慢。

师：真会读书，真会思考。你们看看，不管是重复使用还是变化用词，都有窍门啊。《火烧云》选自萧红的长篇小说《呼兰河传》。大家去读读小说中这段描写用词是否是这样，看看编者叔叔是否有改编。一周后大家交流汇报。

【品评】

《火烧云》一课，教学过程中“炼字”也好，“比较”也罢，都是促进学生的语言走向丰妙境界的有力手段，都是丰富和优化学生语言系统的载体，克服了语文教学“得意忘言”的弊端。高年级学段的学生言语心理发展日趋成熟，已具有较强的独立阅读能力，思维也由形象思维向抽象思维发展。这时，语文教学就不能再停留在低中年级的教学形态上，而应充分利用学生已有的阅读经验，培养他们对文本深层意义的解读能力。张晨瑛牢牢把握学习规律，借助思维支点，通过多次比较、互换，引领学生解读、表述和探究，从而实现悟文与赏景和谐一致。

而张晨瑛在教后反思中却这样说：“教师的作用在于激活、提升、引领，但在教学时总不自觉超越这些功能，预设痕迹还是太浓，总期望学生的理解与教师同步同层。真正蹲下来思学生之所思、感学生之所感，才是真正意义上的思维尊重，我还需要蝶化。”

片段二：

狱中联欢

读懂对联，强化方法

师：你们看看这联欢的过程，有什么疑问吗？

生：怎么重点在写贴对联，而不是表演节目啊？

师：是啊，这是凭你们的经验提出的疑问。那为何呢？这就要通过读懂这些对联，我们才能明晓为何把贴对联作为重点来写。

师：文中的这些对联都有双关语含在里面。四年级时就要求过大家理解句子的含义。理解句子中的双关语，你们还记得有几种方法呢？

生1：抓关键字词，联系上下文。

生2：先读懂字面意思，再借助背景资料等。

（教师板书：双关语，上下文，借助资料）

师：先来读这副对联，找出哪儿是双关语，看出了就彻底明了意思了。

生1："数月""千年"，是双关语。

生2："洞中"指地狱般的生活，"世上"可以理解为解放区。它们也是双关语。

师：其实，这副对联原本出自一位法师受佛祖开化入定参禅的故事。是"洞中方数日，世上已千年"的活用。当然，在《红岩》中它有自己的含义。我们借助背景资料来理解。

（资料一：1948年是中国人民解放战争关键的一年，这一年发起了辽沈战役、平津战役、淮海战役。1948年年底，辽沈战役已经结束，平津战役和淮海战役即将结束。中国人民解放军共歼敌150多万，解放人口3700万，解放和收复土地15.56万平方公里）

师：现在你读懂了什么？

生1：渣滓洞里的人，虽然被关起来短短数月，而外面的世界已经发生翻天覆地的变化。

生2：他们在监狱里只过了很短一段时间，而外面，革命已经取得了很大胜利，好像过了千年一样。

生3："数月"与"千年"的反差，就如"天上一日，地上一年"，突出了解放区在扩大，全国很快被解放。

生4：这是运用了夸张和对偶的修辞手法，说明了外面的战争形势已经预示着共产党胜利在望。

师：同学们结合典故和背景资料读懂了对联。我们还可以通过读横批理解对联。"乾坤"借指天地、阴阳。"扭转乾坤"的意思就是？

生：翻天覆地的变化。横批印证了大家的理解是正确的。

师：俗话说，师傅领进门，修行在个人。老师以这副对联为引子，同学们在课文中挑一副，找找关键词，读读横批，并结合老师提供的相关资料，把你们读懂的含义写下来。

（资料二：当时，从全国范围来说，中国人民解放战争取得了辉煌的胜利，迎来了新中国的诞生。但是，从故事发生地点重庆来说，当时这座山城还被国民党反动派盘踞着。他们设置秘密监狱，疯狂逮捕、监禁、屠杀共产党员和革命群众。特别是在中美合作所，包括渣滓洞和白公馆这些人间地狱里，黑暗势力以百倍的疯狂残酷地迫害着每一个革命者。其他资料不列举）

（学生自学—小组讨论交流—主动起立交流。随着学生的交流，随机配乐朗读相关对联）

师：我们基本理解了对联的意思及其蕴含的情怀。我们现在挑选一副对联——“歌乐山下悟道　渣滓洞中参禅”。根据意思，我们直接贴“歌乐山下悟马列之道　渣滓洞中参胜利之禅”。那会怎样？

生：敌人就能抓住把柄，以此借口杀人。

师：所以，从对联中，我们不仅感受到他们的信念、对新中国的憧憬，还感受到了——

生：智慧，与敌人斗智。

师：这节课接近尾声。开课时我们提出在四个部分中为什么对联是重点，现在你们理解了吗？

生：不仅写出革命的大好形势，还写出革命者对敌人的憎恨；相对于其他部分更能够体现出革命者的乐观精神。

师：同学们，古诗和对联往往一语双关，这是语言的智慧，更是做人的智慧。你们能否举出生活中一语双关的例子？（学生举例略）

【品评】

华东师范大学胡惠闵教授评价：“张晨瑛今天的课，其真正的意义在于呈现了研究问题与课堂实践相结合的思路，呈现了一种指向学生自主学习能力的教学结构的实践。张晨瑛的课，让我看到了一直想看到的一种语文课堂形态。真正意义上的促进学生自主学习，是教师提供学习资源、提供学习路径和学习方法，把更多的时空还给学生。从一开始为何重点写对联，到后来学生的豁然开朗，整个解疑过程，都是用自主学习的方法来串联的。”

张化万老师点评：“张晨瑛的课今天听了，感觉很好。《狱中联欢》我在天长小学上过，也多次听过其他老师的课。课文情境性很强，很多学生、老师都被情景吸引而忘记语文了。今天，张晨瑛让孩子们知道怎么读书，怎么抓重点，怎么从不会到会。课简洁而相互连贯，教学特点鲜明，对阅读策略的运用和语言形式的关注做得很到位。”

南京师范大学黄炜教授点评：“《狱中联欢》一不小心就成了最可以煽情的内容，就可以进行思想教育大合唱。今天张晨瑛紧紧抓住对联及其表达形式，把读的过程转化为写的辅助，这给了我们很好的示范。”

张晨瑛的《狱中联欢》片段，体现了她一贯的教学风格，大气、简洁、有张力、务实，她的课充满思维的激荡，充盈着文学的素养，充实了言语的训练，通过辨析争论等多种言语实践，其中的信息、形象、情感、意蕴得以生成彰显。

五、张晨瑛教学智慧经典课堂实录

最后一片藤叶

教学目标：

1. 能用图示的方式理清文中主要人物与藤叶、人物与人物之间的关系，把握短篇小说的主要内容。

2. 通过品读描写珍妮和藤叶的段落，读懂珍妮的心理变化，感受小说中的主要物品所起的作用。

3. 通过辨析、补写贝尔曼的心理活动等方式感受小说的文体特点。

（一）借助导图，理清情节

师：我一开始拿到课文，以为是写藤叶、写景物的文章。大家读了课文，发现这是一篇——

生：写事的文章。

师：是的。这是一篇短篇小说。读短篇小说，老师建议大家去关注小说里的三个要素。

（投影展示小说三要素：人物　情节　环境）

师：通过预习你们觉得课文的主要人物是谁？

生：珍妮、贝尔曼。

（板书，纠正“妮”读音）

师：这两个人物都跟同一事物发生了关系，那就是藤叶。

（板书：藤叶）

师：这三者之间到底发生了一个怎样的故事呢？请同学们快速默读课文，完成学习单第一题。你们可以用图示来表示，也可以用文字来说明。

（展示学习单，学生动笔，教师巡视）

（交流，投影展示）

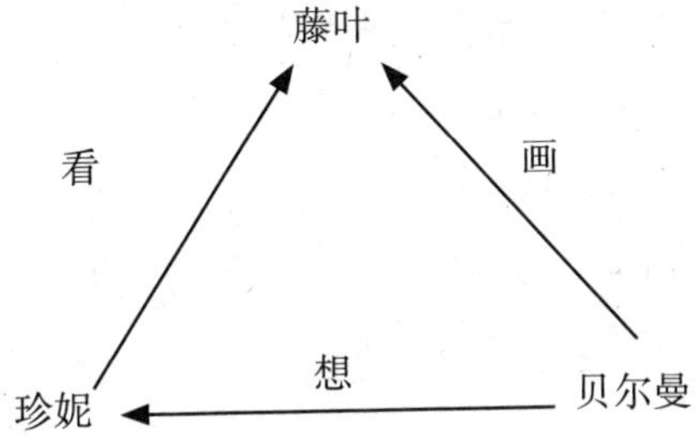

师：来，你能把你所画的意思跟同学们交流一下吗？

生：我画的是珍妮生病了，她看着藤叶觉得自己快要死了。而贝尔曼先生为了让珍妮能有活下去的信心，就画了一片藤叶在墙上。

师：瞧，这位同学用了箭头和文字，以单线的方式将故事的主要情节画了出来，他也讲清楚了人物与藤叶之间的关系。下面我们请第二位同学把他画的简图来展示一下。

（投影展示）

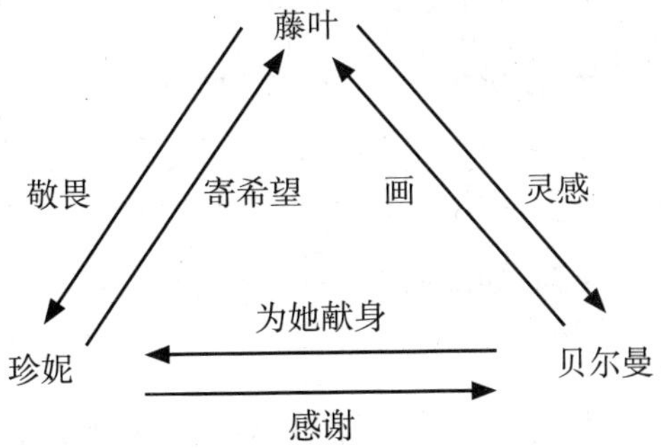

师（对全体）：第二位同学的图示与第一位同学有什么不一样？

生 1：他的箭头是双向的。

生 2：他画得比较详细。

师：是啊！你们看，人和人之间往往是交互的，是一个你来我往的关系。人和人之间的联系千丝万缕，拎出来理一理，就能读清楚故事是怎样发展的了。

师（小结）：通过刚才的学习，我们已经理清了这篇小说的主要人物和主要情节。大家发现没有，刚才我们在梳理小说主要情节的时候，一直离不开藤叶。短篇小说中往往有一样物品，它一直若隐若现，出现在小说的主要情节中。这篇小说的主要物品就是——

生：藤叶。

师：是啊，它就是文章情节发展的线索。

（二）品读语言，感受珍妮

师：这件物品到底和珍妮发生了什么关系？请同学们再读读文章，在既写了珍妮又写了藤叶的自然段旁用三角形做标记。

（学生自读，标记，再与同桌交流）

师：你们发现哪些自然段在写珍妮与藤叶？

生：第 14 自然段。

师：可不止一个自然段。

生 1：第 19 至第 24 自然段也是。

生 2：第 11、第 13 自然段也有。

生 3：第 12 自然段也是。

生 4：还有第 28 自然段。

师：哦。这是珍妮发现了这最后一片藤叶是画上去的。

师：其实，这些讲珍妮与藤叶的自然段分为两个场景。你们知道是哪两个吗？

生：珍妮生病的时候和珍妮病好后可以下床的时候。

师：哦？有一个时间点很重要，你能找出来吗？

生：那天夜里。

师：那天夜里下雨了。也就是下雨前藤叶带给了珍妮什么；下雨后，最后一片藤叶又带给了珍妮什么。这藤叶有玄机。让我们先来看看下雨前的内容。第 11—14 自然段。自己读一读，体会珍妮的心情。

（展示第 11—14 自然段，生自读）

师：珍妮在干什么？

生：数叶子。

师：你有读到她的内心吗？

生：她内心绝望了。

师：从哪里读出来的？

生："我得病的时候叶子还有很多呢……那叶子就是我的生命。瞧，又落了一片。当叶子全部落光的时候，我也要去天国啦。"

师：这是珍妮的语言。来，让我们也来读读这句话。

（标红，生齐读）

师：她只是在数叶子吗？刚才这位同学读出她内心的绝望，你们又读出了什么？

生：她放弃了生的希望，叶子落光了，她的希望也没有了。

师：请你读读，让大家感受到她的内心。

（生读）

师：她的话很让人揪心，老师也想来读读这段话。

（师范读）

师：来，让我们再一起来读读，进一步感受她的内心。

（生齐读）

师："瞧，又落了一片"，我们体会到珍妮什么样的心情？

生：绝望、悲伤、痛苦、无奈。

师：像这样的句子，课文中还有吗？

生：我读出了"紧张"。十一片……十片……九片……落得越来越快了。

师：这是她在数藤叶，跟我们平时数数有什么不一样？

生：是倒着数的。

师：倒着数，你有读出什么不一样的感觉来吗？

生：珍妮感觉自己的生命在流失。

师：是啊。请注意数字之间有省略号。我们一起读读。

（生读语句）

师：这省略号中，我们分明感觉到珍妮有话想说。

生 1：十一片，我的叶子少了一片，生命又减少了一天。

生 2：哎！我的生命又在流失了！

师：就是这样！数字的背后，省略号之中，我们分明感觉到了珍妮内心的绝望、无奈。让我们再来读这句话。

（生齐读）

师：你们瞧，字里行间饱含着珍妮的心情。让我们再走进第 19 至第 24 自然段，看看你们又能读到珍妮什么样的心情呢，把它批注下来。

（展示。生默读，批注）

师：你发现了什么？

生：“放出了光。”

师：把话说完整。你从哪儿，感受到了什么？

生 1：我从“珍妮的眼睛放出了光”，读出了她从绝望变成了惊喜。因为叶子还没有全部落光，还有希望。

生 2：我读出了“高兴”。从“神告诉我，想到死的孩子是糊涂孩子。我想喝点鱼汤”读到的。

生 3：我读出了她鼓起了活下去的勇气。文章中说：“那叶子像是在对珍妮说：鼓起勇气活下去，要活下去啊。珍妮的眼里不知不觉地盈满了泪水。”

师：静静品，慢慢读，你就能品出珍妮的心情。这心情都源于——

（标红，放大展示：真的，常春藤上还残留着叶子，但只有一片。生齐读）

师：孩子们，珍妮看着藤叶，从失望到后来重燃了希望，都是因为母亲拉开窗帘后看到了“真的，常春藤上还残留着叶子，但只有一片”。但就这么一片，唤醒了她生的欲望；但就这么一片，燃起了她生的希望，但就这么一片，让她鼓起勇气能活下去。

孩子们，我们再读读课题——最后一片藤叶。就是这样一片藤叶，维系着她的生死。刚才老师说了，短篇小说除了人物、情节，还有一个非常神秘却很有妙用的物品。这篇课文出现的就是藤叶。

（三）揣摩心理，发现伏笔

师：我们都知道这片藤叶是贝尔曼先生画上去的。课文中什么地方明白地告诉了我们？

生：第28、第29自然段。

（投影展示第28、第29自然段的内容）

师：这两段话现在是放在小说的结尾，按照事情发展顺序，应放在哪个自然段？

（学生思考）

生：加在第17自然段和第18自然段中间。

（展示第17自然段）

师：你的意思是加在这个自然段的后面？请你来读读。

（生读，师纠正“滂沱”的读音）

师：应该加在哪儿？

生：加在“电闪雷鸣”之后。

师：是的。此处可以加。可是作者没有加在这儿，而是放在了最后，你感觉这样写有什么效果？

生：这会让看课文的人产生疑问。

师：哦。悬念。读着文章，心一直被牵绊着。

生：这更能突出贝尔曼为珍妮的付出，令人敬畏。

师：是的，心里一直有疑问，读到这儿让人心里猛然一震。这真令人意想不到。

（板书：意料之外。展示欧·亨利的简介）

师：这篇小说的作者是欧·亨利。像很多科学家一样，他的名字被命名在一种写法上，这就是“欧·亨利式结尾”。他的短篇小说最主要的特点就是结尾很戏剧性，出乎人的意料，所以读他的短篇小说常常给人意想不到的感觉。

师：关于这片“藤叶”，原文中有一段描写。一起来读读。

（展示：靠近叶柄的颜色还是深绿的，但那锯齿形的边缘已染上了枯败的黄色，它傲然挂在离地面二十来英尺的一根藤枝上面。生齐读）

师：有什么词语读不懂吗？

（解释：二十来英尺等于6米多，相当于我们两层教室的高度）

师：60多岁的贝尔曼爬上了6米多高的梯子画了这救命的藤叶。我们再回到第17自然段，（师读：那天夜里，天气恶劣，大雨滂沱，风雪交加，电闪雷鸣）就在这样的环境中，贝尔曼拖着年迈的身体，爬上6米多高的梯子一笔一画地精心去画他的杰作。你想想，他当时是怎么想的呢？不着急回答，要回答这个问题，要读懂他的内心世界，我们还要联系小说的其他段落。找找课文，哪些段落能告诉我们贝尔曼心里的想法呢？

生1：第9自然段。

生2：第10自然段。

生3：第14自然段。

生4：第5自然段。

师：是的。有好多自然段都能给我们帮助。

（随机展示第5、第9、第10、第14自然段）

师：这些段落都能帮助我们读懂贝尔曼冒雨画这片藤叶的内心。自己去读读这些段落，读懂了就把他的内心想法写出来。

（展示学习单二：大雨滂沱的夜晚，贝尔曼先生吃力地爬上6米多高的梯子，开始作起画来。他想：__________________）

生：大雨滂沱的夜晚，贝尔曼先生吃力地爬上6米多高的梯子，开始作起画来。他想：我必须救珍妮！她还那么小，她的人生还有很长的路要走。

师：你读懂了贝尔曼先生对珍妮的无尽关怀。

生：大雨滂沱的夜晚，贝尔曼先生吃力地爬上6米多高的梯子，开始作起画来。他想：当初是珍妮给了我快乐，让我走出了人生的低谷，现在我应该用自己的力量让她燃起生的希望。

师：你读懂了他们之间的亲密关系，读懂了贝尔曼先生与珍妮之间的亲情。

生：大雨滂沱的夜晚，贝尔曼先生吃力地爬上6米多高的梯子，开始作起画来。他想：只有藤叶，才能让珍妮坚信生命是可以顽强地延续下去的。我要画一片不落的藤叶，给珍妮希望。

师：你不但读懂了贝尔曼先生的心，而且读懂了珍妮的心。

师：从课文的介绍中，我们可以感受到贝尔曼的所做所想都在情理之中。

（板书：情理之中）

师：你们都能读懂，都能把贝尔曼的内心想法写出来，作者能写吗？他写了吗？看似没写，其实作者都写了，第5、第9、第10、第14自然段，字里行间都是贝尔曼内心的流露啊。作家欧·亨利写文章的高明之处在于，文章看起来娓娓道来不显山不露水，其实处处都是伏笔。

（板书：伏笔）

师：文章中这样的地方还有很多，同学们下课去找一找，然后与同学一起分享收获。老师也推荐大家去读读欧·亨利的其他文章，如《麦琪的礼物》《警察与赞美诗》等。

（李维勇）

参考文献

［1］李维勇，张晨瑛．论思维图式在习作教学中的应用［J］．语文教学通讯，2014（11）．

［2］李维勇，张晨瑛．小学生习作核心能力培养策略研究［J］．教学月刊（语文版），2014（3）．

［3］张晨瑛，徐晓鸣．穿越文字　活化语言　感悟熏染——“心理视线”在阅读教学中的运用［J］．教学月刊（小学版），2005（10）．

［4］张晨瑛．对朗读教学的实践性思考［J］．中国小学语文教学论坛教坛，2003（11）．

［5］张晨瑛，卓超波．有效落实阅读教学的核心目标［J］．教学月刊（小学版），2012（7-8）．

［6］张晨瑛．块状推进　整合优化——《语文课程标准》之阅读教学应用［J］．小学语文教学，2003（2）．

［7］张晨瑛．朗读教学忧思录［J］．小学语文教学，2000（4）．

［8］张晨瑛．问路和指路［J］．小学语文教师，1999（7）．

［9］张晨瑛．悟什么？怎么悟——对“正确把握语文教育特点”的思考［J］．教学月刊（小学版），2004（8）．

［10］张晨瑛．试论作文教学中教师的无为与有为［J］．江苏教育，2002（11B）．

［11］张晨瑛．质疑、求异忌穿靴戴帽［J］．小学语文教师，2000（7）．

［12］张晨瑛，李维勇．搭建序列框架培养习作核心能力［J］．小学语文教师，2013（7）．

［13］张晨瑛，李维勇．小学生习作核心能力的结构及其培养路径［J］．宁波教育学院学报，2013（5）．

［14］张晨瑛，卓超波．阅读教学课堂提问症状分析和对策思考［J］．语文教学通讯，2012（3）．

第十篇　张云鹰教学智慧研究

张云鹰，深圳市宝安区坪洲小学校长。著名特级教师，首批语文正高级教师。全国优秀校长，全国优秀教育工作者，广东省劳动模范。教育部远程教育特聘专家，北京师范大学讲师团主讲专家，中国教育学会“区域骨干教师成长促进计划”讲师团特聘专家，中国人生科学学会副会长。广东省中小学校长培训中心、广东省第二师范学院客座教授，广东省中小学校长培训实践基地优秀导师，中原基础教育研究院客座教授。深圳市高级人才，享受深圳市政府特殊津贴，深圳市“教书育人模范”，深圳市“专家工作室”主持人，深圳市“名校长”，深圳市首批“名校长工作室”主持人，深圳市“十佳”优秀校长，深圳市十大“全民阅读优秀推广人”。

张云鹰所倡导的“开放式教育”理念独树一帜，开发并建构了完备的开放教育体系，以“生命化语文”为核心思想的“开放式语文教学”自成流派，形成了阅读教学、习作教学、主题综合活动“三位一体”的结构教学观。她的相关研究与实践曾被《人民教育》《校长》《语文教学通讯》《小学语文教师》等教育教学期刊推广。

张云鹰先后出版《教育智慧与学校创新：一名小学校长的教育践行》《开放式教育》《开放式阅读教学》《开

放式习作教学》《开放式活动课程》等多部专著，在《中国教育报》《人民教育》《中国教育学刊》《小学语文教学》《小学语文教师》等报刊上发表学术论文100余篇。她的讲学足迹遍布全国各地及部分东南亚国家和地区，深受广大中小学校长和教师的欢迎。

一、张云鹰教学智慧的探索历程

（一）敢问语文教学怎么了——一个轮回诠释一份担当

1991 年 8 月，张云鹰调到怀化地区（现怀化市）教科所（现教科院），负责全区 12 个县（市）的小学语文的教学教研和小学思想品德教学教研工作，由一线教师破格成为湖南省 14 个地级市最年轻的小学语文教研员。在那个半掩柴扉的年代，"破格"一词颇具讨论价值，它意味着新生力量的介入，一种秩序被重新定义。

其实，张云鹰成为新力量的代表并非偶然。早在 1988 年，张云鹰凭借《繁星》一课的教学，就引发了一次关于教学法的讨论。《繁星》选自巴金的散文集《海行杂记》。这是一篇写景抒情的记叙文，写了作者在不同时间、不同地点看繁星时的不同感受。张云鹰在教学中通过观察、自读、精思、讨论、评价、欣赏、背诵等方式来培养和提高学生的观察能力、想象能力、朗读能力和理解句子含义的能力。她对教材的准确把握、开放的教学思维以及对教学方法的巧妙运用，将观者带入散文的唯美境界。

张云鹰的教法主要表现在：（1）指导观察法。遵照学生的认知规律，充分发挥文中插图的作用，以图带文、图文并茂，既激发了学生的兴趣，也自然地促进了他们对课文的学习。（2）多媒体辅助教学法。针对学生的年龄特点，采用多媒体辅助教学，旨在创设良好的学习环境，调动学生的学习兴趣，诱发学生的情感，使他们投入课文所设置的情境中。（3）鼓励欣赏法。教师及时的点评，甚至学生之间的互评，都是以鼓励、欣赏为主，主要是激励学生充分展示自己的才能，满足他们希望得到赞许、体会成功的心理特点，激起学生学习的欲望，增强他们朗读的信心。

张云鹰的学法主要表现在：（1）合作学习法。在学生自读自悟的基础上，注重讨论、交流、合作、体会。这让学生抓住课文主要内容的同时，能联系自己已有的知识积累。（2）美读训练法。以"看、听、说、读、悟"为主要的训练方式，把读的训练贯穿到整个教学中，通过师生、生生面对面地提高、思考、讨论、交流、体会、练读，逐步实现教学目标，让学生在具体的阅读实践中得到锻炼。

风格者，艺术与思想之相得益彰，交相辉映。1989年，张云鹰携《和好书交朋友》出征湖南省教学比武，并获得一等奖。张云鹰在教学中采取探究学习、解决问题学习、合作学习等学习方式，将课堂打造成“好书推荐会”“读书辩论会”“微型图书馆”,还现场邀请当地的“书香家庭”、图书馆的工作人员参与互动。她开放的教学设计，实现了课内与课外的融合，语文与生活的对接，这奠定了她后来提出并实践的“开放式语文教学”风格。

人们津津乐道的是这位年轻才俊的光环，却鲜有人知道她走过的路、她的选择、她的笃定与执着。毕业初担任初中语文教师的她，发现中学生语文能力的诸多不足，尤其是阅读与作文方面的不足，这让她陷入了深深的思考。她主动向教育局申请调往小学任教，欲从源头探寻以解心中之困。来到革命烈士向警予创办的全国第一所男女混合学校——警予学校（为纪念向警予烈士后改为此名），张云鹰从一年级开始，挑起全国小学语文重点课题“注音识字、提前读写”的教改实验。她用5年的时间重组教材、精选课文，完成了小学六年的全部语文课程教学任务，实验班五年级的学生更是以平均分94.2分的成绩，名列湖南省怀化地区小学六年级毕业统测第一名。

教改实验让张云鹰吃了苦头，也尝到了甜头，更激活了社会的期待。当时，实验班学生家长的一张张申请书，一封封要求信，传到了教育局领导手中。局领导多方调研、考察，多次听课，从众多家长的座谈中得出一个结论：“张老师教学生有‘魔力’。”教育局党委做出了一个大胆的决定：“让张云鹰老师带着这个实验班直接送到中学。”于是张云鹰在溆浦第二中学带着她的实验班，深入进行中小学衔接实验的“双轨教学”，并大获成功。

张云鹰的实验，无疑给了“唯教材主义”一记棒喝，如一夜东风，吹动一池春水。10年之后，人们将这种教学思维定义为“大语文观”。而这正是张云鹰所倡导的“开放式语文教学”的最初形态。

1981年7月，张云鹰被分配到湖南怀化新坪中学任教初中语文，35年后的今天，她担任深圳市坪洲小学校长。一个“坪”字，不由自主地让人联想到飞行的起航，犹如人生的出发；又像一只雏鹰羽翼渐丰，“鹰击长空”。从职业生涯的起点到几近终点，“云鹰”坪筑杏坛传演经史诗云，是人生事业的轮回，是教育梦想的轮回，更是教学思想的源头与升华。

（二）探寻语文教学怎么办——一心教研破译一个密码

张云鹰任教研员的第一件事，就是创办《怀化教研》双月刊。教师们称这个“土产品”是“学校管理的参谋，教学研究的助手，教改信息的窗口”。既而着手建立了地、县（市）、学校三级教研网络，主要是推广 12 项引进和自创实验课题。其中国家级课题有“注提”实验、“集中识字”实验，省级课题有“协同教学”实验、“童话引路”实验、“自学辅导”实验，地级课题有“六步教学法”“一篇三问教学法”等。各项实验都成立了核心小组，有方案、有措施、有结论。其中，张云鹰创造性地提出把两项实验结合起来，进行了“注音识字与童话引路结合”实验。这项实验在众多专家的肯定和支持下得以在湖南省推广，并荣获全省第三届教改教研成果奖。

教研相长。张云鹰设计的《凡卡》一课，获省“优秀教案”一等奖。她撰写的《努力发挥小语教学在山区开发中的整体功能》一文获省教研论文优胜奖。她指导执教的阅读课《院子里的悄悄话》、作文课“心爱的玩具”等均获湖南省语文教学比武一等奖。她参与编写的《小学语文参考教案》《小学 69 篇课堂作文指导》《作文大王点评》分别由湖南少年儿童出版社、文心出版社、湖北少年儿童出版社出版。《广东教育》记者在采访张云鹰之后如是说，其理念在于一个“新”字，敢于突破传统的藩篱，实现语文与生活的对接，实现孩子与语文的对接，实现教师与学生的对接；其方法在于一个“奇”字，常有“于无声处听惊雷”之感，给人以灵魂的震颤，有拨开云雾之感。

1997 年，张云鹰南下深圳，先后担任街道教研员、区教育科学研究培训中心小学语文专职培训教师。凭借深厚的教育功底，张云鹰敏锐地发现当地语文教学存在诸多问题：观念陈旧，僵化封闭，老课串讲分析，课堂毫无生气；学生有做不完的作业，机械地死记硬背的现象司空见惯。

张云鹰常常为老师们上示范课。1998 年在全区的教师培训会上，她执教的《第一场雪》反响强烈。整堂课没有烦琐的提问和讲解，也没有以声光电为媒介的教学手段，更多的是张云鹰领着孩子们以朗读和想象来体会课文情境。读着读着，孩子们慢慢进入情境中了，声音变得柔和、恬静了，仿佛置身于胶东第一场雪的真实情境中。听课老师的心也随着孩子们的朗读迷失在第一场雪的优美意境中。下课了，孩子们还久久沉浸其中，不愿下课。《中国教育报》以“深刻的简单、简单的完美”为题评价张老师的教学：“张老师的语文课不是简单机械的语言训练，而是语言、思想、情感的开放融合，是学生语言和精神生命成长的伊甸园。”

《全日制语文课程标准（实验稿）》倡导建设开放、有活力的语文课程，首次提出了“语文综合实践活动”的概念。张云鹰敏锐地意识到语文活动课的价值，她立刻着手探索这一新型的学习方式，并在教师培训中付诸实践。

张云鹰带着老师们边研究，边实践，一年多的时间，就完成了一到六年级 84 个活动课型设计。每种课型都面向孩子们的生活世界，丰富活泼，情趣盎然。在此基础上，她又总结了语文活动课的五个特征，提炼形成了几种常见的教学模式。可以这样说，她破译了小学生语文综合素养发展和培育的密码。

2003 年，《新小学语文活动课程设计》出版，一种崭新的开放式活动课程新鲜出炉了。随后，经过进一步的理论概括和精心设计，《开放式语文活动课程》一书正式出版了。中国教育学会小学语文教学专业委员会名誉理事长崔峦看到这一成果极为兴奋，欣然为其作序，称其为语文活动课程的一个里程碑。《开放式语文活动课程》的推出，也是张云鹰语文教学之路的一个里程碑，它以课程的名义，用活动的方式，拓展了语文的外延，是一部贴近学生、以培养学生语文综合能力为核心的活动课程教材。

（三）能为语文教学做什么——一个理念引领一个潮流

语文，曾是被人们诟病最多的学科，“少、慢、差、费”曾是对语文教学问题的概括。张云鹰凭借多年教研工作的沉淀与思考，2003 年 7 月走上校长岗位伊始便提出“开放式教育”理念，全面推行阅读教学、习作教学、主题综合活动三位一体的“开放式语文教学”主张，即构建以“表达”为核心的语文课堂，开发以“活动”为中心的语文课程，探索以“习作”

为圆心的语文课改，确立了“无模之模，方为至模”的教学新模式新思想。

诚然，探索与建构开放式语文教学针对的是小学语文教学存在的弊端，张云鹰也非常明确地将这一实践定位于“新课程视野下的行动研究”。“开放”不是凭空造出来的概念，而是《义务教育语文课程标准（2011年版）》明确提出的理念。“语文课程应该是开放而富有创新活力的。要尽可能满足不同地区、不同学校、不同学生的需求，确立适应时代需要的课程目标，开发与之相适应的课程资源……”，她认为这正是小学语文探索开放式教学的指导思想。

通过对新课程的深入学习与理解，张云鹰认为语文新课程要培养五种人：一是乐学语文的人，也就是兴趣领先，快乐第一；二是会学语文的人，即学法指导是重中之重；三是具有文化底蕴的人，即积累感悟是关键；四是善于运用语文的人，要学用结合，实践突破；五是具备终生可持续发展素质的人，这就要求语文教学要重视三维目标，重视综合能力的培养。要实现这五种人的培养，语文课堂教学就要将死气沉沉的教师单一讲授式变为快乐、对话、开放、生动和探究的语文课堂。

与所有的教学一样，小学语文教学也曾是“课堂中心、课本中心、教师中心”，教学内容局限于教科书，教学场所局限于教室，教师是教学的唯一主导。语文教学割断了学习与生活的联系，学语文与用语文成了“两张皮”，教学费时而收效低。如何探索语文向自然、社会、现实生活开放，拓宽语文教育途径，开发和整合语文课程资源，建构校内外沟通，促进学科间融合，真正关注学生学习的体验、感悟和情感，关注学生创造潜能开发的语文课程行为，就成了张云鹰思考、研究与实践的方向。“开放”是一种理念，把理念变为行动并不是一件易事。她带着自己的教师团队，从习作教学、阅读教学和活动课程开发三个方向开始进行实践与建构。

（四）习作教学：让学生自由表达生命的美好

有人把习作和阅读比作语文教学的一双翅膀，二者缺一不可。可见习作在语文教学中的重要地位。张云鹰对此认识得十分清楚。她说习作是学生语文素养的综合体现，学生言语意识的苏醒和成长，言语技巧的创造与运用，生命情感的宣泄和升华也是通过习作来实现的。张云鹰确定了从“思维开放、情感开放、内容开放、表达开放、文体开放、范式开放、评价开放”七大领域进行实践。

开放式习作教学没有任何规定，充分尊重学生的写作意愿，为学生提供宽松的写作空间。过去的作文教学十分强调文体意识，小学以记叙文为主，或者学什么文体写什么文体。开放式习作教学主张小学生习作主要是练笔性质，如果让文体界限模糊一些，就可减轻学生的习作压力，他们就能自由地倾吐自己的所见、所闻、所感。

（五）阅读教学：让学生体会读书的乐趣

张云鹰提出，阅读教学向学生内心世界开放，让学生与文本对话、与同学对话、与教师对话；向多彩的生活开放，“让生活的活水不断涌入课堂”；语文内部的开放，打破过去那种听、说、读、写各自为政的状况，使之相互促进。这些开放方向就决定了开放式阅读要注重教学过程，重视学生的主体地位和独特体验与感受。在具体教学过程中，开放式阅读教学的开放首先体现为教学目标体系的开放。除基本知识、基本技能、过程与方法，情感、态度与价值观三维目标以外，还对低、中、高年级学段分别提出了分层次的目标要求，即基础目标、提高目标和拓展目标。这样一个开放的目标体系，就决定了教学内容、教学方法及教学评价的开放性。

（六）活动课程：提升学生语文综合运用能力

在进行开放式语文教学改革的过程中，张云鹰认识到，如果只从教法方面进行改革，学生的语文能力与《义务教育语文课程标准（2011年版）》所要求的还是相差甚远。语文教学只有从课堂延伸到学生的生活，从单纯的字、词、句、段、篇章的讲读训练拓展为结合情境的综合性学习，才能真正培养学生的语言综合运用能力。于是，她又开始思考如何从课程的高度考量语文教学，尝试构建不同于语文学科课程的语文活动课程。

张云鹰认为，开放的理念能够与活动课天衣无缝地对接，它架起了语文与生活、社会的桥梁，延长了学生学习语文的长度，也开辟了教、学、做三合一的通道。中国教育学会小学语文教学专业委员会名誉理事长崔峦认为，这些活动的设计符合小学生的年龄特征，体现了语文学科的特点，贴近学生的思想与生活。

张云鹰构建了“开放式阅读教学”“开放式习作教学”“开放式活动课程”等较为完善的理论和逻辑体系，探索了语文听说读写内部开放，语文向其他学科，向自然、生活和社会开放的操作策略；从课程、课堂、学生的角度破解了学科教学知识化、破碎化、功利化现象；紧紧围绕人的意义建构和生命成长，实现了学科资源的整合和对传统学科教学的超越。

二、张云鹰教学智慧的思想内核

（一）开放式语文教学的价值追求

张云鹰界定的"开放式语文教学"是打开语文听说读写内部的通道，打破学科界限，探索语文向自然、社会、现实生活开放，拓宽语文教育途径，开发和整合语文课程资源，尝试建构校内外沟通，促进学科间融合，真正关注学生学习的体验、感悟和情感，关注学生创造潜能开发的课程行为。它的价值追求表现在：

（1）开放式语文教学是一种大语文教学观。生活的外延有多广，语文的外延就有多广。语文教学不能封闭在教材里、固守在教室中，它既根植于丰富多彩的校园生活之中，又拓展并延伸至校园生活之外。这种大的教学观除了要求语文教学本身阅读、习作和口语交际内部的开放，还要向其他学科开放，向社会、自然和整个世界开放。

（2）开放式语文教学是对新课程理念的确认与落实。大力倡导新课程，建立开放、有活力的语文课程。要把偌大的世界变成课程，把丰富多彩的生活引进薄薄的教科书，把学生丰富的生活引进教科书。如果没有开放的教学，没有把开放的教学落实在课程中，学校就是一座孤岛，课堂就是一个狭小的纸盒。

（3）开放式语文教学是对学生认知规律的遵循。每个孩子的先天学习条件不同，学习阶段的发展也各有差异。对语文的"感知、理解、记忆、运用"四个要素的学习，有的迅速，有的缓慢；有的感知在前，理解在后；有的理解在前，感知在后；有的善于记忆，但不善于运用；有的善于运用，但害怕记忆。只有遵循学生的认知规律，实施开放的个性化教学，才能因材施教，产生效果。

（二）开放式语文教学的课程体系

1. 开放式阅读教学

张云鹰提出"构建以学写为核心的阅读课堂"，呼吁教师从"内容的理解”“烦琐的分析”转向“为什么要写”“为什么这样写”这个新思路。由过去的“以读带写、以读促写”转为“以写带读、以写促读”，构建新的开放式阅读教学模式。

多年的开放式阅读教学实践，张云鹰探索出了名著引读、时文引读、网络引读、诗歌引读、名言引读、绘本引读、国学引读七种教学路径，总结了整体阅读、欣赏交流、质疑辩论、比较联系、读写结合等七种教学方法，研究了“窗口型”“打井型”“主题型”“比较型”“风筝型”“无声型”“慢读型”等开放课型。

如学完朱自清的《匆匆》，再读赵丽宏的《光阴》，读《今日歌》《明日歌》，这种“窗口型”的教学是将课内教材作为一扇窗向外部世界打开。学习《詹天佑》一课，她采用“主题型”教学，让学生阅读一系列有关中国铁路建设的故事，如《建好又拆掉的铁路》《中南海中的人力火车》《青藏铁路》《世界最快的武广高速铁路》等，使学生对我国铁路发展史有一个更全面的了解。

开放式阅读教学，一是打通了语文内部的通道，使阅读、写作、口语交际由原来的自成一体、各自为政转向相互沟通，相互补充；二是打通了语文与其他学科的通道，融入了音乐、美术、科学等学科的要素；三是打通了语文与生活的通道。

2. 开放式习作教学

习作教学的“开放”，是对学生习作的接受体系、组织体系、表达体系、评价体系等减少束缚，促进学生自由地、有创意地表达，促进学生语文素养的全面提升。

开放式习作教学要逐步达成以下目标：第一，突破传统习作教学的局限，拓展教与学的范围，培养学生对生活的敏感性。第二，通过习作使生生、师生之间养成交流探讨、互助合作的习惯。第三，建立“阅读是基础，兴趣是动力，思维是关键，表达是难点”的有效融合的习作教学新体系。第四，培养学生勤于观察、善于思考、乐于表达的习惯和品质，使习作成为学生张扬个性、激发生命活力、抒发真我情感的内在需要。

经过多年实践，张云鹰探索了习作教学开放的七大领域：

一是开放思维。解放学生身心，是开放思维的先决条件。培养创新思维，是开放思维的核心内容。教学通过锻炼学生敏锐的感受力、深刻的观察力、丰富的想象力，提升学生的思维水平和思维能力。

二是开放情感。开放与激发学生的情感比向学生传授习作技巧更为重要。具体办法是：（1）亲近习作。消除学生对习作的畏惧心理，让真实的生活、真挚的情感、真切的思想在学生心灵“安营扎寨”。（2）培植情感。让学生接触自然、社会，走进书籍，成为一个情感丰富而有独立个性的人。

三是开放内容。首先，把选材的自由还给学生。生活中最生动、最形象、最有活力的素材都是习作课程的极好资源。其次，鼓励学生写想象性习作，把想象的自由让给学生。

四是开放表达。引导学生自主真实地描绘真人真事，无所顾忌地抒发真情实感。由重知识改为重观察。淡化习作知识的传授，重点指导学生观察社会生活，写自己亲眼所见、亲耳所闻、真心所感。

五是开放文体。引导学生根据同一题材写出不同文体的文章。结合阅读教学开展随机的习作训练，将广告词、儿童诗、童话、寓言、笑话、课本剧、小说、影评等引入学生的习作训练。

六是开放范式。低年级学段学生喜欢动手，喜欢模仿，喜欢游戏，可采用剪贴画式、情境式和活动式的习作方式。中年级学段学生的知识面逐渐变得开阔，生活经验也更加丰富，对生活中的人、事、物比较敏感，可采用日记式、话题式和读写结合的习作方式。高年级学段学生的认知水平显著提高，获得信息多渠道化，可采用网络式、推理式和下水文等习作方式。

七是开放评价。通过自我评价、小组评价、家长评价、教师评价，教学实现评价的多元化与开放性。在评价内容上注重情感与态度、习作过程和习作结果相结合的形成性评价；在评价标准上重在“写真话，抒真情，做真人”；在评价手段上重视纵向比较，通过个体的前后比照，促进学生逐步发展，不断超越自我。

3. 开放式活动课程

新课程倡导建设“开放而富有活力的课程”。如何真正落实开放的语文课程？张云鹰经过多年的探索，形成了比较完善的开放式活动课程体系。

语文活动课程的基本特征、类型、模式和评价标准，按学生的低、中、高三个学段设计了丰富多彩的语文实践活动，符合学生的认知发展特征，体现了语文学科特点，具有很强的开放性和可操作性，对语文教学研究与实践富有启发性和创新性。

语文活动课程是以活动为主要形式，以学生为活动主体，以学习语言知识、形成语文技能为主要内容，以培养学生全面发展为主要目标的一门课程。语文活动课应该具备三要素：一是目标的综合性。课程通过活动的展开达到提高听、说、读、写等多种语文实践能力的教学目标。二是过程的完整性。语文活动课不能局限在40分钟的课堂时间里，它应是由“课前的准备、课堂的展示交流、课后的巩固延伸”组成的完整活动过程。三是活动和语文的关联性。活动是为语文而设置的，在活动中提高学生的语文素养和能力。

由此可见，语文活动课在语文与其他学科，语文与自然、社会、生活间架起了一座沟通的桥梁，延长了学生学习语文的深度和长度，也开辟了教、学、做合一的通道。

三、张云鹰教学智慧的艺术呈现

（一）开放式习作教学——生命的歌唱

“水是什么样子的？”五年级学生们听着或徐或疾、或大或小的水声，走进了水的世界。有的说仿佛来到了山前，看见了明如白练的瀑布；有的说好像来到了大海面前，与浪花共舞；有的说一想到水，会有无比宁静的感觉……学生们跳出思维的局限，尽情想象。低年级课堂借助故事图片，高年级课堂借助一些生活场景，充分激活学生的形象思维，这是思维开放的一个小小的侧面。尊重学生思维的多样性，允许学生思维上求异、求活、求新，创造平等、和谐、自主、自立的习作氛围，让学生的习作说真话、吐真情、表真心，是思维开放不可缺少的条件。

以“生命化语文”为核心主张的开放式语文教学，始终将人放在第一位，以解放人的思想为己任，关注思维的多元。

“一件难忘的事”这个作文题目，在过去很多年，几乎可以从三年级一直写到小学毕业。但因为题目较笼统，一些学生写得没什么感觉。同样是写事，如果把题目换为“我落泪了……”，就能一下子触动学生的心灵。落泪也许是因为伤心、难过、忏悔，也许是因为喜极而泣，学生可以写发生在自己身上的事，也可以写看到的一个场景、听来的一个故事，一个开放的题目也开放了学生的情感。这只是培育与激发学生情感的一个小案例。设置情境激发情感，用评语法激发情感，观察生活积聚情感，精选影视媒介扩展情感视野，这些都是开放式习作过程中开放情感的有力抓手。张云鹰认为，在习作的过程中，激发培育学生的情感比传授技巧更重要。减少对学生习作的束缚，多关注学生的心灵，善于捕捉能激起学生内心涟漪的场景和时刻，引导学生随时随地开展句子、片段的练习，由易到难，就能逐渐把学生领入写作的佳境。

编写短信也可以成为学生习作的内容。开放式习作教学主张习作内容向生活开放，生活中的新鲜事、重大事、时尚事都可能成为学生习作的内容。习作还可以以绘画日记、连环画、图文结合的手抄报形式体现，这样的形式连通了学科之间的内容。在阅读教学的过程中，学生进行仿写，可以仿修辞、仿结构、仿详略、仿立意，这样习作的内容与阅读教学就紧密地联系在一起，甚至可以根据课文内容进行续写、改写等。多种开放维度与形式，解决的是学生没有东西可写、没有情感与个性可言的习作问题。

开放式习作教学没有任何规定，充分尊重学生的写作意愿，为学生提供宽松的写作空间。过去的作文教学十分强调文体意识，小学以记叙文为主，或者学什么文体写什么文体。开放式习作教学主张小学生习作主要是练笔性质，如果让文体界限模糊一些，就可减轻习作压力，学生就能自由倾吐自己的所见、所闻、所感。比如，五年级学生在学完《草船借箭》一课后，习作练习可以让学生根据兴趣写感受，把课文改编为剧本，也可以以书信的形式表达。“您现在闲来无事，还会写写《后后出师表》这类文章吗？用毛笔写吧？对了，忘了告诉您，现在笔可多了，有钢笔、鹅毛笔、铅笔、蜡笔、水笔、水彩笔、荧光笔……相信您一定会感兴趣的。不过，现在还有人练毛笔字，画国画之类，但毛笔一般已经不用于通信了。”这是一名学生的《给诸葛亮的一封信》的习作片段，读起来很有趣。就是这样一次习作，有的学生给文中的人物写信，有的把课文改编成了剧本，有的写对周瑜这个人物的看法。虽然文体不尽相同，却展现出生命个性的风采。不拘泥于记叙文与教材规定的几种应用文，广告词、儿童诗、童话、寓言、笑话、课本剧、小说等都可引入学生的习作训练。

全国著名特级教师、教育专家、浙江省九年制义务教育教材小学语文科编委会副主编周一贯先生称张云鹰的“开放式作文教学”确实是一种全方位的开放，涉足开放的理念、开放的思维、开放的情感、开放的内容、开放的表达、开放的文体、开放的范式和开放的评价；若换一种角度解读，则是其更强调作文主体的“解放”、作文实践的“粗放”、表达交流的“奔放”、课内外的“竞放”以及“自由表达”与“规则指导”的“齐放”。

《开放式作文教学》的核心价值是“开放”，对儿童作文来说，尤其如此。因为所有的作文，都只能是作文主体写他的自得之见，抒他的自身之情，用他的自由之笔，说他的自在之趣，显他的自我之态。开放，正是小学作文革命的灵魂所在。

（二）开放式阅读教学——生命的联动

语文有自己的边界，但是这一边界既要清晰又要模糊。所谓清晰，是指语文就是语文，不能在“开放”中丢失语文的特质；所谓模糊，是指语文的边界要拓展，要主动与其他学科交流、交融，不能拒绝，不能封闭。这样，语文就会在“混沌的边缘”上生存。“混沌的边缘”带来的是模糊思维，而模糊思维会产生新的能量，因而会有新的创造。张云鹰的开放式阅读教学正是具有这样的特性。

“学生 1：我出 b。学生 2：我出 ei。抢答：我们能拼‘bei’。杯子的杯，北京的北，被子的被”，这一生动场景是在开放式阅读的拼音教学课堂上的场景。把拼音字母制成卡片以“打牌游戏”的方式，让学生在快乐的游戏中学习拼音。在识字教学中，教师会带着学生进行“校园一日游”的识字活动，学校的校名、校训及墙上的标语都成了学生认字的材料。除了拼音教学、识字写字教学，开放式阅读教学本着开放的原则，还构建了词语教学、段落教学、篇章教学、整体单元教学的分类教学开放的方法与路径。

以开放的教学课型和教学方法将阅读教学引向开放。张云鹰在教六年级朱自清的作品《匆匆》时，一是要求学生课前查阅资料，如有关作者的文章、影视作品等，了解作者的生平、生活、背景、文品和人品等；二是课堂中学习研究作者的语言风格和思想感情；三是课后阅读作者的代表作品，这是以作者为主线进行的内容延伸。关联性的延伸也是一种方法，如学完《匆匆》一课，可以延伸阅读《光阴》《明日歌》《今日歌》等相关文章。以人物线索进行延伸、以文体为主线进行延伸、以背景为主线进行延伸、以单元主题进行延伸，都是开放式阅读教学探索的课型，叫作“窗口型”开放阅读，即把教材内容作为一个向外部开放与延伸的窗口，以文本内容的相关要素为线索来拓展阅读内容。此外，开放式阅读教学侧重教师在课堂上引导学生发现问题、解决问题，引导学生将问题追问到底的开放式阅读的“打井型”“主题型”“比较型”“风筝型”“无声型”“慢读型”阅读教学,这些不同的阅读课型,共同的指向是“开放”，拓展了阅读的深度及广度。

由此我们不难看出，张云鹰的开放式阅读教学的可贵之处是有一个完整的建构，她正在探索并已形成了开放式阅读教学的体系。背景—概念—目标—形态—特征—原则—分类—课型—方法—评价，这的确是个体系。从这个角度看，张云鹰完全有可能建构一个具有课程意义的学科教学新领域。

张云鹰的开放式阅读教学的突破之处，在于对于“开放”密码的寻找和阐释。在分析开放式教学的全域性、相对性、前瞻性之后，她认为密码是：求活，注重信息交流的多向性；求异，允许答案结论的多元性；求大，拓展阅读教学的大课堂、大生活。所以，开放式阅读教学不只是形式上的打开，更重要的是心灵的解放，是自由的创造。她所概括的动态性原则、创造性原则、主体性原则、引导性原则、综合性原则等就是指向深处的。

开放教育的内涵中有一个意义，那就是联结。张云鹰用开放式阅读教学把语文与外界联结起来了，把语文与内心联结起来了，最终形成新的语文学习共同体。张云鹰内心是开放的，她的语文教学是开放的，共同体就在开放与联结中建构起来了，实现生命的联动。

（三）开放式活动课程——生命的狂欢

以张云鹰执教的一节四年级的语文课——“有趣的‘○’”为例。这节课以“○”为主题，课上出示关于“○”的课件后，学生就展开了自由联想，如语文中的拼音O、数学中的0、音乐中的休止符等。然后，她引导学生开阔视野，看看生活中和自然界中哪些事物与“○”相似。学生联想到了太阳、圆桌、足球等。在此基础上，她让学生利用五颜六色、大小不同的圆形纸，拼出各种有创意、有灵性的小动物，然后说一说自己是怎么设想的，为什么喜欢。最后，她让学生分小组根据这些创意编一个小故事。一节语文活动课上，有说、有写、有创意、有交流，体现了极强的综合性与语言实践性。这种课程形态就是语文活动课。

翻开《开放式活动课程》一书，该书从一年级到六年级依次设计了84个活动课程。一年级的第一堂活动课是“我上学了”，第二堂活动课是“我爱我家”……每一个年级活动课程都形成了序列。这些活动课程都是根据学生的年龄特点、语文课程标准及教材而设计的，有其内在的逻辑性。

这些活动类课程分为四类：一是常规性语文活动课，如有计划地组织全体学生长期参加某种传统活动。如课外阅读活动，教师可向学生推荐一些好书，在指导学生怎样读书的基础上，指导学生写读书笔记，促进学生阅读，使之持之以恒。每学期可组织读书汇报会，让学生谈读书的收获、体会，促进学生互相交流、互相启发、激发阅读的兴趣。二是实践性语文活动课，包括参观访问、自办小报、报刊剪贴、摄影说明、野外活动、通讯活动、演示实验、制作教具、观看影像、即兴表演、模拟表演、编写童话等。三是随机性语文活动课程，它是指结合各阶段的活动及重大节日活动开展的活动课。四是发展性语文活动课，它与语文基础课紧密相连，是基础课的补充和发展，如课本剧表演、电影欣赏、故事王国等。

除了活动课程的类型，张云鹰还提出实施活动课程的四种基本模式：欣赏—尝试式，交往—合作式，竞赛—综合式，探索—创新式。语文活动课的探索过程事实上是教师真正成为课程设计者、参与者、实践者的过程，语文活动课是非常受学生欢迎的一门课，是开放式语文的一大亮点，为语文学科的综合性教学改革带来了一片生机与活力。

四、张云鹰教学智慧精品片段聚焦

片段一：

习作评赏（开放式习作教学案例）

师：今天，我们就来评一评这个单元的习作。（板书：习作评赏）在这之前，我们先回顾一下这次习作的内容。

（演示）

观察《胜似亲人》这幅图，注意图中人物的服饰，想一想她们可能是谁，她们之间可能发生了什么事。再把你想到的写下来，内容要具体，语句要通顺。可以用“胜似亲人”做题目，也可以根据习作的具体内容自拟题目。如果你不想写这幅图，也可以写生活中的真实故事。所写的事可以是自己亲身经历的，也可以是听到的或见到的。要把事情经过写清楚，最好还能写出自己的感受。

师：我昨天在班级博客里转了转，发现许多同学已经把自己的作品传了上去，我随便选了一篇带来和大家一起分享。

（演示博客里学生的习作，请作者读自己的作品给大家听）

胜似亲人

钟静扬

李奶奶年纪大了。生活中的许多事都做不了。她的邻居是一个年轻的小姑娘，叫艳艳。小姑娘艳艳见李奶奶既孤单又可怜，就常帮助她做一些家务，并为她提供粮食。

这天，艳艳拿着大包小包来到李奶奶家，轻轻地推开院门，院子里静极了，原来李奶奶在睡觉。她把大包小包的东西放在地上。她见木盆里有一些衣服，便马上明白了李奶奶的意思。自从她帮了李奶奶以后，她便让李奶奶把穿过的衣服放在木盆里，她来洗。

艳艳利索地从井里打上一盆水，把一件衣服放入水中，又将手放入水中，用力搓了起来。水可真凉呀！艳艳毫不在意，她咬咬牙，当她把第一件衣服洗完时，她的手已经被冻得通红，冻得麻木了，但她依然坚持了下去。

过了一会儿，李奶奶醒了。她听到了水声，来到了院子里，一把抱住了艳艳，说："艳艳呀，你对我就像对亲生（原文为'身'）妈妈一样好，我一生孤独，没有一个人愿意陪我，我……"说到这，李奶奶流出了两行泪。

从此，艳艳与李奶奶的关系就像两母女一样。

师：这是你昨天写的文章。今天你读它，有什么感觉？

生：我还是挺满意的。

师：你最满意哪些地方？

生：我觉得我给小姑娘取名叫"艳艳"，很好听。

师：哦，名字好听，心灵也美。还有吗？

生：写艳艳洗衣服的这一段，先打水，再放衣服，再搓，虽然天很冷，但她仍然坚持下去。

师：真好！我也特别喜欢这一段。一连串的动作，多麻利的姑娘。不过，她好像忘了搓点儿肥皂，对吧？

生（笑）：嗯。

师：这一连串的动作描写，倒让我想起了我们学过的《爬山虎的脚》里的一段话：爬山虎的脚触着墙的时候，六七根细丝的头上就变成小圆片，巴住墙。细丝原先是直的，现在弯曲了，把爬山虎的嫩茎拉一把，使它紧贴在墙上。（学生很自然地跟着背诵）

师：文章的作者是——

生：叶圣陶。

师：了不起。叶圣陶是大作家，你是小作家。

师：大家来评一评她的文章。

生：我觉得她写的内容太少了。我觉得还可以写一写人物心里的感受，这样就更丰富了。

师（问作者）：你接受这位同学的建议吗？

生：不接受。我觉得写清楚了就可以，不一定要多。再说，从老奶奶说的话里就可以看出她的感受了。

师：大家觉得呢？

生：对！

师：有时候，简单就是美；有时候，丰富细腻也是美。要看表达的需要，该要的坚决要；不该要的，打死我也不要。是吧？

生（笑）：是！

师：刚才我们是从整篇文章的角度去评议的。（板书：篇）谁再来评一评？

生：我觉得第二段里，她用了两次“大包小包”，有点啰唆。

师：你说该怎么办？

生：可以把后面这个“大包小包”去掉。

师：我们试着来读一读，看看是不是好一些。（生读）怎么样？

生：好一些。

师：我们关注到了句子。（板书：句）

生：文章第三段中，说她洗衣服时感觉到凉，觉得有点突然。应该说一下“正好是冬天”。因为从图中就可以看出，她们穿得挺多的。

师：照你的说法，如果是冬天的话，“凉”字是不是应该改成另一个字更准确？

生1：可以改为“冻”。

生2：可以改为“冰”。

生3：可以改为“冷”。

师：这样这一段话就显得自然和贴切多了。所以，评改时不仅要看看整段话中内容是否衔接自然，还要注意用字的准确。（板书：断字）字是文章的细胞。细胞健康，文章才健康。《泊船瓜洲》一诗中的“春风又绿江南岸，明月何时照我还”一句，王安石推敲了十几个字，最终用了“绿”字，使诗句变得传神。

生：我觉得李奶奶“一把抱住了艳艳，说：‘艳艳啊，你对我就像对亲生（原文为‘身’）妈妈一样好，我一生孤独，没有一个人愿意陪我，我……'”这里这个省略号用得好。让人感觉到李奶奶当时的激动心情，她激动得都说不出话来了。

师：一个恰当的标点，居然表达着这样丰富的情感。标点虽小，也很重要，用得巧妙，拍手叫好！（板书：标点）评赏文章，就应该这样。既要着眼于字词句段，更要通篇考虑，甚至标点也要精雕细琢。我们评了这么多，看看博客里的游客对这篇文章的一些评价。

（演示：

（1）我喜欢你写的这篇作文，给人的感觉很真实，“艳艳毫不在意，她咬咬牙，当她把第一件衣服洗完时，她的手已经被冻得通红，冻得麻木了，但她依然坚持了下去”。读到这里的时候，我有点感动！

（2）扬扬小朋友，我是李阿姨，我今天在你们的班级博客里逛了逛，你们这次写的是一幅图，你把图写成了一个好听的故事，还不错。我看了那幅图，你说她们像母女，有点太夸张了吧？还有，“亲身妈妈”的“身”的，应该是“生”字才对。还有——啊呀，不说了，怕你不高兴。

（3）“把手放入水中”不好，改成“把手伸进水里”吧。）

师（问作者）：你同意他们对你的文章的看法吗？

生：同意。

师：那么多人对你的文章指手画脚，你是不是有点不高兴啊？

生：不会。我觉得有些建议提得好，能给我帮助。

师：提得不好的呢，你准备等会儿骂他们？

生（笑）：不会。

师：多好的态度。听好的建议，能扬长避短。对于不同的观点，要学会包容。明白怎么修改自己的文章了吗？

生：明白了。

【品评】

（1）开放的教学语言。开放的教学语言充满意趣，能让学生心满意足。对学生的见解，她从不“否定”，而是倾听，让学生自悟自得。（2）开放的教学方式。以博客为平台，让学生在博客里发表作品，在博客里进行评赏，既激活学生的习作热情，又能提升其习作的思维。

片段二：

乡下人家（开放式语文阅读教学案例）

师：我第一次给大家上课，带了一件礼物作为见面礼送给大家。这个礼物是什么呢？（指板书）是我们的同学——四（1）班一个小朋友写的一首诗，谁来读一读？

生：瓜藤攀爬惹人爱，雨后春笋花自开。鸡鸭觅食何等闲，和谐田园美常在。

师：读了这首诗你有什么想法？你联想到了什么？

生1：我想到了以前在老家看到的风景。

生2：我想到《乡下人家》所描写的场景。

师：那是一个什么样的场景呢？描写了一幅什么样的风景图？用一句话概括。

生1：迷人的田园风景图。

生2：和谐自然的迷人风景图。

师：挺好。

生：描写了和谐的乡下人家。

师：这是四（1）班同学学了课文后写的一首小诗。回想一下，我们学过的诗里面有哪些是写田园风光的？

生：《四时田园杂兴》。

师：能不能背一下？

生：《四时田园杂兴》，宋，范成大。昼出耘田夜绩麻，村庄儿女各当家。童孙未解供耕织，也傍桑阴学种瓜。

师：好。还有没有？

生：《渔歌子》，唐，张志和。西塞山前白鹭飞，桃花流水鳜鱼肥。青箬笠，绿蓑衣，斜风细雨不须归。

师：好，非常好！

生：《过故人庄》，唐，孟浩然。

师：为了节省时间，我们只说诗题好不好？

生：《游山西村》，宋，陆游。

师：你把《游山西村》的最后两句背给大家听一听。

生：山重水复疑无路，柳暗花明又一村。

师：这是名句，我们要牢牢记住。接着说。

生：《田园乐》，唐，王维。

师：老师这儿也有两首诗想推荐给大家。（展示投影一）女同学一起轻轻地念念好不好？

女生（齐）：《雨过山村》，唐，王建。雨里鸡鸣一两家，竹溪村路板桥斜。妇姑相唤浴蚕去，闲着中庭栀子花。

师：好。这里有个特别的字。（指“斜”字）我们现代文里读什么？

生：xié。

师：在古时候，在诗词里，为了押韵，读什么？

生：xiá。

师：一起读一遍。

生（齐）：竹溪村路板桥斜（xiá）。

师：我们还学过一首诗，远上寒山——

生：石径斜（xié）。

师：也读什么呀？

生：xiá。

师：再读一遍。

生：远上寒山——石径斜（xiá）。

师：再推荐一首。（展示投影二）《山居秋暝》。请男同学来读。

生：《山居秋暝》，唐，王维。空山新雨后，天气晚来秋。明月松间照，清泉石上流。竹喧归浣女，莲动下渔舟。随意春芳歇，王孙自可留。

师：这首诗里有一句名言，我们比较常见。能找出是哪一句吗？

生：明月松间照，清泉石上流。

师：在哪儿读到的？

生：在语文书上。

师：我们在语文书上学过吗？

（学生摇头）

师：没有吧。在哪儿读到的？我们学校楼梯上就有这一句名言。处处留心皆学问。我们再读一遍，把它记下来。

【品评】

开放式阅读教学是一场生命的对话，对话的基本途径是读。张云鹰从读诗开始，这诗是一个学生的创作，却成了教学的资源，成了对话的开篇，巧妙地引向文本，又从文本走出，走进一组田园诗里。由外而内，由内而外之间，如雨入水，相融无痕。

片段三：

推荐我读过的一本好书（开放式语文活动课程案例）

师：老师也读过很多书，想知道老师会给同学们推荐什么书吗？

生（齐）：想。

（师打开中国教育新闻网）

师：这个网页是介绍“2010年度推动读书十大人物”的。入选人一共有20位，老师很荣幸地被教育部推为候选人之一。

（师点击相关内容并朗读“教育故事”中的片段）

师：一人走红可以是一夜之间的事，而一个教育家的“走红”却是一幅人生画卷。

师：我们再来看“读书感悟”。还记得朱熹说的一句读书感言吗？读书有三到——

生：读书有三到，谓心到，眼到，口到。

师：我在介绍中也写了一个读书有三到：“手到”——读书须动笔，坚持记笔记；“心到”——读书时要研究性阅读，而不是观而不察，察而不思，更不是“读死书，死读书”，那会变成书呆子；我还强调一个“身到”——把读书学习与工作创新结合起来。有些人虽然读了很多书，但并不一定有智慧，是因为他们没有把读书和工作、学习结合起来。

师：20个候选人都为大家列出了“推荐书目”，希望同学们都能上中国教育新闻网去看看。我也推荐了三本书。第一本是《论语》，看看我是怎样写推荐理由的：《论语》各篇章虽然没有集中的主题，但其整体教化力量非常强。两千多年过去了，这里有历代帝王的刻意为之，也有士农工商、万千黎民的自然选择，无论是偶然还是必然，孔子在很大程度上塑造了中华儿女的民族性格和文化心理架构，这的确是毫无疑问的。出自《论语》的数百个成语故事早已渗透在我们每个人的言语中。很多讲汉语的华人都能随口说出一些《论语》里的深奥“道理”，但是他们不一定知道这些道理出自何处。《论语》是中国独有的，因为《论语》，我们才知道自己为什么是中国人——这才是《论语》的真正意义。

师：谁读过《论语》？

生：我读过。学而时习之，不亦说乎？有朋友自远方来，不亦乐乎？

师：非常好，他能背出一些经典名句。还有谁会背？

生1：温故而知新。

生2：子曰：“君子周而不比，小人比而不周。”子曰：“三人行，必有我师焉。择其善者而从之，其不善者而改之。”

生3：子曰：“岁寒，然后知松柏之后凋也。”子贡问曰：“有一言而可以终身行之者乎？”子曰：“其恕乎！己所不欲，勿施于人。”

生4：敏而好学，不耻下问。

师：知道《论语》一共有多少篇吗？

生：20篇。

师：多少则？

生（摇头）：……

师：回去后认真读读，好不好？然后再告诉老师《论语》有多少则。（生点头）

师：我推荐的第二本书叫《周易》。（点击相关网页）我知道我们这儿有一个叫周易的同学，是谁？（指名叫周易的学生）你知道妈妈为什么给你取名叫周易吗？

生：……

师：回去好好探索一下。《周易》是中国哲学的源头，后来的《论语》《大学》《中庸》等诸子百家的思想都来自《周易》。对于一般人来说，它确实很难读懂，很难理解。《周易》是根据特定的图案并结合自然及人类社会的一般现象而进行阐述的著作。每一卦都含有丰富的人生哲理。举个例子，“蒙卦”。“匪我求童蒙，蒙童求我”，“蒙童”就是刚上学的学生，这句话的意思不是我去求蒙童上学，而是蒙童主动求我教育。“初筮告，再三读，渎则不告。利贞”，意思是如果一而再再而三地问，说明你不够用心，是对老师的不尊重。这是一本值得我们用一生去研读的书。我们可能现在没有兴趣去读，或是不明其意。虽然说兴趣是学习的源泉，但如果大家都只是按自己的兴趣去读书的话，可能会影响你今后的发展。

师：我推荐的第三本书是《红楼梦》。我认为，所谓中国历史，就其文化意味而言，可简要划分为《红楼梦》之前的历史和《红楼梦》之后的历史。《红楼梦》有很多少儿读本，谁读过？

生：我读过。读了《红楼梦》之后，我为林黛玉的悲惨结局感到伤心，也为宝玉疯癫的情感而感动。

师：她读出了情，很好！

生：我认为《红楼梦》其实说的是一个历史故事，它是用一段历史解释社会和人物命运之作。

师：我也认为《红楼梦》是一本宏大的命运之作。

【品评】

教师的推荐对学生是一种示范，是一种引领，是带领学生用综合的方式学习语文的过程，体现了开放式语文教学的特点：向网络开放，向经典开放，向课内阅读开放，向课外阅读开放，向生活开放，向生命开放……

五、张云鹰教学智慧经典课堂实录

有趣的“○”

（一）导入“○”（圆）的话题，猜一猜

师：今天我们一起上一节语文活动课。谁来把题目读一下？

生：有趣的圆。

师：有没有想把它读成别的？

生1：有趣的“O”。英语字母中的“O”。

生2：有趣的零，数学中的零。

生3：有趣的圈。

生4：有趣的洞。

师：把它看成洞，可以吗？

生（齐）：可以。

师：最初的时候，有同学把它读成有趣的“圆”。（展示PPT动画——一个小小的“○”）

师：当这个圆不断放大，甚至超出屏幕，你还可以把它想象成什么？

生1：呼啦圈。

生2：月亮。

师：是圆月还是……

生：圆月。

师：也可以叫作满月。

生1：还可以是地球。

生2：太阳。

师：说明圆是无边无际，变化多端的。我们每天就生活在这些圆中，也无时无刻不被这些圆影响着。

（二）观察“○”（圆）的外表，说一说

师：昨天我让同学们画一张跟圆有关的图画或者带一些与圆相关的小饰品，你们有没有准备？

生（齐）：有！

师：先放在课桌柜里。你要是想介绍就拿出来。咱们先保持点神秘感。

生：大家看，我画的是一个泰迪熊，圆圆的脑袋周围画了很多圆的物品。比如棒棒糖，是不是感觉很甜呀？（众笑）上面还有我最喜欢吃的水果：苹果、西瓜。

师：那旁边的这个是什么呢？

生：这旁边还画了一朵很香很香的太阳花。虽然只是个半圆，但这样是不是有一点点的神秘感？（部分学生小声说“向日葵”）

师：我乍一看，和其他孩子的感觉是一样的，觉得它更像向日葵。

生：老师，我画的也是一幅画。

师：那你也说说吧。

生：我画的是地球，地球带给我们很多资源，可有些人却破坏了自己的家园。我要向他们倡导环保。我还画了一只眼睛，眼睛能够发现美。所以我觉得眼睛很重要，希望同学们不要总是玩电脑，要学会保护眼睛。此外，我还画了一个飞碟。现在很多人想登上浩瀚的宇宙，我希望以后能够登上这样的飞碟到浩瀚的宇宙去探索。

师：我觉得他说得非常好的一点就是要爱护眼睛。眼睛最圆的部分是眼珠。保护视力，这是很好的。你看你画了这么多，待会儿小练笔的时候你把它写下来，好吗？

生：好的。

师（指定一名学生）：你说。

生：老师，我带的东西是一个圆柱体。

师：拿出来看看。

生：您看，这是一个手电筒，它不仅是一个圆柱体，还能发出圆形的光。

师（手捧电筒）：首先她说这是一个圆柱体，这是在形容它的外形。接着她还说了它的作用。

生：可以照亮黑暗的地方。

师：还有没有？

生：其实我认为这个物品还有另一个含义，就是让那些孤独的孩子见到光明，重生希望。

师：她还赋予了它更深层的含义。那么从外表来看，你们还发现它有什么特质吗？

生：颜色是蓝的！

师：对，还有呢？你摸摸看！

生：是铝合金或者不锈钢的。

师：这位同学对材质比较熟悉。是啊，在观察这个物品的时候，我们可以从它的外形、色彩……

生：结构。

师：对，还有材质，包括作用等方面去了解，是吗？不错，调动了各个感官啦。

生：我想介绍的是大队部的徽章。徽章是圆形的，里面还包含了我们的校徽，也是圆形的。如果把校徽看作是雏鹰，那么外面的大圆就是地球。我希望我们不要做一只囚鸟，而是做一只展翅翱翔的雏鹰，去探索浩瀚的宇宙。

师：看来你已经把我们的校徽研究透了，我们就像是一只雏鹰在地平线上飞翔。所以，老师提出——“梦从坪洲飞翔”（生齐声说）。

师：还有没有同学带来一些新奇一点的物品？

生：我带来的这个东西看起来不像个圆，但也是由很多圆形组成的。它上面刻着“澳门”的字样，是一个朋友送给我的。我觉得它能够象征澳门朋友对我们的欢迎。

师：它其实代表着你们之间的友谊。

生：我介绍的是我自己画的一幅画。上面画着的是英语的“O”和数学的“0”，以及语文的感叹号、省略号。

生：我带来的物品是一个胶纸。它由三个圆组成，外面一个，中间一个，还有里面一个。它可以帮我们粘贴东西。

师：刚才我看到很多小朋友带的东西还不止这几样，有苹果、橘子等一些食品。那么从同学们对自己带来的物品所作的介绍中可以发现，一般观察物品要从哪几个方面入手？

生：形状、颜色、材质、作用、含义。

（三）展示“○”（圆）的作品，赏一赏

师：现在老师想带你们欣赏一下别人是怎样用生动的语言形容它的，好不好？请你读。

生：荷叶圆圆水里浮，镜子圆圆墙上挂，月亮圆圆天上嵌，脸蛋圆圆镜中显。

师：给点掌声！有什么感觉？

生：我觉得圆真奇妙，可以在天上，也可以在墙上，还可以在地上。生活中处处都有圆，它真是我们的好朋友。

师：他读懂了圆无处不在，无时无刻都在影响着我们。还有谁补充？你听我读：荷叶圆圆，镜子圆圆，月亮圆圆……圆圆是什么词？

生：叠词。

师：用了这么多的叠词，有什么感觉？

生：我觉得充满了童趣。

师：而且还朗朗上口。你能仿照这样的句式，说说你们身边的有关圆的物品吗？

生：手表圆圆手上戴。

师：挺好。

生 1：足球圆圆地上滚。

生 2：太阳圆圆天上挂。

生 3：队徽圆圆身上戴。

师：可能换成“队徽圆圆胸前挂”更好。

生 1：手镯圆圆手上戴。

生 2：硬币圆圆处处用。

生 3：眼珠圆圆眼里转。（众笑）

师：如果把几句话连起来，是不是就变成了你们自己创作的儿歌呢？

生（齐）：是！

师：再看看这首小诗，我们大家小声读一读，好吗？

生：当你变成了风扇，清凉便常常陪伴我们的左右。当你变成了头盔，安全便走近了我们的身边。当你变成了轮胎，人类便向前走了一大步。你就是默默无闻，辛劳工作的圆。

师：“你就是默默无闻，辛劳工作的圆”这个“你”指的是谁？

生：圆。

师：那么在这首小诗里，具体指什么？

生：风扇、头盔、轮胎。

师：这是一种什么样的写法？

生：比喻、排比。

师：上一首儿歌，读起来让人觉得充满童趣，朗朗上口，那么这首诗歌给你什么样的感觉呢？

生：读了这首诗，我很感动，因为我们一直都忽视圆，认为它只是一个形状而已。但是我们从来没有想过，圆为我们奉献了这么多，如果没有圆，很难想象我们这个世界会变成什么样子。

师：对，你说得太好了。如果世界上没有圆，没有太阳，没有月亮，难以想象我们将是一个什么样的生活状态。

生：我认为刚才的儿歌的确很有童趣，而这首诗则被作者赋予了很多感情。我刚刚想到了一句话，不知道能不能说？

师：当然可以。

生：当你变成了眼睛，人类才能发现更多的美。

师：不错，还有没有同学可以仿照她这样说几句？

生1：当你变成了地球，我们才得以生存。

生2：当你变成了象棋，课间便充满了欢快。

生3：当你变成了时钟，我们才知道时间的流失。

师：能不能再加一句，让我们懂得了——

生1：珍惜时间。

生2：当你变成了鸡蛋，才哺育出那么多的生命。

生3：当你变成了灯泡，才能驱赶黑暗。

生4：当你变成了苹果，人类才充满活力。（众笑）

师：你是不是喜欢吃苹果补充能量，觉得充满活力啊？（众笑）

生4：是的！

生5：当你变成了水车，水才能源源不断地流动。

师：像这首诗歌，用排比的句式、比喻的手法不仅仅写了圆的作用，还赋予了圆生命的意义。再往下看。这是什么词？

生：广告词。

师：请一个男孩子读。

生："引领进步之道——米其林轮胎。"

师：你读懂了吗？

生：因为有了轮胎，人类的文明进步了一大步。

师：非常好。你看这则广告词，表面虽然没有点到圆，却让人联想到与圆有关的物品，这就是广告词的奥秘。你能仿照它说一个句子吗？

（现场鸦雀无声）

师：确实有难度。

师：老师在《开放式活动课程》这本书中设计了84个活动课，到六年级的时候有一个活动课是专门讲广告词设计的。现在你们还没有悟到，先不讲。但是，你们要清楚一点——广告词语言非常简洁，但意蕴却非常深刻。现在暂时想不到，一会儿写的时候，你有兴趣就写下来，可以吗？

生：可以。

师：刚才我们欣赏了描写圆的几种表达方式，你们喜欢哪一种？

生1：我喜欢第一种儿歌的表达方式，它运用了叠词，充满了童趣。

生2：我喜欢广告词。因为它简洁，干脆利落，让人一下子记住了物品的形象。

师：你能现场说一句吗？

生：刻不容缓——手表。

师：不错，这个广告词是让人珍惜时间的。

生1：我喜欢诗歌，因为诗歌是中国博大精深的文化，反映出深刻的情感和（文化）精粹。

生2：我也喜欢儿歌，因为它虽然看起来稚嫩，实际上读起来不稚嫩，给人一种莫名的可亲感，让人觉得很可爱。

师：莫名的可亲感，就是说儿歌已经流到你的心田里去了，能不能换成"沁人心脾"？说明它跟你产生了共鸣，儿歌或者诗歌要写好是很不容易的。

生：我也喜欢第二首，我和那位同学有共鸣。诗歌很优美，创作者在其中赋予了深刻的情感。

师：对，给人一种诗情画意的感觉，还运用了很多修辞手法：比喻、拟人、夸张、排比……

（四）挖掘"○"（圆）的元素，写一写

师：老师昨晚也写了一小段，不是儿歌、诗歌和广告词，而是一种说明的方法，想不想看看？

生：想。

师：（展示《1元硬币的故事》）"这是一枚1元的人民币，铝合金材质，呈铝白色。用手一摸，它的正反两面除了图案部分，显得十分光滑。硬币的正面印着'中国人民银行'和'1元'的字样。它的下方印着'2010'，我想，它应该是2010年诞生的第五套币种吧！硬币的反面上方刻有汉语拼音字母'ZHONGGUO RENMIN YINHANG'，中间有一朵盛放的菊花。我不由自主地想起陈毅元帅的一首诗《秋菊》：'秋菊能傲霜，风霜重重恶。本性能耐寒，风霜其奈何？'我拿起硬币轻轻一咬：哇，还挺坚韧。你们知道吗？1元硬币的直径是25毫米，厚度是1.85毫米，重6.5克，掂一掂，还真是有点分量呢！”同学们觉得怎么样？

生：行！

师：就这么小小的1元硬币，老师写出了差不多200字的说明文。如果要完善硬币的故事，你觉得还可以写什么？

生1：写它是怎么诞生的，它的历史。

生2：我觉得您可以联系菊花的含义写。

师：有道理。

生1：您还可以写硬币的作用。

生2：我认为还可以用硬币引出民国的大洋和晚清时代的铜板。

师：你的知识面真广。

生：我觉得您可以把硬币和其他币种联系起来。比如古代的铜板、元宝……

师：你见过古代的铜板是什么样的吗？

生：见过，古代的铜板内方外圆。

师：方圆结合是古代的核心文化。

生：我觉得您可以写从硬币联想到为什么中华人民共和国要这样创造硬币，并且用一些诗句或者好词好句赞美硬币为人类带来的一切。

师：好的，现在你们可以用诗歌、儿歌、广告语或者说明文的形式，为你最喜欢的与圆有关的饰品或者画的作品写一段话，看看你们是不是比老师写得更好一些。

师：谁愿意到黑板上去写？

生：我愿意。（板书作品）

师：我们来看看，这位同学写“它可以让你其乐无穷——象棋”。有谁想把它变得更生动？

生：把“它”改成“他”，更生动。把“其”改为“棋”。

师：现在很多语言学家都不主张用谐音字，但是用“他”是可以的，显得更生动了。还有哪个小组的同学愿意上来分享？

生1：当你变成了硬币，你就不愁吃穿。当你变成了太阳，便可以赶走黑暗。

生2：当时钟走近我们的身边，我们才发现时间的珍贵。当中秋的月亮走进我们的身边，我们才懂得了家人团聚的可贵。当眼球走进我们的身边，我们才发现了世界的美丽。

师：她这个排比句不错，有一点可以修改一下。

生1：我认为她的“当眼球走进我们的身边”，可以改为“当眼球附在我们的身上”。（众笑）

生2：改为“嵌”字更好。

师：对了，她自己就改对了。她第一个用的是靠近的“近”，第二个是进来的“进”，说明她在用字上还是有所思考的。

生：如果你变成了圆，你想要变成什么呢？我想变成一个灯泡，虽然它早已过时，不像其他物品那么有趣，但它可以照亮黑暗，关注孤独。

师：用“关注”好，还是换成什么别的词比较好？

生：赶走。

师：“赶走”？还是“排遣”？这个词可能大家不熟悉，以后我们慢慢会用到。你主要想表达什么？

生：虽然有些圆比较丑陋，但是对人类有许多用处。

师：时间关系，不一一品读了。下课有时间再交流，好吗？

（五）拓展“○”（圆）的内涵，品一品

师：通过圆，我们能感受到圆的有趣，在中国的历史上，圆还被赋予了更多的内涵。这是什么？（展示“国徽”PPT）

生：国徽。

师：我们国家56个民族，用国徽代表什么？

生：团结。

师：对，上面是一颗大五角星和四颗小五角星，说明各民族人民团结在我们的党、我们的祖国周围。（展示奥运五环PPT）

生：这是奥运五环。

师：有什么含义呢？

生：代表五洲紧紧相连。

师：五环是体育语言，我们一看到它就想起五大洲。我们的竞技不仅要赛出成绩，还要赛出友谊。（展示PPT）圆桌会议。大的圆桌会议是不分强国弱国的。这又意味着什么？

生：圆桌会议象征着各个国家没有种族歧视，没有强弱之分，每个国家都是平等的，没有不公平的待遇。

师：说得真好！掌声鼓励！所以圆的含义非常丰富，象征着团结、友谊、平等以及人们对美好生活的向往。其实我们每个人都是一个圆，圆内是已知的，圆外是未知的。你要了解更多未知的世界，就要不断阅读，这样自己才会成为一个大大的圆。

（六）透过“○”（圆）的世界，练一练

师：今天星期五，是快乐周五，平时都有“配方课程”。我们了解圆，观察圆，读了圆，品了圆。今天想不想回家做一些与圆有关的事情？

生：想！

师：第一个是查找资料，了解圆的其他寓意。第二，根据我们今天学的关于圆的知识，制作一份“……的圆”的手抄报，介绍“圆”的趣味故事。简单吗？

生：简单！

师：你们说简单，其实说明你们真不简单。祝每一个同学有一个圆满的童年。下课！

（陈玉文）

参考文献

[1] 张云鹰. 教育智慧与学校创新：一名小学校长的教育践行 [M]. 北京：人民教育出版社，2008.

[2] 张云鹰. 开放式教育 [M]. 北京：教育科学出版社，2011.

[3] 张云鹰. 开放式习作教学 [M]. 北京：教育科学出版社，2008.

[4] 张云鹰. 开放式活动课程 [M]. 北京：教育科学出版社，2009.

[5] 张云鹰. 开放式阅读教学 [M]. 北京：教育科学出版社，2012.

[6] 张云鹰. 新小学语文活动课程设计 [M]. 广州：中山大学出版社，2003.

[7] 张云鹰. 开放式活动课程（第二版）[M]. 北京：教育科学出版社，

2015.

［8］张云鹰，邓蝴梅. 自主学习与素质检测［M］. 广州：中山大学出版社，2003.

［9］张云鹰. 为了人的心灵解放——我的开放式语文教学观［J］. 人民教育，2010（17）.

［10］张云鹰. 开放式语文教学实践研究［J］. 中国教育学刊，2013（6）.

［11］张云鹰. 让孩子像野花一样自由生长——我的“开放式语文教学”研究与实践［J］. 小学教学设计，2012（28）.

［12］张云鹰. 构建以写作为核心的语文课堂［J］. 小学语文教学，2010（8）.

［13］张云鹰. 众里寻他千百度——我的开放式语文教学的探索与实践［J］. 小学语文教师，2013（1）.

［14］张云鹰. 开放式习作教学［J］. 小学语文教师，2012（7/8）.

［15］张云鹰. 为有源头活“水”来［J］. 小学语文教学，2015（3）.

［16］张云鹰. 小学作文的范式与创新［J］. 小学语文教学，2007（9）.

［17］张云鹰. “推销我读过的一本书”教学实录［J］. 小学教学设计，2012（16）.

［18］张云鹰. 行进在教育家的路上［J］. 基础教育参考，2013（13）.